独秀出版基金项目

广西地方法治与地方治理研究中心资助项目阶段性研究成果
（项目编号 GXDFFZY2020005）

意思表示瑕疵婚姻的法律效力研究

张融 —— 著

GUANGXI NORMAL UNIVERSITY PRESS
广西师范大学出版社
·桂林·

图书在版编目（CIP）数据

意思表示瑕疵婚姻的法律效力研究 / 张融著.
桂林 ：广西师范大学出版社，2025. 5. -- ISBN 978-7-5598-7701-7

Ⅰ. D923.904

中国国家版本馆 CIP 数据核字第 20252JF605 号

广西师范大学出版社出版发行

（广西桂林市五里店路 9 号　邮政编码：541004
网址：http://www.bbtpress.com）

出版人：黄轩庄

全国新华书店经销

广西广大印务有限责任公司印刷

（桂林市临桂区秧塘工业园西城大道北侧广西师范大学出版社集团有限公司创意产业园内　邮政编码：541199）

开本：787 mm × 1 092 mm　1/16

印张：18.25　　字数：216 千

2025 年 5 月第 1 版　　2025 年 5 月第 1 次印刷

定价：58.00 元

前言

结婚行为是民事法律行为的一种类型,既为民事法律行为,结婚行为势必会出现当事人意思表示不真实的情形,此种情形下所缔结的婚姻,被称为意思表示瑕疵婚姻。对于此种类型婚姻的效力认定,学术界存在较大的争议。在“民法典时代”,争议焦点集中于《中华人民共和国民法典》(以下简称《民法典》)总则编民事法律行为效力规则能否完全适用于《民法典》婚姻家庭编结婚行为的效力认定,不同的结论将会导致意思表示瑕疵婚姻效力认定的不同后果:若答案是肯定的,那么对于《民法典》婚姻家庭编未明确规定的意思表示瑕疵婚姻类型效力,则可参照民事法律行为效力规则认定;若答案是否定的,那么对于《民法典》婚姻家庭编未明确规定的意思表示瑕疵婚姻类型效力,除可能涉及无效事由外,均应被视为完全有效的婚姻。

学术界的争论实质上是围绕婚姻效力体系究竟是封闭还是开放的问题展开。本书无意解决此项问题,而希冀通过跳出婚姻效力体系的宏观视角,从婚姻效力规则的微观视角讨论意思表示瑕疵婚姻的效力认定问题。具体来说,本书希冀通过剖析意思表示瑕疵婚姻效力认定的规则,厘清影响意思表示瑕疵婚姻效力的要素,提取意思表示瑕疵效力认定的基本理念，发现意思表示瑕疵婚姻效力认定的基本原理，从而对实践中的意思表示瑕疵婚姻类型，作出科学合理的效力认定。从某种程度来说，本书更多的是从立法论的角度，探讨婚姻效力规则的完善路径，希冀通过深层次的论证，为我国婚姻效力规则的完善提供方案参考。诚然，书中所涉及的基本原理，亦可以为司法实践解决意思表示瑕疵婚姻效力认定问题提供思路。

本书共有五章，分别为绪论、意思表示瑕疵婚姻的界定、意思表示瑕疵婚姻法律效力的基础、意思表示瑕疵婚姻法律效力的判定、意思表示瑕疵婚姻法律效力的范围，由内及外分析意思表示瑕疵婚姻的效力认定。"绪论"部分围绕意思表示瑕疵婚姻的效力认定问题，对国内外相关研究予以系统梳理，明确本书内容的侧重点。"意思表示瑕疵婚姻的界定"部分，侧重对意思表示瑕疵婚姻的内涵与外延予以明晰，将实践中常见的意思表示瑕疵婚姻类型化，厘清意思表示瑕疵缘何会对婚姻效力产生影响。"意思表示瑕疵婚姻法律效力的基础"部分，从不同法学理论学说之间探寻判定婚姻效力的决定性要素，确定意思表示瑕疵婚姻效力判定的基本理论。通过基本理论，比较不同国家或地区的立法规定，论证我国二元有效、可撤销并存效力模式的合理性。"意思表示瑕疵婚姻法律效力的判定"部分，依据效力判定的基本理论，提取意思表示瑕疵婚姻法律效力判定的基本理念，形成意思表示瑕疵婚姻法律效力判定的基本标准，提出意思表示瑕疵婚姻法律效力判定的基本方案。"意思表示瑕疵婚姻法律效力的范围"部分，主要从时间、身份、财产、体系等四个维度，研究意思表示瑕疵婚姻效力判定在实践中应当如何具体应用，讨论意思表示瑕疵婚姻效力作出判定以后，其对婚姻关系当事人身份、财产等方面造成的影响。

当前，《民法典》颁布实施尚不久。由于《民法典》事关社会生活的方方面面，而社会是不断前进发展的，所以现有的法条不可能逐一规定社会生活问题的解决方案。有鉴于此，我们必须完善《民法典》的配套解释。目前，民法各领域的司法解释正在紧锣密鼓地制定中。就婚姻家庭领域而言，最高人民法院先后出台了《最高人民法院关于适用〈中华人民共和国民法典〉婚姻家庭编的解释（一）》《最高人民法院关于审理涉彩礼纠纷案件适用法律若干问题的规定》《最高人民法院关于适用〈中华人民共和国民法典〉婚姻家庭编的解释（二）》等相关司法解释。从目前的司法解释来看，关于意思表示瑕疵婚姻的效力问题，未有突破性的规定，而是传承了“婚姻法时代”相关司法解释规定，这导致诸如虚假结婚、隐瞒性取向结婚等意思表示瑕疵婚姻效力的判定问题依然难以解决。

本书无意从解释论的角度研究现有意思表示瑕疵婚姻效力规则的适用方案，而更多是从立法论的角度，剖析制度背后的基本原理，提出意思表示瑕疵婚姻效力规则的完善方案，为未来《民法典》的修订提供方案上的参考。当然，书中涉及的制度原理分析，并由此提出的效力判定方案，亦能为《民法典》婚姻家庭编司法解释的制定，以及各级人民法院判定某些意思表示瑕疵婚姻的效力（如虚假结婚的效力判定），提供学理思路与实践方案上的参考。书中所梳理的效力判定法学理论、域外立法实践,提出的效力判定基本理念,亦能为学术界开展身份行为相关研究提供研究思路与文献资料上的参考。诚然,本书是专门针对身份行为效力规则所作的一次研究尝试,虽然投入精力不少,但难免会有不完满之处,诚盼读者不吝指正。

目 录

CONTENTS

第一章 绪论 …… 1

第一节 意思表示瑕疵婚姻法律效力研究的缘起 …… 1

第二节 国内外研究 …… 8

一、国内外研究现状 …… 8

二、国内外研究述评 …… 14

第三节 意思表示瑕疵婚姻法律效力研究的范围 …… 18

第四节 意思表示瑕疵婚姻法律效力研究的前置性问题 …… 20

第二章 意思表示瑕疵婚姻的界定 …… 28

第一节 意思表示瑕疵婚姻的内涵 …… 29

一、瑕疵的语义分析 …… 29

二、意思表示瑕疵婚姻内涵的界定 …… 31

第二节　意思表示瑕疵婚姻的类型 …………………………………… 42
一、意思表示瑕疵婚姻类型的确定方法 ………………………… 42
二、错误婚姻 …………………………………………………………… 47
三、虚假婚姻 …………………………………………………………… 54
四、欺诈婚姻 …………………………………………………………… 60
五、胁迫婚姻 …………………………………………………………… 66
第三节　意思表示瑕疵婚姻的特征 …………………………………… 74
一、意思表示瑕疵婚姻主体的特定性 ……………………………… 76
二、意思表示瑕疵婚姻内容的限定性 ……………………………… 79
三、意思表示瑕疵婚姻后果的连带性 ……………………………… 81
第四节　意思表示瑕疵对婚姻的影响 ………………………………… 83
一、意思表示瑕疵对婚姻的影响的不同表现 ……………………… 84
二、意思表示瑕疵对婚姻效力的影响 ……………………………… 87

第三章　意思表示瑕疵婚姻法律效力的基础 …………………………… 93
第一节　意思表示瑕疵婚姻法律效力的来源之争 …………………… 93
一、逻辑效力理论 ……………………………………………………… 93
二、自然效力理论 ……………………………………………………… 97
三、社会事实理论 ……………………………………………………… 101
四、国家意志理论 ……………………………………………………… 104
五、意思表示瑕疵婚姻法律效力的来源 …………………………… 107

第二节 意思表示瑕疵婚姻法律效力的影响因素 …………………… 114
一、经济影响因素 …………………………………… 115
二、政治影响因素 …………………………………… 118
三、社会影响因素 …………………………………… 120
第三节 意思表示瑕疵婚姻法律效力的形态 ………………………… 125
一、一元效力形态 …………………………………… 126
二、二元效力形态 …………………………………… 133
三、多元效力形态 …………………………………… 138
四、我国意思表示瑕疵婚姻法律效力的形态 ………… 140

第四章 意思表示瑕疵婚姻法律效力的判定 …………………… 146

第一节 意思表示瑕疵婚姻法律效力的判定理念 …………………… 146
一、家族本位理念 …………………………………… 147
二、个人本位理念 …………………………………… 149
三、个人兼及社会本位理念 …………………………… 154
四、我国意思表示瑕疵婚姻法律效力的判定理念 …… 159
第二节 意思表示瑕疵婚姻法律效力的判定标准 …………………… 164
一、意思主义标准 …………………………………… 165
二、表示主义标准 …………………………………… 168
三、折中主义标准 …………………………………… 171
四、我国意思表示瑕疵婚姻法律效力的判定标准 …… 173

第三节 不同类型意思表示瑕疵婚姻法律效力的判定 …………… 175
一、错误婚姻的法律效力 …………………………………… 176
二、虚假婚姻的法律效力 …………………………………… 182
三、欺诈婚姻的法律效力 …………………………………… 190
四、胁迫婚姻的法律效力 …………………………………… 200

第五章 意思表示瑕疵婚姻法律效力的范围 ………………… 205
第一节 意思表示瑕疵婚姻的时间效力……………………………… 206
一、意思表示瑕疵婚姻效力的产生时间 ……………… 206
二、意思表示瑕疵婚姻效力的丧失时间 ……………… 214
第二节 意思表示瑕疵婚姻的身份效力……………………………… 222
一、夫妻身份效力 ………………………………………… 222
二、父母子女身份效力 …………………………………… 227
第三节 意思表示瑕疵婚姻的财产效力……………………………… 231
一、夫妻共同财产效力 …………………………………… 232
二、第三人债权效力 ……………………………………… 237
第四节 意思表示瑕疵婚姻的体系效力……………………………… 241
一、效力判定条款适用 …………………………………… 241
二、损害赔偿责任条款适用 ……………………………… 248

结 语 ………………………………………………………………… 260

参考文献 …… 267

后　记 …… 279

第一章　绪论

第一节　意思表示瑕疵婚姻法律效力研究的缘起

婚姻自由是宪法赋予公民的一项基本权利，也是婚姻家庭法的一项重要基本原则，其主要是指公民有权依照法律的规定，自主地决定自己的婚姻问题。[①]在婚姻自由原则下，意思表示真实无疑是婚姻缔结行为产生效力的重要条件。[②]我国《民法典》婚姻家庭编第 1046 条明确规定："结婚应当男女双方完全自愿，禁止任何一方对另一方加以强迫，禁止任何组织或者个人加以干涉。"根据本条规定，结婚应当男女双方完全自愿，这要求男女双方对缔结婚姻关系的意思表示一致且真实，即男女双方有权决定是否结婚，与谁结婚，不许任何一方对他方加以强迫或任何第三者加以干涉。[③] 在婚姻缔结行为中，意思表示真实固属理想状态，然而婚姻所涉及的利益异常复杂，在此婚姻双方当事人出现意思表示瑕疵亦不可避免。由于在我国语境中，婚姻主要指男女双方结为夫妻的意思表

① 陈苇.婚姻家庭继承法学[M].第 2 版.北京：高等教育出版社，2018：33.

② 注："婚姻缔结行为"和"结婚(行为)"是相同的概念。

③ 夏吟兰，龙翼飞，曹思婕，等.中国民法典释评：婚姻家庭编[M].北京：中国人民大学出版社，2020：47.

示,即结婚行为。[①] 换言之,婚姻可理解为结婚之事。[②] 因此,此种在婚姻缔结行为中出现意思表示瑕疵的情形又可以被称为意思表示瑕疵婚姻。[③]

意思表示真实是婚姻产生效力的重要条件,而意思表示瑕疵的存在无疑表明,婚姻的效力将可能会受到影响。由于婚姻缔结行为属于法律行为的一种类型,故一些学者认为,此种效力影响结果,最终将完全依法律行为理论来确定。[④] 虽然如此,但是婚姻毕竟有其特殊性,最初产生于财产法领域的法律行为理论不可能完全适用于婚姻领域。因此,不少学者认为,法律行为理论中的意思表示瑕疵规范虽然可以适用于婚姻领域,但是考虑到结婚等亲属身份行为具有伦理色彩,而且不存在保护交易安全的需求,故而针对不同的情景,对结婚等亲属身份行为的适用应当进行必要的变通。[⑤] 由此可见,婚姻领域与财产领域的不同属性,是具有"财产特色"的规则难以在婚姻领域中完全适用的根本原因。

《民法典》合同编第 464 条明确规定:"合同是民事主体之间设立、变更、终止民事法律关系的协议。婚姻、收养、监护等有关身份关系的协议,适用有关该身份关系的法律规定;没有规定的,可以根据其性质参照适用本编规定。"该条规定亦意在表明,财产法与身份法是不同的领域,财产法规则不可能完全适用于身份法领域。一般来说,身份法领域有特殊规定的,当然要优先适用特殊规定,而没有规定时,才可以根据性质参照适用合同的规定。该条所称的性质,实

---

① 余延满.亲属法原论[M].北京:法律出版社,2007:135.

② 中国社会科学院语言研究所词典编辑室.现代汉语词典[M].第 7 版.北京:商务印书馆,2018:588.

③ 基于此,本文将婚姻缔结行为中出现意思表示瑕疵的情形简称为"意思表示瑕疵婚姻"。

④ 史尚宽.亲属法论[M].北京:中国政法大学出版社,2000:11.

⑤ 冉克平.论婚姻缔结中的意思表示瑕疵及其效力[J].武汉大学学报(哲学社会科学版),2016,69(5):118-128.

质上是指包含身份要素的财产合同，例如夫妻忠诚协议、夫妻财产分割协议等。

虽然从本质上说，合同行为与婚姻缔结行为均属于民事法律行为，但是两者效力规则不能相互适用的根本原因在于，在婚姻缔结关系中，其存在较为浓厚的伦理色彩。因此，意思表示瑕疵婚姻效力规则有单独确立的必要。由于婚姻缔结行为是法律行为的一种类型，此种确立过程实质上是对法律行为理论的修正。在我国，亦存在独立的意思表示瑕疵婚姻效力规则，但所涉情形较少，仅限于胁迫婚姻以及“重大疾病”型的欺诈婚姻。具言之，我国《民法典》婚姻家庭编第 1052 条规定：“因胁迫结婚的，受胁迫的一方可以向人民法院请求撤销婚姻。请求撤销婚姻的，应当自胁迫行为终止之日起一年内提出。被非法限制人身自由的当事人请求撤销婚姻的，应当自恢复人身自由之日起一年内提出。”同时第 1053 条规定：“一方患有重大疾病的，应当在结婚登记前如实告知另一方；不如实告知的，另一方可以向人民法院请求撤销婚姻。请求撤销婚姻的，应当自知道或者应当知道撤销事由之日起一年内提出。”

与世界其他地方的立法相比，我国立法对意思表示瑕疵婚姻效力的规定，在范围上显得较为狭窄。事实上，这并不能满足我国的现实需求。从现实生活来看，意思表示瑕疵婚姻并不罕见，其不仅包括胁迫婚姻和“重大疾病”型的欺诈婚姻，而且还包括其他欺诈事由的欺诈婚姻、错误婚姻、虚假婚姻等。例如，在北京市海淀区人民法院通报的侵犯妇女权益典型案例中，有一则案例涉及其他欺诈事由的欺诈婚姻。在该案中，文女士通过某交友网站结识了郝先生，对方称自己经营一家商贸公司，名下有多处房产和多辆名车，物质条件相当优越。二人认识一个多月就决定结婚。然而，婚后的文女士渐渐发现郝先生并没有像其吹嘘的那样富有，经再三追问，郝先生所言的物质条件均是虚构出来的。文女士感觉自己受到欺骗，便起诉法院要求撤销婚姻，并要求郝先生进行损害赔偿。[①] 又如，在一起假结婚案件中，原告陈某（男）与被告姜某（女）并无与对方结婚的真实意思，两人结婚不过是为了姜某能在北京上户口，后陈某起诉到法院，要求宣告婚姻无效。[②] 可以说，在现实生活中，因意思表示瑕疵婚姻所产生的纠纷不胜枚举。

我国对这些纠纷的解决经历了两个时期。在《民法典》出台以前，仅有胁迫婚姻的解决为法律所规定；在《民法典》出台以后，增加了“重大疾病”型欺诈婚姻的规定。除此以外，再无意思表示瑕疵婚姻的规定。在司法实践中，这些“法无明文规定”的意思表示瑕疵婚姻类型的效力纠纷，一般会通过离婚[③]、无效婚姻[④]、行政诉讼[⑤]的方式来处理。虽然从最终结果来看，意思表示瑕疵婚姻的效力问题均能得到解决，但是不同解决方式所立足的目的价值不同，使得一些解决方式难以维护婚姻当事人的个人利益。

首先，就离婚解决方式而言，婚姻关系的尽量维持显然是其价值考量。我国将“反对轻率离婚”作为离婚立法的指导思想。[⑥] 在此之下，我国不仅在《民

---

① 参见北大法宝.海淀法院通报侵犯妇女权益典型案例[DB/OL].(2014-03-04)[2024-11-05].https://www.pkulaw.com/news/2045941fef637bacbdfb.html? keyword=%E6%B5%B7%E6%B7%80%E6%B3%95%E9%99%A2%E9%80%9A%E6%8A%A5%E4%BE%B5%E7%8A%AF%E5%A6%87%E5%A5%B3%E6%9D%83%E7%9B%8A%E5%85%B8%E5%9E%8B%E6%A1%88%E4%BE%8B&way=listView.

② 王林清，杨心忠，赵蕾.婚姻家庭纠纷裁判精要与规则适用[M].北京：北京大学出版社，2014.

③ 参见宁夏回族自治区石嘴山市中级人民法院(2017)宁02民终219号民事判决书、辽宁省抚顺市中级人民法院(2016)辽04民终1432号民事判决书等。

④ 参见江西省分宜县人民法院(2015)分民一初字第00276号民事判决书、江苏省高级人民法院(2012)苏民终字第0041号民事判决书等。

⑤ 参见重庆市九龙坡区人民法院(2015)九法行初字第00152号行政判决书、湖南省涟源市人民法院(2020)湘1382行初109号行政判决书等。

⑥ 张融.我国法定离婚理由之价值评析及立法建议[J].西南政法大学学报，2018，20(3)：74.

法典》中规定了“离婚冷静期”制度，[①]而且在《民法典》出台以前的司法实践中，法院对第一次请求离婚的当事人较少判决准予离婚，当事人往往需要通过第二次甚至是多次请求才得以离婚。[②] 在境外不少国家（地区）的立法中，亦存在离婚冷静期的规定，即只有经过冷静期以后，当事人才能再次请求离婚。[③] 就此意义而言，离婚方式无疑在间接上增加了婚姻当事人解除婚姻的时间成本。对一些意思表示瑕疵婚姻的瑕疵方来说，其根本没有与对方共同生活的意愿，倘若在此只能以离婚的方式来解除婚姻，那么这仅会增加瑕疵方处于非真实意愿婚姻的痛苦时间。在现实生活中，甚至出现了意思表示瑕疵方因离婚不成而自杀的情况。[④] 这显然不利于维护婚姻当事人的个人利益。

其次，在我国，无效婚姻制度的主要目的在于维护婚姻秩序，在此之下，一旦婚姻存在无效事由，那么人民法院只能依法作出宣告无效的判决，而不适用调解的程序。[⑤] 就此意义而言，无效婚姻方式固然可以加速婚姻关系的解除，然而，其亦无助于个人利益的维护。具言之，在一些意思表示瑕疵婚姻中，并非所有的意思表示瑕疵方都希望解除婚姻，倘若在此以无效婚姻的方式来加以规

---

① 我国《民法典》第1077条规定：“自婚姻登记机关收到离婚登记申请之日起三十日内，任何一方不愿意离婚的，可以向婚姻登记机关撤回离婚登记申请。前款规定期限届满后三十日内，双方应当亲自到婚姻登记机关申请发给离婚证；未申请的，视为撤回离婚登记申请。”

② 参见陈苇，何文骏. 我国离婚救济制度司法实践之实证调查研究：以重庆市某基层人民法院2010—2012年被抽样调查的离婚案件为对象[J]. 河北法学，2014，32(7)：25；姜金良，朱振媛. 司法如何保护婚姻：基于离婚案件二次起诉现象的分析[J]. 汕头大学学报（人文社会科学版），2014，30(2)：82.

③ 参见《法国民法典》第231条、《俄罗斯联邦家庭法典》第19条等。

④ 2012年，四川大学教师罗洪玲从一座公寓13楼坠楼自杀身亡，自杀原因是丈夫程某隐瞒自己男性同性恋倾向进行骗婚，引发两人间激烈矛盾冲突。在自杀前的一段时间，罗洪玲也提出过离婚事宜，但受制于现行离婚制度，婚终究是没有离成，在此过程中，罗洪玲曾斥责老公程某：“有那么多机会可以放我一条生路，为什么非要拖我进泥潭？”最后在失望之下，罗洪玲选择了结束自己的生命。参见中国新闻网. 女博士疑遭同性恋丈夫骗婚跳楼自杀[EB/OL].（2012-07-18）[2021-05-08]. https://www.chinanews.com.cn/sh/2012/07-18/4041139.shtml.

⑤ 熊英. 亲属法理论与实务[M]. 北京：法律出版社，2008：77.

制,那么这意味着,意思表示瑕疵方无论愿意与否,婚姻关系都必须解除。这对意思表示瑕疵方的个人意愿而言,显然是巨大的伤害。对此,有观点认为,意思表示瑕疵婚姻违反的是当事人的个人意愿,损害的是私人利益,婚姻关系的存续应尊重当事人的个人自由意志,国家和其他组织及个人不宜干涉,无效婚姻制度不宜用在其中。[①] 由此来看,相比于离婚方式,无效婚姻方式不过是从一个极端走到了另一个极端。

最后,就行政诉讼方式而言,其主要目的在于维护行政秩序。在此之下,凡是与行政秩序相违背的婚姻,都将会被认为是无效的行政行为。[②] 虽然意思表示瑕疵婚姻可能会因此被宣告无效,但此种宣告不过是为了行政管理的需要,与当事人的个人意愿并无多大联系。即便婚姻当事人想维持婚姻的效力,婚姻也仍可能因违背行政秩序而被宣告无效,婚姻当事人在此并不能决定婚姻的效力。由此来看,行政诉讼方式亦不利于维护婚姻当事人的个人利益。

正是基于我国现行立法的种种局限,有一部分学者对意思表示瑕疵婚姻效力进行了研究。虽然取得了一些研究成果,但是从整体而言,对某些方面的关注依旧不够,如对意思表示瑕疵婚姻效力判定法理基础的关注不够。从目前来看,意思表示瑕疵婚姻的效力研究多依附于无效婚姻制度或可撤销婚姻制度的研究,专门以“意思表示瑕疵婚姻法律效力”为题的研究较少。正是由于部分研究的不足,我国意思表示瑕疵婚姻的效力问题尚未得到圆满解决。诚然,在境外,亦有一些研究成果涉及意思表示瑕疵婚姻的效力问题,同时在不少国家(地

---

① 最高人民法院民事审判第一庭.婚姻法司法解释的理解与适用[M].北京:中国法制出版社,2002:43.

② 最高人民法院民事审判第一庭.最高人民法院婚姻法司法解释(三)理解与适用[M].北京:人民法院出版社,2011:43.

区)的立法中,意思表示瑕疵婚姻效力规则已经形成一套体系。但是,这并不意味着我国即可照搬适用。事实上,境外研究成果和法律制度在中国的适用程度有限。因为婚姻家庭从本质上说是一种社会关系,一个地方的婚姻家庭具有什么样的内容,主要是由当地社会传统习惯、伦理道德、经济文化等因素综合决定的。[①] 由于各地存在上述因素的差异,因此各国(地区)有关婚姻的法律具有不同的内容。就此意义而言,对意思表示瑕疵婚姻的效力研究必须从我国的现实情况出发,不能照搬境外的学说及法律制度。这也间接使得意思表示瑕疵婚姻效力研究在我国具有较大的价值。

在现实生活中,存在着大量的意思表示瑕疵的婚姻问题。对此,现行立法规定显然"供给不足",而研究的不足更是加剧了此种紧张局面。就此意义而言,意思表示瑕疵婚姻效力有独立研究的必要。正是基于此,本书选择了"意思表示瑕疵婚姻的法律效力研究"作为研究课题。

---

① 陈苇.婚姻家庭继承法学[M].北京:群众出版社,2005:6.

第二节 国内外研究

一、国内外研究现状

从国内外的研究成果来看，有关意思表示瑕疵婚姻法律效力的研究主要是为了回应现实的需求，解决社会的问题，故在不同时期，研究的侧重点有所不同。总的来说，现有的研究成果主要体现在以下三个方面。

（一）意思表示瑕疵婚姻效力制度的理论基础研究

研究主要从身份行为效力理论的视角展开。

一是身份行为与民事法律行为的关系研究。学术界对此提出了不同的观点，包括：完全不同说，认为身份行为与法律行为的性质不同，故应否认法律行为在身份领域的可适用性；[①]部分相同说，认为身份行为与法律行为在意思表示方面存在共通性，但在人身关系方面具有差异性，因此身份行为效力问题的解决优先适用身份行为的效力规定，若无规定时，可以完全适用法律行为效力规则，[②]或可以选择性地适用，至于选择的标准，则应以是否有悖于身份行为的特

① [日]我妻荣，[日]有泉亨.日本民法·亲属法[M].夏玉芝，译.北京：工商出版社，1996：8.

② 丁慧.身份行为效力判定的法律基准：在身份法理念和身份法规范之间[J].法学杂志，2015，36(2)：19-30.

质进行判断,对那些不违反身份行为特质的法律规范应予以适用。[①]

二是身份行为效力理论构造研究。有学者对身份行为的效力要件展开整体研究,分别提出身份行为有效、无效或可撤销的判定标准,认为意思表示是私益要件,是身份行为可以撤销的典型事由。[②] 有学者以身份行为能力为视角,提出了有必要在民事行为能力之外构建独立的身份行为能力理论体系,认为身份行为能力制度应当以充分尊重个人意思自治为核心价值目标,并在此基础上实现自由与安全之间的适度平衡。[③] 有学者以意思表示为视角,提出身份行为的意思表示应受婚姻家庭伦理的限制,认为身份行为的法律效果在很大程度上源于伦理秩序的预先规定,身份法律关系的创设与消灭均取决于行为人的意志以及国家的强制干预,因此不能脱离法秩序谈论身份法律行为的效力。[④]

(二)意思表示瑕疵婚姻效力制度的立法建构研究

学术界根据社会实际情况,从立法论的视角提出了不同的制度建构方案。在 2001 年《中华人民共和国婚姻法》(以下简称《婚姻法》)出台以前,不少学者就提出通过增设无效婚姻制度或可撤销婚姻制度来规范意思表示瑕疵婚姻的构想。如有学者通过结婚原理论证设立无效婚姻制度的必要性,在其中提出:双方当事人在结婚问题上意思表示一致,是婚姻成立的重要条件,如果欠缺双方完全出于自愿的结婚合意,那么其婚姻无效。[⑤] 有学者通过社会现状论证增

---

① 田韶华.民法典婚姻家庭编瑕疵婚姻制度的立法建议:以《民法总则》之瑕疵民事法律行为制度在婚姻家庭编中的适用为视角[J].苏州大学学报(法学版),2018,5(01):1-8.

② 张作华.亲属身份行为基本理论研究[M].北京:法律出版社,2011:112-133.

③ 田韶华.身份行为能力论[J].法学,2021,(10):124-139.

④ 冉克平.论意思自治在亲属身份行为中的表达及其维度[J].比较法研究,2020,(6):120-132.

⑤ 杨大文.论无效婚姻[J].中国法学,1985,(1):92-97.

设无效婚姻制度的必要性,在其中提出非自愿的婚姻均应属于无效婚姻。[①]

在2001年《婚姻法》出台以后至《民法典》出台以前,学术界则围绕无效和可撤销婚姻制度的完善展开研究,提出了诸多立法完善方案,包括:在《中华人民共和国民法总则》(以下简称《民法总则》)中明确意思表示瑕疵婚姻的效力判定规则,即结婚等身份行为适用法律行为的规定,但是法律另有规定或者依据身份行为的性质不予适用的除外;[②]扩大可撤销婚姻范围,即把可撤销婚姻适用于"因胁迫结婚的"修改为"因违背当事人意愿结婚的";[③]取消可撤销婚姻事由的规定,有关意思表示瑕疵婚姻的效力判定直接适用《民法总则》的规定;[④]修正婚姻失效后的溯及力,有观点认为无论婚姻被宣告无效还是被撤销,均不具有溯及力,[⑤]但也有观点认为,只有可撤销婚姻才没有溯及力;[⑥]建立损害赔偿制度,即瑕疵婚姻的无过错方可请求侵权损害赔偿;[⑦]改革宣告机关,认为婚姻撤销不应适用行政程序[⑧]等制度完善构想。

在《民法典》出台以后,学术界主要从司法适用的视角对意思表示瑕疵婚姻制度展开研究,但亦有学者从立法论的视角,对无效婚姻和可撤销婚姻制度的完善继续提出建议。如有学者认为,应继续扩大可撤销婚姻的事由,将隐瞒犯

---

① 陈苇.关于建立我国婚姻无效制度的思考[J].法律科学(西北政法学院学报),1996,(4):90-96.

② 冉克平.论婚姻缔结中的意思表示瑕疵及其效力[J].武汉大学学报(哲学社会科学版),2016,69(5):118-128.

③ 武兰芳.从适用角度检析我国婚姻法中无效与撤销制度的缺陷[J].河北法学,2010,28(1):116-119.

④ 李昊,王文娜.婚姻缔结行为的效力瑕疵:兼评民法典婚姻家庭编草案的相关规定[J].法学研究,2019,41(4):102-118.

⑤ 徐国栋.无效与可撤销婚姻中诚信当事人的保护[J].中国法学,2013(5):137-149.

⑥ 张玉霞.促进婚姻有效的法律思考[J].中州学刊,2008,(6):109-111.

⑦ 于东辉.关于《婚姻法》无效婚姻制度的探讨[J].福建论坛(人文社会科学版),2011,(2):161-165.

⑧ 马忆南.民法典视野下婚姻的无效和撤销:兼论结婚要件[J].妇女研究论丛,2018,(3):26-32.

罪记录作为婚姻撤销事由。①

在域外,学者们根据本国的实际情况,从立法论的角度提出了不同的制度建构方案。如有学者从利益博弈的视角,认为胁迫婚姻不仅侵犯了个人利益,而且侵犯了公共利益,因此其必然是绝对无效的婚姻,不仅如此,其还应被视为一种犯罪。② 有学者以国家法律制度的完善为视角,对意思表示瑕疵婚姻效力制度展开研究,如对德国婚姻法律制度的研究,从该研究可以得知,《德国民法典》在意思表示瑕疵婚姻效力规定方面,存在一定的局限性,因而必须予以修正,具体来说,可以扩大错误婚姻可废止的情形,而其他类型的意思表示瑕疵婚姻为可废止的婚姻。③ 又如学者对埃塞俄比亚的婚姻法律制度展开研究,认为胁迫婚姻和错误婚姻应被视为可撤销婚姻,因为这些情形导致婚姻要素严重欠缺,故不可能像符合所有要件的婚姻那样产生效力。④ 有学者以司法案例为视角,通过总结司法实践经验,提出立法应规定欺诈婚姻为可撤销婚姻的观点;⑤ 但也有学者通过利益博弈的分析,提出了欺诈婚姻不仅侵犯了个人利益,而且还侵犯了公共利益,因此其应是无效婚姻的观点。⑥

---

① 周博涵,张素凤.论隐瞒犯罪记录作为婚姻撤销事由的可行性[J].安徽警官职业学院学报,2021,20(2):15-20.

② Bridgette A. Toy-Cronin.What Is Forced Marriage-Towards a Definition of Forced Marriage as a Crime Against Humanity[J]. Columbia Journal of Gender and Law,2010,19(2):539-590.

③ [德]迪特尔·施瓦布.德国家庭法[M].王葆莳,译.北京:法律出版社,2010:47-50。

④ Katherine O'Donovan.Void and Voidable Marriages in Ethiopian Law[J]. Journal of Ethiopian Law,1972,8(2):439-455.

⑤ Kebharu H.Smith,Suzanne Elmilady.Prosecuting Marriage Fraud Conspiracies: Lifting the Veil of Sham Marriage[J]. United States Attorneys' Bulletin,2014,(11):44-48.

⑥ Michael Virga. Marrying Up: The Unsettled Law of Immigration Marriage Fraud and the Need for Uniform Statutory Guidelines[J]. St.John's Law Review,2014,88(4):1137-1162.

（三）意思表示瑕疵婚姻效力制度的司法适用研究

为了增强意思表示瑕疵婚姻效力制度的可操作性，学术界对其规则适用展开研究。2001年《婚姻法》出台以后，学术界从不同方面对意思表示瑕疵婚姻效力制度的适用展开研究，包括：对可撤销婚姻事由展开研究，提出了胁迫的判定标准；[①]对可撤销婚姻的请求权主体展开研究，提出可以请求撤销受胁迫婚姻效力的，只有受胁迫一方的婚姻当事人本人，其他任何人都无权请求的适用方案；[②]对法无明文规定的意思表示瑕疵婚姻效力展开研究，提出了因欺诈结婚导致"当事人之同一性"错误的为婚姻不成立，导致"当事人之人的性质"错误的按照离婚处理，同时通谋虚假婚姻的效力为有效的适用方案。[③]

《民法典》出台以后，学术界从不同角度对意思表示瑕疵婚姻效力制度的适用展开研究，包括：对可撤销婚姻制度的适用展开研究，从起源、变化等方面提出了制度适用的方案；[④]对可撤销婚姻制度的事由展开研究，重点围绕可撤销婚姻制度的新设规则适用展开研究，提出了可撤销婚姻"重大疾病"事由的判定标准；[⑤]对可撤销婚姻制度的法律后果展开研究，重点围绕婚姻撤销后的损害赔偿制度适用展开研究，提出了损害赔偿责任性质的判定、请求权的权利人界定等适用方案；[⑥]以总则与分则的关系为视角，对婚姻家庭编无明文规定的意思表示瑕疵婚姻效力判定展开研究，提出了法律未明文规定的意思表示瑕疵婚姻效

---

① 刘引玲.论违法婚姻的效力认定标准[J].法学评论,2004,(4):149-154.

② 刘银春.《关于适用婚姻法若干问题的解释(一)》的理解与适用[J].人民司法,2002,(3):6-10.

③ 王礼仁."婚姻登记瑕疵"中的婚姻成立与不成立[J].人民司法,2010,(11):30-36.

④ 黄薇.中华人民共和国民法典释义(上)[M].北京:法律出版社,2020:23.

⑤ 张融,谢清云.可撤销婚姻制度"重大疾病"的认定[J].南京中医药大学学报(社会科学版),2022,23(6):389-395.

⑥ 杨立新,李东骏.婚姻缔结之际的损害赔偿责任[J].法学论坛,2022,(5):5-15.

力，理应判定为有效的观点[①]（但也有学者指出，对于通谋虚伪表示等婚姻合意的瑕疵，应当在考虑婚姻关系特殊性的基础上，类推适用《民法典》第1052条至第1053条而可撤销[②]）；以社会热点问题解决为视角，对意思表示瑕疵婚姻效力展开研究，如“丰县生育八孩女子”事件在一段时间成为社会热点问题，部分学者围绕被收买妇女合法权益的维护展开研究，提出了与被收买妇女结婚因存在胁迫情形而可被撤销，但应确保妇女合法权益不因婚姻撤销反受损失的观点。[③]

在域外，学者们主要针对本国立法条文的适用展开研究。主要包括从制度比较的视角，对意思表示瑕疵婚姻效力制度的适用展开研究，提出了法律条款的理解与适用方案，如有学者比较了欺诈婚姻与欺诈合同的异同，得出欺诈合同规则可以适用于欺诈婚姻的结论，因为婚姻也是一种契约；[④]从法律适用社会效果的视角，对意思表示瑕疵婚姻效力展开研究，提出意思表示瑕疵婚姻的效力判定不应仅着眼于利益的维护，还应考虑婚姻双方当事人的文化习俗，若在婚姻双方当事人的文化习俗中，该意思表示瑕疵婚姻类型（胁迫婚姻）是被允许的，那么即便法律存在该意思表示瑕疵婚姻为无效婚姻的规定，该婚姻也仍具有法律效力；[⑤]从文化起源的视角，回答了本国立法判定意思表示瑕疵婚姻效力的原因，如有伊朗学者对伊朗婚姻家庭制度展开研究，提出意思表示瑕疵婚姻

---

① 龙俊.《民法典》中婚姻效力瑕疵的封闭性[J].社会科学辑刊,2022,(4):68-78.

② 贺剑.意思自治在假结婚、假离婚中能走多远?:一个公私法交叉研究[J].华东政法大学学报,2022,25(5):20-35.

③ 张力.与被收买妇女结婚在民法上的定性与处置[J].浙江工商大学学报,2022,(4):37-49.

④ Kerry Abrams.Marriage Fraud[J]. Californla Law Review,2012,100(1):1-67.

⑤ See the Case Seng Xiong *v.* Vang, Court of Appeals of Wisconsin,October 24,2017.

在本国之所以被视为一种有效婚姻，与该国的宗教教义密切相关；[①]以具体问题的解决为视角，对意思表示瑕疵婚姻效力制度的适用展开研究，如对因为绿卡而进行的欺诈婚姻、虚假婚姻等效力判定展开研究，提出了这些婚姻与有组织犯罪的基本结构相似，因此其不仅是无效婚姻，而且当事人也构成了刑事犯罪的观点。[②]

二、国内外研究述评

（一）国内外研究的成就

从整体来看，国内外的研究取得了一定的成就，部分研究直接推动了相关制度在立法中的建立，同时增强了相关制度在实践中的可操作性。

就国内的研究来说，其体现为：

一是推进了身份行为理论的研究。改革开放初期，学术界研究主要围绕财产行为理论展开，对身份行为理论的关注不够。随着社会的不断发展，婚姻家庭领域不断出现新型问题，促使一部分学者开始对身份行为理论展开研究。从梳理的成果来看，身份行为理论研究经历了从微观到宏观的过程，起初主要通过对具体制度的分析提取身份行为的一般原理，随着研究的深入，学术界逐步出现专门以身份行为为主题的研究成果。婚姻缔结行为作为身份行为的一种类别，其相关研究不仅充实了身份行为理论研究，而且系列成果成为后期研究

---

① Seyed Nasrollah Ebrahimi. Marriage Law of Iran under Islamic Perspectives[J]. International Survey of Family Law, 2005, (5): 316-350.

② Megan Jean Parker. Understanding Green Card Marriage Fraud by Malgorzata Zuber[J]. Crime, Law and Social Change, 2022, 77(4): 459-462.

的重要参考资料,间接推动了身份行为理论研究朝纵深方向发展。目前,这些研究成果提出了一套规制身份行为的理论,其可以为意思表示瑕疵婚姻效力的研究提供重要的参考,具有重要的意义。

二是推动了相关意思表示瑕疵婚姻制度在立法中的确立。早在 2001 年《婚姻法》出台之前,不少学者就围绕无效婚姻和可撤销婚姻制度的设立展开研究,提出了将意思表示瑕疵的婚姻视为无效婚姻或可撤销婚姻的立法方案。这些成果对 2001 年《婚姻法》的编纂产生了重要影响,促使立法正式确立可撤销婚姻制度,将胁迫型的意思表示瑕疵婚姻纳入可撤销婚姻的范畴。在《民法典》编纂的过程中,不少学者亦围绕相关制度的完善展开研究,提出了扩大可撤销婚姻范围、增设婚姻撤销后的损害赔偿制度等不同的立法完善方案,这些方案对立法者产生了一定的影响,推动了“重大疾病”型欺诈婚姻在可撤销婚姻制度的确立,促使撤销婚姻损害赔偿制度的设立。可以说,学者们的研究成果,回应了社会现实的需要,对我国立法的完善具有重要的意义。

三是增强了意思表示瑕疵婚姻相关制度在实践中的可操作性。部分学者围绕意思表示瑕疵婚姻相关制度的适用展开研究,提出了相关规则的适用方案,为司法机关正确理解和适用法律,提供了重要的参考。2001 年《婚姻法》出台以后,学术界主要围绕可撤销婚姻制度的适用展开研究,提出了胁迫的判定标准等适用方案,部分研究成果被最高人民法院吸收,形成相关司法解释的条文。《民法典》出台以后,学术界从两大领域对意思表示瑕疵婚姻的效力制度展开研究:其一为新设规则的理解与适用,特别是新设“重大疾病”型欺诈婚姻和撤销婚姻损害赔偿制度的理解与适用,学者们相继提出诸多的适用方案;其二为体系化视角下意思表示瑕疵婚姻参照民事法律行为规则适用的问题,学者们从不同视角,分析论证了意思表示瑕疵婚姻相关问题适用或不适用民事法律行为规则的理由,为司法实践解决“法无明文规定”的意思表示瑕疵婚姻效力判定问题提供了具体方案。从相关司法裁判文书来看,一些学者的观点甚至为法院解决意思表示瑕疵婚姻效力纠纷所引用。可以说,学者们的研究成果,增强了意思表示瑕疵婚姻相关制度的适用性,对我国的司法实践具有重要的指导意义。

就国外的研究来说,其体现为:

推进了我国意思表示瑕疵婚姻制度的研究。国外的研究成果在一定程度上推进了我国相关研究的发展,包括为我国相关研究的开展提供重要的参考资料,如国外在意思表示瑕疵婚姻效力研究中,提出了意思表示瑕疵婚姻效力判定的相关理论,为我国开展意思表示瑕疵婚姻制度的研究提供了丰富的理论参考材料。同时,在一些国外研究成果中,论述了本国婚姻法律制度确立的原因及各项基础,明晰了本国意思表示瑕疵婚姻制度的渊源流变,为我国开展意思表示瑕疵婚姻制度研究提供了丰富的立法(司法)实践参考材料。不仅如此,国外的研究还有助于启发国内研究的思路,国外研究成果中所提出的胁迫婚姻入罪化、参照习惯判定婚姻效力等观点,为我国开展意思表示瑕疵婚姻的相关研究提供了启发。

(二)国内外研究的不足

从整体来看,虽然国内外的研究取得了不小的成就,但是在意思表示瑕疵婚姻效力的研究中依然存在不足,主要体现在以下几个方面。

第一,意思表示瑕疵婚姻效力的专门性研究较为欠缺。具体来说,现有国内的研究成果主要着眼于具体类型的意思表示瑕疵婚姻效力判定研究，如欺诈婚姻的效力判定、虚假婚姻的效力判定等，欠缺对意思表示瑕疵婚姻效力的整体性研究。换言之，现有研究多从微观层面上对意思表示瑕疵婚姻的效力展开研究，宏观层面上的研究不足。

第二，意思表示瑕疵婚姻效力的原理研究仍有待提升。具体来说，现有国内研究虽然从不同的理论角度关注了具体类型的意思表示瑕疵婚姻效力判定，但是在一些理论方面的关注度仍不够，如在意思表示瑕疵婚姻效力判定的影响要素中，现有研究多从民事法律行为原理、身份行为原理等方面展开理论上的研究，对影响效力判定背后的法哲学理论是什么、效力判定的价值理念是什么等问题关注较少。

第三，虽然国外的研究成果可以为我国意思表示瑕疵婚姻效力研究提供丰富的参考材料，但是，由于婚姻家庭从本质上说是一种社会关系，受当地社会传统习惯、伦理道德、经济文化等因素的影响，国外的研究成果适用中国的价值有限。具体来说，从掌握的国外研究成果来看，意思表示瑕疵婚姻的效力多是为了解决本国的实际问题。不同国家由于具体国情不同，因而对意思表示瑕疵婚姻问题的解决方式必然有所差异。这使得国外研究成果存在不少完全相反的结论，同时使得国外的立法存在内容完全不同的规定。这些研究结论或立法规定实质上是立足于当地的实际情况得出或作出的。若直接将国外研究成果或立法规定照搬适用于国内，必然会造成诸多问题。就此意义而言，我国意思表示瑕疵婚姻的效力研究，仍应从本国的实际情况出发。

第三节　意思表示瑕疵婚姻法律效力研究的范围

正是基于上述国内外研究的不足,本书专门对意思表示瑕疵婚姻的法律效力展开研究,具体集中在意思表示瑕疵婚姻的界定、意思表示瑕疵婚姻效力判定的原理、意思表示瑕疵婚姻效力判定的方案、意思表示瑕疵婚姻效力判定的后果等方面。具言之,分为以下四点。

第一,有关意思表示瑕疵婚姻界定的研究。此方面的研究内容包括明确意思表示瑕疵婚姻的内涵、外延、特征以及瑕疵影响,是对专门性意思表示瑕疵婚姻效力研究欠缺的回应,目的是清晰地界定意思表示瑕疵婚姻的认定标准,同时为本书明确研究对象。

第二,有关意思表示瑕疵婚姻效力判定原理的研究。此方面的研究内容包括明确意思表示瑕疵婚姻效力判定的理论依据、影响效力的具体因素以及在不同因素影响下的效力形态,是对意思表示瑕疵婚姻效力原理研究欠缺的回应,目的是发现意思表示瑕疵影响婚姻效力的根本原因,在此基础上,探究意思表示瑕疵婚姻效力的决定性因素。

第三,有关意思表示瑕疵婚姻效力判定方案的研究。此方面的研究内容包括明确意思表示瑕疵婚姻效力判定的基本理念、基本标准以及具体方案,是对意思表示瑕疵婚姻效力原理研究欠缺的回应,目的是提出适合我国实际情况的意思表示瑕疵婚姻判定的具体方案,为司法解释的制定以及未来可能的立法修订提供方案上的参考。

第四,有关意思表示瑕疵婚姻效力判定后果的研究。此方面的研究内容主要为明确意思表示瑕疵婚姻效力牵涉的范围,从时间、身份和财产三个维度展开,是对意思表示瑕疵婚姻效力原理研究欠缺的回应,目的是明确在确定意思表示瑕疵婚姻效力为有效或无效以后,其有效或无效涉及的范围究竟如何界定的问题。

正是基于国内外研究的不足,本书设定了上述研究内容,希冀通过研究,得出与现有国内外研究不同的成果。具体而言,主要表现在以下两个方面。

第一,本书希冀在前人研究的基础上,系统地对意思表示瑕疵婚姻效力进行研究,重点围绕意思表示瑕疵婚姻效力原理展开研究,力求通过专门性的研究,为意思表示瑕疵婚姻效力判定提供较具有普遍性的方法,同时能在间接上推进意思表示瑕疵婚姻效力的研究。

第二,本书希冀在前人研究的基础上,能在以下三个方面有所突破:其一,希冀通过语义分析的方法,明确意思表示瑕疵婚姻的内涵,使现有成果中的一些观点得到充分的理论解释;其二,希冀通过理论分析的方法,明确意思表示瑕疵婚姻效力的本质,论证意思表示瑕疵婚姻效力的确定实质上是国家意志决定的,在此过程中,国家意志受到了经济、政治以及社会等因素的综合影响;其三,希冀通过比较分析法、历史分析法、利益分析法等研究方法,确定具有中国特色的意思表示瑕疵婚姻效力规则。

第四节 意思表示瑕疵婚姻法律效力研究的前置性问题

由于现代各国(地区)婚姻法多奉行婚姻自由原则,故在多数国家(地区)的立法中,适格的双方当事人只有在自由环境下,基于真实意愿达成一致,婚姻缔结行为才能成立并产生法律效力。此种真实意愿的达成一致一般可简称为"合意",其是婚姻缔结行为意思表示的体现,对婚姻缔结行为的成立及生效起着举足轻重的作用。在我国,《民法典》婚姻家庭编即在第 1046 条明确规定:"结婚应当男女双方完全自愿,禁止任何一方对另一方加以强迫,禁止任何组织或者个人加以干涉。"而在《法国民法典》中,其第 146 条规定:"没有合意,不成婚姻。"在《西班牙民法典》中,其第 45 条规定:"婚姻因合意而达成。不对合意达成的条件、限制和方式作出限定。"此种立法实例不胜枚举,正彰显合意在婚姻缔结行为中的重要作用。

在现实的婚姻缔结过程中,双方当事人意思表示真实一致固属结婚的理想状态,然则社会经济水平、文化水平、生活观念等差异的存在,决定了婚姻缔结不可能在所有当事人之中尽如人意。部分当事人或基于个人利益的谋求,或因自身的主观过失,使婚姻缔结行为仅在表面上达成合意,在实质上当事人一方或双方存在严重的意思表示瑕疵,合意无从谈起。此种婚姻虽然在形式上符合结婚的合意要求,然从实质而言,其并未具备婚姻成立并生效的核心条件,以此若让其受法律保护,无疑背离了婚姻自由的原则。从长远来看,其无助于意思表示瑕疵方合法权益的维护,亦会对子女的健康成长不利。正如余延满教授所言:“此种双方当事人达成的合意,是指外在的、客观上的达成合意。至于双方当事人主观上是否真的达成合意,实质上是当事人意思表示是否真实的问题,其将影响婚姻缔结行为的效力。”[①]依余延满教授所言,意思表示瑕疵的存在,将会使婚姻效力变得不完整。

余教授所言,不过是对现实立法状态的一种反映。对此,我国婚姻立法将意思表示瑕疵的婚姻视为效力不完整婚姻。除此以外,在一些奉行婚姻自由国家(地区)的立法中,亦有将意思表示瑕疵的婚姻视为效力不完整婚姻的规定。例如,《法国民法典》第 180 条明确规定,如果是对人或者对人的根本资格发生错误,另一方可以提出婚姻无效之诉。又如,《西班牙民法典》第 73 条明确规定,未取得双方当事人合意的婚姻为无效婚姻。就我国的立法情况来说,我国《民法典》明确规定了胁迫婚姻和“重大疾病”型欺诈婚姻为可撤销婚姻。相比于 2001 年《婚姻法》而言,现行婚姻立法在婚姻缔结行为意思表示瑕疵的法律规制方面进步明显。但相比于他国(地区)的婚姻法律规定,我国在此方面仍显诸多欠缺,这主要表现在类型规定的狭隘以及法律后果规定的不合理上,[②]以此无助于维护意思表示瑕疵方的利益。因此,本书将立足实际情况,试图在我国现行立法规定的基础上,分析意思表示瑕疵对婚姻缔结行为效力的影响,以期

① 余延满.论婚姻的成立[J].法学评论,2004,22(5):44.

② 相比于其他国家(地区)的立法,我国对意思表示瑕疵婚姻的效力规定是较为狭隘的。这将使现实生活中可能存在的其他类型意思表示瑕疵婚姻遭到忽视。事实上,不少国家(地区)除了对胁迫婚姻和“重大疾病”型欺诈婚姻的效力作出规定,还规定了其他类型的意思表示瑕疵婚姻效力。例如,《德国民法典》还规定了欺诈婚姻、虚假婚姻、错误婚姻等。又如,《瑞士民法典》还规定了误解婚姻、欺骗婚姻等。除此以外,在法律后果规定上,我国现行立法亦有诸多不足,以下将在书中详述。

能为我国立法的进一步完善尽微薄之力。

在进入本书主题探讨之前,有必要对婚姻缔结行为的性质进行分析,因为这事关本书分析理论和方法的采纳。对此问题,我国实证法上并无明确的规定,然学理上一般认为,其属于身份行为之一种类型。所谓身份行为,亦是学理所创概念,实证法上未明确规定,其一般是指以亲属身份关系变动为内容的意思表示行为。① 在此之下,凡是以身份关系变动为要旨的意思表示行为均可被涵摄其中。婚姻缔结行为所产生的直接结果在于,双方当事人的身份关系发生了变动,即由陌生的男女关系转为夫妻身份关系。以此将其视为身份行为当无疑义,这在学理上亦业已达成共识。② 存在争议的是,依附于身份行为之下的婚姻缔结行为是否属于法律行为。对此,学界存在两种观点:一种观点认为,所谓的法律行为一般也就是指财产法律行为,因此身份行为不能被法律行为所涵摄;③另一种观点则认为,作为典型身份行为的婚姻缔结行为,其与财产行为无异,均蕴含意思表示,属于法律行为的实质范畴。④ 两种观点各执一词,莫衷一是。前者否认其为法律行为的主要原因在于,法律行为应仍是原初的意义,即法律行为具有设权性,当事人可以自由地创设权利及义务,而身份行为所涉及

---

① 张作华.亲属身份行为基本理论研究[M].北京:法律出版社,2011:19.

② 在学理上,婚姻缔结行为属于身份行为业已达成共识。例如,史尚宽先生认为,身份行为包括了结婚、离婚等变动身份关系的行为。又如,田韶华教授认为,身份行为包括结婚、收养等行为。再如,王礼仁法官认为,身份行为包含了在既定的婚姻秩序下缔结婚姻的行为。参见史尚宽.亲属法论[M].北京:中国政法大学出版社,2000:10;田韶华.民法典编纂中身份行为的体系化建构[J].法学,2018,(5):86;王礼仁.婚姻诉讼前沿理论与审判实务[M].北京:人民法院出版社,2009:57.

③ 陈棋炎.亲属、继承法基本问题[M].台北:三民书局,1980:583.

④ 冉克平.论婚姻缔结中的意思表示瑕疵及其效力[J].武汉大学学报(哲学社会科学版),2016,69(5):120.

的权利义务关系业已被法律所规定，其并不具有创设权利义务关系的意思表示行为。[①] 而后者认同其为法律行为的主要原因在于，意思表示在婚姻缔结行为中具有重要作用。

对此，本书认为，婚姻缔结行为宜被认为是法律行为的一种类型。其中的主要原因在于，法律行为概念对身份行为的涵摄性。具言之，虽然有观点认为，法律行为在创设之初主要指财产领域中设立权利义务关系的行为，但是从立法实践来看，法律行为概念在法典诞生之初并非特指财产行为。[②] 其之所以存在特指财产行为的观点，主要原因在于早期的自然法学家将涉及法律行为的具体问题与债权契约结合在一起，并在债权契约概念下进行体系建构，这种体系构成对之后的自然法学和潘德克吞法学产生了重大影响。[③] 一般认为，法律行为在实证法中被明确规定系在 1900 年的《德国民法典》中，但该法并未就法律行为的概念予以明确，而仅在总则中对此进行规定。但在该法的立法理由书中可以发现，法律行为主要是指产生特定法律效果的私人意思表示，该法律效果之所以依法律秩序而产生，是因为人们希望产生这一法律效果，法律行为的本质在于作出旨在引起法律效果的意思表示。[④] 可见，在法律行为的内涵中，意思表示是其中的根本要素，行为人意思表示的目的在于产生其所希望的法律效果。

就此意义而言，法律行为并不能将婚姻缔结行为排除，因为婚姻缔结行为中的意思表示亦可以产生相应的法律效果。虽然基于婚姻关系的特殊考虑，其

---

① 张作华.法律行为概念及其适用范围之原本考察：以“法律行为（Rechtsgeschaft）”的词源为线索[J].四川师范大学学报（社会科学版），2008，(4)：16.

② 朱庆育.民法总论[M].第 2 版.北京：北京大学出版社，2016：79.

③ 顾祝轩.民法概念史·总则[M].北京：法律出版社，2014：121.

④ [德]维尔纳·弗卢梅.法律行为论[M].迟颖，译.北京：法律出版社，2013：26.

相关的权利义务业已由法律提前设定，当事人意思表示的空间有限，但这并非意味着意思表示在婚姻缔结行为中无足轻重。事实上，在婚姻缔结行为中，意思表示对婚姻的成立乃至生效均起着决定作用。具言之，在婚姻缔结行为中，男女双方当事人的意思表示虽不能创设由法律早已规定的夫妻权利义务关系，然其却是决定是否进入婚姻关系的唯一要素。在此之中，倘使男女双方当事人决意建立婚姻关系，那么在两者间便会产生夫妻身份关系的法律效果，夫妻间的权利义务进而被整体接受，以至于在两者间产生法律约束力。就此意义而言，婚姻缔结行为意思表示所产生的法律效果实质上与法律行为中所言的效果无异。此诚如张作华博士的看法，婚姻缔结行为的意思表示体现在自主决定是否进入某特定身份共同生活关系，从不存在身份关系到存在身份关系，其产生了相应的法律效果，与法律行为的意思表示相比，这只是量的问题，而不是质的问题。①

从法律行为概念的发展来看，晚近的观点一般认为，法律行为是通过意思表示来变动法律关系的行为。② 虽然在晚近法律行为的概念中，意思表示所引起的后果已经由"法律效果"转变为"法律关系"，但即便如此，婚姻缔结行为仍可被视为法律行为。其中的原因在于，在民法理论中，法律关系包含了人身法律关系和财产法律关系。③ 这本身也在实证法中得到体现。例如，在我国《民法典》中，法律行为即被予以明确规定。该法第 133 条规定："民事法律行为是民事主体通过意思表示设立、变更、终止民事法律关系的行为。"虽然在法律行为

① 张作华.亲属身份行为的分类研究[J].政法论坛,2009,27(3):94.

② 张作华.传统法律行为理论的现代改造及体系重构:从"权利行为"到"关系行为"[J].法商研究,2009,26(1):26.

③ 环建芬,胡志民,周建平.民法学原理[M].上海:上海交通大学出版社,2004:13.

之前用“民事”二字加以限定，但此不过是我国立法用语之习惯而已，与学理上法律行为的概念并无差异。[①] 在法律关系的认定上，该法亦认为法律关系包含人身关系及财产关系，而人身关系主要指民事主体之间基于人格和身份形成的无直接物质利益因素的民事法律关系，包括了配偶之间的婚姻关系。[②] 就此来看，即便在晚近法律行为概念中强调法律关系的变动，婚姻缔结行为也仍可为法律行为概念所涵摄。

值得一提的是，在潘德克吞理论中，总则存在的重要意义在于将有关法律行为的规定提取概括在其中，以取得唯理化效应，这样立法者就无须为每一项法律行为都重新规定其生效要件。[③] 就此意义而言，总则具有“公因式”的作用。在此之下，各分编的内容应被总则规定所涵摄。在我国，婚姻家庭法被视为民法典的一部分，[④]这与诸多受潘德克吞理论影响的国家（地区）立法体例相似。作为分编的婚姻家庭法，倘若其婚姻缔结行为不能被总则中的法律行为所囊括，那么这不免会在法律体系内产生难以解决的逻辑矛盾，以此为基础的民法典难称科学合理。在此之下，学界普遍认为，婚姻缔结行为应属于法律行为。[⑤] 正是基于两者间的从属关系，在理解婚姻的成立条件时，参照法律行为的

---

① 石宏.中华人民共和国民法总则条文说明、立法理由及相关规定[M].北京：北京大学出版社，2017：321.

② 同上书：8.

③ [德]迪特尔·梅迪库斯.德国民法总论[M].邵建东，译.北京：法律出版社，2001：30.

④ 我国的《民法典》由总则编、各分编（包括合同编、物权编、人格权编、婚姻家庭编、继承编、侵权责任编等）组成。在此之中，总则编起统率性、纲领性作用，规定民事活动必须遵循的基本原则和一般性规则，统领各分编。而各分编主要对各项民事制度作具体的规定。

⑤ 参见[德]维尔纳·弗卢梅.法律行为论[M].迟颖，译.北京：法律出版社，2013：27；王泽鉴.民法概要[M].第2版.北京：北京大学出版社，2011：66；李永军.民法总论[M].北京：法律出版社，2006：414.

相关理论和制度设计就成为各国结婚制度设置的惯常做法。[①] 也正是基于此，本书对婚姻缔结行为意思表示瑕疵的分析，亦参照法律行为的相关理论与制度进行。

但有一点需注意的是，此参照并非完全适用，因为婚姻缔结行为有其特殊性，此为婚姻关系本质上的人伦性、结合上的统体性、存续上的稳定性所决定的。[②] 具言之，财产法上之行为，其结合为片面的、便宜的，其结合之意思，为打算的、合理的，为个人欲望追求之手段，以个人利益为目的；而亲属身份上如婚姻之行为，其结合是必然的，系以本身为目的，属于本质全人格的结合，其结合之意思带有超打算的情绪性质。[③] 可见，财产行为与身份行为的本质差异，决定了身份行为不能完全适用调整财产行为的法律规范。[④] 为此，我国《民法典》合同编第 464 条中明确规定："合同是民事主体之间设立、变更、终止民事法律关系的协议。婚姻、收养、监护等有关身份关系的协议，适用有关该身份关系的法律规定；没有规定的，可以根据其性质参照适用本编规定。"法律行为最初产生于财产法领域，其理论和制度不免带有一定的财产法色彩。[⑤] 就此意义而言，部分以调整财产关系为要旨的法律行为理论（制度）将不能在身份行为中适用。在去除这些具有财产色彩的法律行为理论（制度）以后，法律行为理论（制度）在整体上也并非完全适用。对此，有学者坦言，由于婚姻法具有自己独立的特

---

① 王利明.中国民法典学者建议稿及立法理由：人格权编、婚姻家庭编、继承编[M].北京：法律出版社，2005：217.

② 卢学希，张作华.亲属身份行为的特征探讨：以财产行为为参照[J].时代法学，2012，10(2)：75.

③ 史尚宽.亲属法论[M].北京：中国政法大学出版社，2000：10.

④ 田韶华.民法典编纂中身份行为的体系化建构[J].法学，2018，(5)：88.

⑤ 顾祝轩.民法概念史·总则[M].北京：法律出版社，2014：104.

性，民法中的一般规则不能完全适用，因为在这些一般规则中，存在不少规制财产交易的规则，立法者不应将此内容一概适用于调整身份关系的婚姻法。[①] 可见，婚姻缔结行为对法律行为理论（制度）的参照，仅仅是部分适用法律行为理论（制度）而已。

① 王礼仁.婚姻诉讼前沿理论与审判实务[M].北京：人民法院出版社，2009：82.

第二章　意思表示瑕疵婚姻的界定

在我国语境中，由于婚姻有结婚之意，故将婚姻缔结行为中出现意思表示瑕疵的情形称为“意思表示瑕疵婚姻”亦无不可。[①] 然而，我国现行立法尚未对意思表示瑕疵婚姻作出明确的规定。由于婚姻缔结行为是法律行为的一种类型，故学界常引法律行为理论来界定意思表示瑕疵婚姻。对这些界定，本书不敢苟同，因为婚姻缔结行为有其特殊性，法律行为理论在此能否完全适用，仍有待深入分析。因此，本章试图从意思表示瑕疵婚姻的内涵、类型（外延）、特征及瑕疵影响等四个方面，对意思表示瑕疵婚姻进行精准界定，以期为全书明确研究对象，而这本身也是研究意思表示瑕疵婚姻效力的重要前提。

---

① 基于此，本书将婚姻缔结行为中出现意思表示瑕疵的情形简称为“意思表示瑕疵婚姻”。就此意义而言，意思表示瑕疵婚姻的法律效力研究，实质上研究的是当婚姻缔结行为出现意思表示瑕疵时，行为的效力应如何确定的问题。

第一节　意思表示瑕疵婚姻的内涵

一、瑕疵的语义分析

从意思表示瑕疵婚姻这个词组来看，其可以分解为三个主题词，即意思表示、瑕疵、婚姻。在这三个主题词中，瑕疵是意思表示瑕疵婚姻词组的核心。具言之，正因为婚姻缔结行为中的意思表示存在瑕疵，才使得该婚姻有别于一般的婚姻。就此意义而言，对瑕疵的正确理解显得尤为重要，这将事关意思表示瑕疵婚姻能否得到科学界定。正是由于对瑕疵理解的不同，在学术界，意思表示瑕疵婚姻内涵存在两种不同的观点：一种观点认为，意思表示瑕疵婚姻可以理解为意思表示不自由的婚姻；[①]另一种观点则认为，意思表示瑕疵婚姻可以理解为意思表示不一致与不自由的婚姻。[②] 至于何种观点更符合意思表示瑕疵婚姻的内涵，事实上这与对瑕疵的语义理解有关。

瑕疵一词最初来源于日常用语，依《现代汉语词典》（第 7 版）所述，瑕疵主要指微小的缺点。[③] 此意被视为日常用语的理解，但无疑过于简单，难以将其运用在意思表示瑕疵婚姻的解释中。不过，此意却在间接上揭露了瑕疵的本质。

---

① 王泽鉴.民法概要[M].第 2 版.北京：北京大学出版社，2011：156.

② 冉克平.论婚姻缔结中的意思表示瑕疵及其效力[J].武汉大学学报（哲学社会科学版），2016，69(5)：118.

③ 中国社会科学院语言研究所词典编辑室.现代汉语词典[M].第 7 版.北京：商务印书馆，2018：1411.

从瑕疵的词义结构来看，其可以分为“瑕”和“疵”二字，前者主要指玉器上的斑点，或比喻为缺点，[①]后者则主要指毛病或者缺点。[②] 可见，二字均含缺点之意，将其结合运用无疑起强调作用。从词源来看，古代汉语的“瑕”意指玉上面的斑点，[③]而“疵”的本义主要指一种皮肤上长黑斑的病。[④] 相比于洁白无瑕的玉和健康的皮肤，玉中的“瑕”和皮肤上的“疵”无疑使事物处于不完美状态，前述引申义为缺点的存在，亦为物或人处于不完美状态的表现。由此可以总结出，不完美是二字语义的核心所在，但这绝非意味着事物的不存在，只不过存在的事物不完美而已。譬如，玉虽有瑕疵，然其作为物质实体仍旧是存在于客观世界的，只不过其表现得并不尽如人意。在此基础上，对瑕疵的引申运用也必然紧紧围绕不完美这一核心要素展开。不可否认的是，现代汉语虽然将瑕疵扩展为多重含义，但是所引申的寓意并没有脱离原初的核心要义。当然，其在法律领域的引申运用亦不存在特殊，对其理解亦应结合不完美这一核心要素展开。在此之下，意思表示瑕疵自然可以理解为该意思表示的不完美，而非意思表示的不存在。在此基础上，意思表示瑕疵婚姻可以理解为婚姻缔结过程中的意思表示处于不完美状态。

值得一提的是，即便在外语中，瑕疵一词亦多指不完美之意。例如，在英语中，瑕疵为“defect”，其意为使事物或人不完美的缺点。[⑤] 在德语语系中，瑕疵为

---

① 《多功能新华大字典》编委会.多功能新华大字典[M].彩色版.北京：外文出版社，2011：926.

② 同上书：130.

③ 刘庆隆，李金兰，刘霜秋.古今汉字字典[M].成都：四川辞书出版社，2000：474.

④ 同上书：710.

⑤ 英国培生教育出版有限公司.朗文当代英语辞典[M].第4版.北京：外语教学与研究出版社，2004：410.

“makel”，其意为缺陷或者污点。[1] 在意大利语中，瑕疵为“difètto”，其意为缺陷、缺点、不足之处、恶习、毛病。[2] 在西班牙语中，瑕疵为“tacha”，其意为缺点、毛病或声誉方面的污点。[3] 由上可见，在不同的文化体系下，瑕疵的具体含义虽各有不同，但其并没有脱离不完美这一核心要素。就此来看，不完美是界定瑕疵的核心所在。换言之，不完美是瑕疵语义理解所应遵守的共同准则，在分析事物的瑕疵状态时必然不能脱离这一核心要素，否则将可能导致对事物认识的偏差。

二、意思表示瑕疵婚姻内涵的界定

（一）意思表示瑕疵婚姻内涵的初步界定

从上述分析可知，意思表示瑕疵婚姻实质上是婚姻缔结过程中意思表示处于不完美状态，而非意思表示不存在。作为瑕疵词义的核心要素，不完美仍具有一定的抽象性，故在此有必要将其具体化，借以发现意思表示不完美的具体表现。前已述及，在我国，意思表示瑕疵婚姻内涵大致存在两种观点，从不完美这一核心要素来看，各种观点均具有一定的合理性。例如，从逻辑上说，自由与不自由是相互对立的，倘使意思表示仅在自由的环境下作出方可被称为完美的意思表示，那么在不自由环境中所作出的意思表示自然可以被认为处于不完美状态，就此意义而言，意思表示不自由的婚姻被认定为意思表示瑕疵婚姻是合

---

① 叶本度.郎氏德汉双解大词典[M].修订版.北京：外语教学与研究出版社，2010：1178.

② 北京外国语学院《意汉词典》组.意汉词典[M].北京：商务印书馆，1985：238.

③ 毛金里，梁德润，李多，等.西汉汉西词典[M].北京：商务印书馆，2011：379.

理的。

由此可见,单纯从表面来界定意思表示瑕疵婚姻仍难消弭业已存在的分歧,其中的根本原因在于不完美的抽象性。由于完美标准乃依人的价值而定,在法律领域则一般通过立法来加以明确。一般而言,立法均会对法律事务的完美或不完美标准作出明确的界定,此种界定往往通过事物的构成要件来加以体现。[1] 由于完美与不完美是事物相互对立的状态。换言之,一个事物不可能被认为既处于完美状态,又处于不完美状态,而只可能在这两种状态中择其一。就此意义而言,认识事物的其中一种状态必然可以推导出另外一种状态,因为两种状态是互斥的,其内容具有相反性。在此之下,对意思表示瑕疵婚姻内涵的界定离不开对现有立法规定的剖析。换言之,意思表示瑕疵婚姻内涵可从我国现行立法规定中探知。

在我国现行法中,《民法典》第 143 条明确规定了法律行为产生效力所要求的意思表示完美状态,即意思表示需真实。依上述推导方法,意思表示的不完美状态可以理解为意思表示的不真实,在此基础上,意思表示瑕疵可以理解为意思表示不真实。在此情境下,如何理解条文中的意思表示真实,将事关意思表示瑕疵的界定。

从立法者所著书籍的观点来看,意思表示真实应作扩大解释,其不仅包括意思与表示一致的情形,而且还包括传统民法理论意思表示自由的含义,如在因欺诈、胁迫实施民事法律行为的情形中,受欺诈人、受胁迫人的意思表示虽然

---

① 如我国《民法总则》第 143 条规定了民事法律行为生效的各项要件,其多为积极要件,这些要件均是法律行为产生效力所要求的完美状态。参见石宏.中华人民共和国民法总则条文说明、立法理由及相关规定[M].北京:北京大学出版社,2017:341.

从表面看是真实的,但实际上并非其内心自由意志的体现,以此不能称为意思表示真实。① 在司法实践中,对于意思表示真实的表现,审判者亦业已达成共识,即可理解为一方面是当事人主观真实意思能够表达,未受到外在之干扰、蒙蔽、胁迫等表意障碍,另一方面则反映当事人追求自己内心效果意思,不违背其本来意志。② 虽然立法与司法两种观点在字数上略有差异,但其所表达的内涵却是一致的,即意思表示真实实质上包含了意思表示自由与意思表示一致。对此,本书深表认同。事实上,从词语的表面来看,意思表示真实包含了真实的意愿及真实的表达,两者密不可分,呈一体状态,其中之一的不真实都将使意思表示从整体上陷入不真实状态,因此意思表示真实必须是意思与表示均处于真实状态,也即表意人内心的真实意愿能够真实表达于外部。此种真实状态从语义上理解,一般认为是意思与表示的一致。由于意思与表示一致的作出一般需要排除外界的干扰,此种干扰的排除必须在自由的环境下方可实现,因此将意思表示真实扩展理解为意思与表示的自由未尝不可,其更有助于法律的理解与适用,也更有助于当事人权益的维护。就此意义而言,上述将意思表示真实理解为意思表示一致及意思表示自由实质上是符合其本义的。

在我国婚姻立法中,亦存在类似的规定。具言之,我国《民法典》婚姻家庭编第 1046 条明确规定:“结婚应当男女双方完全自愿,禁止任何一方对另一方加以强迫,禁止任何组织或者个人加以干涉。”从条文的内容来看,该条似乎仅包括了意思表示自由,但从实质而言,意思表示一致亦可包含其中。事实上,这

---

① 黄薇.中华人民共和国民法典释义(上)[M].北京:法律出版社,2020:283.

② 中国审判理论研究会民商事专业委员会.《民法总则》条文理解与司法适用[M].北京:法律出版社,2017:259.

在各界业已达成共识。《民法典》婚姻家庭编第1046条来源于2001年《婚姻法》第5条的规定，对于2001年《婚姻法》第5条的规定，杨大文教授和马忆南教授认为，《婚姻法》第5条中的自愿实质上可以解读为结婚合意，这要求同意结婚的意思表示必须真实，在界定此种真实时，必须注意这种外在表示与当事人的内心意思是否一致。[①] 陈苇教授则认为，《婚姻法》第5条男女双方完全自愿主要是指当事人双方自行对结婚作出意思表示，且双方的意思表示一致。[②] 冯杨勇法官则认为，《婚姻法》第5条规定的核心在于结婚的意思表示，其要求同意结婚的意思表示必须真实自愿，即男女双方当事人对彼此之间确立夫妻关系的意思表示一致。[③] 在《民法典》出台以后，有关于第1046条的解读观点亦认为，该条的“男女双方完全自愿”，应当包括男女双方对于缔结婚姻关系的意思表示真实且一致。[④] 事实上，在婚姻缔结行为中，当事人处于自愿状态无疑表明，其所缔结的婚姻必然是符合其内心意愿的。

综上所言，在我国，意思表示真实包含了意思表示一致与意思表示自由，此为意思表示的完美状态。意思表示自由实质上是在意思表示一致的理解下扩展而成，在此两者间，意思表示一致反映的是意思表示真实的本质，意思表示自由则主要强调的是意思表示一致作出的外部环境。一般而言，当事人在未受到外在之干扰、蒙蔽、胁迫等表意障碍的情形下，其主观真实意思均能够表达。[⑤]

---

① 杨大文，马忆南.婚姻家庭法[M].北京：高等教育出版社，2004：86.

② 陈苇.婚姻家庭继承法学[M].北京：群众出版社，2005：76.

③ 冯杨勇.最新婚姻法解读与案例精析[M].北京：中国法制出版社，2008：24.

④ 夏吟兰，龙翼飞，曹思婕，等.中国民法典释评：婚姻家庭编[M].北京：中国人民大学出版社，2020：48.

⑤ 中国审判理论研究会民商事专业委员会.《民法总则》条文理解与司法适用[M].北京：法律出版社，2017：259.

将自由环境下的意思表示视为意思表示真实的做法，实质上方便了司法实践中法律的理解与适用，同时扩展了立法的保护范围，这有助于当事人权益的维护。既然意思表示真实包含了意思表示一致与意思表示自由，那么将对立状态的意思表示瑕疵理解为意思表示不一致与意思表示不自由应无疑义。就此意义而言，意思表示瑕疵婚姻可以理解为婚姻缔结过程中的意思表示不一致与意思表示不自由。前述认为意思表示瑕疵婚姻内涵仅包括意思表示不自由婚姻的观点显然并不可取。

一般而言，不自由的状态在外观上较容易判断，故在学理上对不自由的界定并无争议。而较难判断的是，在行为人的意思与表示不一致中，内在意思与外在表示之间的不一致标准。对此，在学理上存在较大的争议。[①] 这无疑影响了意思表示瑕疵婚姻内涵的精准界定，因而仍有进一步分析意思表示瑕疵的必要。

（二）意思表示瑕疵婚姻内涵的深入界定

在婚姻领域，就意思与表示的不一致而言，意思表示瑕疵婚姻意味着缔结婚姻的意思与缔结婚姻的行为不一致。然依一般见解，双方当事人共同到行政机关进行婚姻登记或举行结婚仪式即表明，双方在结婚意思上具有一致性，对此，婚姻缔结的意思表示瑕疵无从谈起。本书认为，在现实婚姻缔结过程中，其

---

① 有学者认为，意思表示由法效意思、表示意思与表示行为构成，故内在意思与外在表示的不一致实质上是法效意思或表示意思与表示行为的不一致，参见许瀛彪.《民法总则》意思表示解释之研究[J].四川文理学院学报，2017，27(6)：44-51；有学者认为，所谓的意思表示不一致，实质上是内在的效果意思与外在的表示行为的不一致，参见王泽鉴.民法概要[M].第2版.北京：北京大学出版社，2011：87；有学者则认为，内心意思并不仅仅指效果意思，其还包括了动机，故意思与表示的不一致，应是指包含动机在内的内心意思与表示行为的不一致，参见冉克平.意思表示瑕疵：学说与规范[M].北京：法律出版社，2018：48-49。除了上述观点以外，在学理上仍存在其他不同的观点，限于篇幅，在此不一一列举。从整体而言，此种分歧存在的根源在于，对内部意思构成要素认识的不同。

所产生的意思表示问题远比上言中的复杂，此乃结婚内心意思的抽象性所致，这使内在意思与外在表示的不一致难以为外界察觉。

我国《民法典》婚姻家庭编第 1046 条明确规定了结婚合意。其中，合意的内涵主要指当事人有权依法决定是否结婚以及与谁结婚，不受双方财产多少、门第高低、身份地位等的限制。[①] 在结婚合意中，“与谁结婚”意味着，在法律的框架下，个人有选择符合自身意愿配偶的自由，其可以制定与之相符的择偶条件，而他人无权干涉。“谁”一词包含了个人对符合自身意愿配偶的期待。在我国，婚姻缔结实行的是登记主义。婚姻当事人共同到行政机关进行婚姻登记即表明，双方至少在决定结婚这一点上其意思与表示是一致的。但正如前所述，结婚合意包含了是否结婚以及与谁结婚，共同到行政机关进行婚姻登记仅表明在是否结婚方面达成了合意，并不能证明在与谁结婚方面亦达成了合意。受各种内外部因素的影响，当事人对结婚对象的意思表示可能发生偏离，其内心所期待的配偶可能与实际配偶并不相符，从长远来看，这将会影响其婚姻幸福。就此意义而言，在婚姻缔结中，意思与表示的不一致，并非在是否决定结婚上意思与表示的不一致，而是在与谁结婚中意思与表示发生了偏离。在此要义下，意思表示瑕疵婚姻中意思与表示的不一致可以理解为，婚姻缔结过程中与谁结婚的意思与表示不一致，即当事人的结婚对象并非其真实意愿所求对象。

在此需注意的是，意思表示本身构成复杂，其内部包含多种要素。正是基于此，内部意思与外部表示不一致的具体认定，在学理上存在较大分歧。在意思表示的构成要素中，必备要素将决定意思表示的成立，欠缺其一则意思表示

---

① 余延满.亲属法原论[M].北京：法律出版社，2007：53.

将不存在，而非必备要素的欠缺则会导致意思表示的不完整，由此而使意思表示陷入瑕疵状态。意思与表示不一致的分歧实质上可以归结为，意思表示构成要素认定上的分歧。对于何为意思表示的必备要素，在我国立法中并未明确规定，在学理上则存在诸多观点，具体包括了一要素说①、二要素说②、三要素说③、四要素说④、五要素说⑤。各种观点各执一词，难以达成共识。但是亦不乏共同之处，即除一要素说外，均认为意思表示由主观要素与客观要素构成，而客观要素仅包含表示行为，其一般处于内部意思的控制支配之下。就此意义而言，表示行为必然为意思表示的必备要素。所不同的是，在内部意思必备要素认识上存在分歧。

从现有的观点来看，内部意思构成要素主要包括了行为意思、目的意思、表示意思、效果意思。前述不同的观点并不否认这些要素构成了内部意思，但存在分歧的是，对于何者为必备要素，事实上难以达成共识。内部意思构成要素最初产生于1900年《德国民法典》制定时的学术探讨，当时依据心理学通说，在探讨中将内部意思分为行为意思、目的意思、表示意思和效果意思。⑥ 此举对意

---

① 一要素说认为，意思表示的构成要素仅限于客观要件即表示行为，而主观要件如表示意思、行为意思等均非意思表示的构成要素。参见杨代雄.意思表示中的意思与意义：重新认识意思表示概念[J].中外法学，2017，29(1)：121-142.

② 二要素说认为，意思表示包括效果意思与表示行为。参见佟柔.中国民法学：民法总则[M].北京：中国人民公安大学出版社，1990：219.

③ 三要素说分为两种观点：一种观点认为，意思表示包括了目的意思、效果意思、表示行为，参见董安生.民事法律行为[M].北京：中国人民大学出版社，2002：165-171；另一种观点认为，意思表示由表示意思、效果意思和表示行为构成，参见梁慧星.民法总论[M].第4版.北京：法律出版社，2011：172-173.

④ 四要素说认为，意思表示构成要素包括了效果意思、表示行为、表示意思以及行为意思。参见李开国.民法总论[M].武汉：华中科技大学出版社，2013：161.

⑤ 五要素说认为，意思表示包括行为意思、效果意思、表示意思、目的意思与表示行为。参见王利明.民法总则研究[M].第2版.北京：中国人民大学出版社，2012：548.

⑥ [德]布洛克斯，[德]瓦尔克.德国民法总论[M].第33版.张艳，译.北京：中国人民大学出版社，2012：69-70.

思表示的理解与适用具有重要意义,然何者为内部意思的必备要素,事实上在当时亦难以达成共识。

在学理上,行为意思多被认为是内部意思的必备要素,其主要是指表意人自觉地从事某种行为的意思。[①] 在此要义之下,表意人所从事的行为均受意识控制,即行为均在行为意思的指导下进行,类似于梦游中的行为即欠缺行为意思的表现。在婚姻缔结行为中,行为意思尤为重要。这在我国《民法典》中即有所体现,该法第 1046 条规定的“结婚自愿”表明,当事人应在自主愿意的情境下缔结婚姻。在此倘使没有行为意思的存在,那何以有自主可言?在此之下,对不可能存在行为意思的无民事行为能力人,我国立法在间接上否认了其缔结婚姻的可能。[②] 具言之,我国《民法典》在总则部分规定,不具有行为意思的无民事行为能力人应由其法定代理人代理实施民事法律行为。而我国《民法典》婚姻家庭编在第 1049 条中则规定了男女双方的婚姻缔结行为不得代理。在此之下,无民事行为能力人欲通过法定代理人代理其结婚登记是绝无可能的。以此可见,欠缺行为意思的婚姻缔结行为根本不可能成立,盖因在该行为中欠缺当事人的意思表示。以此可以推知,在婚姻缔结中,行为意思是意思表示的必备要素。换言之,欠缺行为意思将导致意思表示不存在,既无意思表示,何来婚姻成立?由此可见,行为意思是缔结婚姻意思表示中不可或缺的要素。倘使欠缺行为意思的意思表示亦能使婚姻成立,那么这将是十分荒唐的,这意味着醉酒昏

---

① 王泽鉴.民法概要[M].第 2 版.北京:北京大学出版社,2011:84.

② 此前,在 2001 年《婚姻法》修订过程中,立法者曾将无民事行为能力人或限制行为能力人的婚姻无效规定纳入立法草案中,但正式公布的法律删除了该条款。其中的原因在于,《中华人民共和国民法通则》(以下简称《民法通则》)已有对公民民事行为能力的规定,结婚是一种民事行为,当事人应具有民事行为能力,婚姻才得以成立,对此没必要重复规定。参见陈苇.结婚与婚姻无效纠纷的处置[M].北京:法律出版社,2001:7-8.

迷者或无民事行为能力的精神病人亦可进行婚姻登记并承担婚姻的权利义务，这无疑从根本上违背了结婚自愿的原则。

目的意思主要指行为所欲追求的目的。有学者认为，目的意思应为内部意思的必备要素，其中最主要的原因在于，目的意思包含着特定表意行为的具体内容，即包含行为人所约定欲发生效力的权利义务关系的内容。[①] 诚然，财产法律行为具有设权性，在此之下，目的意思有存在的必要，其可以最大化地确保当事人意思自治的实现。但是在婚姻缔结行为中，其意思表示的空间有限，在此并不具有设权性。婚姻关系中的权利义务，业已由法律提前加以设定，以确保人伦秩序的稳定，当事人不可能通过自身的目的意思去改变立法业已规定的权利义务。正如有学者指出，诸如婚姻缔结行为等身份行为的意思表示仅有“进入或拒绝进入、保有或退出某一特定身份关系”的效果。“与此不同，债权行为之‘任意性’特征甚为明显，债权行为系典型的‘设权行为’，行为人对债权与债务内容，甚至对债的类型（如设定无名合同）享有充分的意思自治。”[②]与财产法律行为所不同的是，婚姻缔结行为的意思表示空间有限，这决定了目的意思自无可能在婚姻缔结行为中存在。在此之下，目的意思不可能成为婚姻缔结行为内部意思的构成要素。

表示意思主要指表意人意图将内部意思表达于外部的意思。[③] 具言之，表示意思是内部意思与外部表示的一个连接点。倘若表示意思为内部意思的必备要素，那么行为人在不知道行为所具有的法律意义时，该行为即被认为不存

① 刘新熙.论意思表示的构成要素[J].南昌大学学报(人文社会科学版),2006,(5):34.
② 卢学希,张作华.亲属身份行为的特征探讨:以财产行为为参照[J].时代法学,2012,10(2):79.
③ 陈历幸,杨鹏飞,侯放.民法的理念与运作[M].上海:上海人民出版社,2005:151.

在意思表示。对我国的婚姻缔结行为而言,表示意思是否为内部意思必备要素的探讨并无意义。因为在我国的婚姻缔结过程中,表示意思的欠缺根本不可能出现。我国婚姻缔结所采取的是登记主义,在婚姻登记中需履行一系列的程序。从国务院《婚姻登记条例》的规定来看,在实践中,婚姻登记包括了递交结婚材料(其中包括无近亲关系的证明、婚姻状况证明等符合结婚条件的证明)、工作人员审核、发给结婚证(结婚证上包含双方当事人的合照)等程序。通过上述一系列的程序,当事人不可能不知道其行为的法律意义。就此意义而言,表示意思绝无可能在婚姻缔结行为中欠缺。在此之下,在婚姻缔结行为中探讨表示意思是否为内部意思必备要素并无意义。

效果意思一般又称为法效意思,其主要指行为人欲引起私法上一定效果发生的内心意思或欲望。[①] 效果意思具有丰富的内涵,其依具体情形的不同而有所不同。在财产法领域,效果意思一般被视为意思表示必备的构成要素。[②] 例如,甲向乙购买三套家具,其中欲取得三套家具的所有权,即甲对乙的效果意思。效果意思强调的是意思表示的具体明确,即意思表示所欲发生的法律效果必须是具体的法律效果。[③] 对我国婚姻缔结行为而言,这无疑可以体现在"与谁结婚"方面。具言之,在"与谁结婚"中,"谁"必然是具体而明确的,其中的"谁"包含了当事人一方对理想配偶的期待,表明其欲与对方发生私法上的身份效果。就此来看,效果意思至少可以被视为婚姻缔结行为中内部意思的构成要素。但是,在婚姻缔结行为中,效果意思并不能被视为内部意思的必备要素。

---

① 陈华彬.民法总论[M].北京:中国法制出版社,2011:380.

② 冉克平.意思表示瑕疵:学说与规范[M].北京:法律出版社,2018:25.

③ 纪海龙.走下神坛的"意思":论意思表示与风险归责[J].中外法学,2016,28(3):670.

其中最为主要的原因在于,效果意思为内部意思的必备要素不符合我国的立法精神。具言之,当效果意思为内部意思的必备要素时,倘若行为人真实效果意思欠缺,那么行为将不可能成立。在此真实效果意思欠缺方即便事后想维持婚姻关系,其也难以实现。因为在此情境中,婚姻缔结行为并不存在意思表示,行为的成立无从谈起。婚姻既未成立,何来维持?表面上看,将效果意思纳入内部意思的必备要素是对婚姻当事人个人意愿的尊重,是为了确保当事人能与理想的对象结婚。但从实质而言,此种做法将使当事人难以依自己的意愿决定婚姻,个人意愿在此遭致更为严重的损害,这无疑违背了我国《民法典》婚姻家庭编中“与谁结婚”的精神。可见,在婚姻缔结行为中,效果意思不宜被视为内部意思的必备要素。就此意义而言,欠缺真实效果意思并不会导致意思表示不存在。

综上所述,在婚姻缔结行为中,意思表示主要由行为意思、表示意思、效果意思以及表示行为构成,前三者为意思表示的主观构成要素,后者则为意思表示的客观构成要素。在这些要素中,行为意思与表示行为为必备要素,欠缺其一则意思表示不存在。表示意思为不可能欠缺的要素。效果意思则为非必备要素,在此即便欠缺真实的效果意思,意思表示也仍存在。在此基础上,婚姻缔结行为中的意思与表示不一致无疑可以理解为:由于真实效果意思的欠缺,导致内部意思所支配的婚姻缔结行为与真实的内心意思相违背。在现实生活中,其一般表现为婚姻缔结行为不符合当事人对理想配偶的期待。

需注意的是,效果意思具有抽象性,往往难以测之。[①] 这决定了第三人在探

---

① 史尚宽.民法总论[M].北京:中国政法大学出版社,2000:351.

知表意人的真意时,必须与现实生活中的具体情形相结合。然而,现实生活复杂多变,上述理论方法难以完全适用其中。换言之,在现实生活中,背离真意行为的表现形式多样,立法不可能将所有的行为都予以规定。因为法律条文是有限的,而在各人具有不同真实效果意思的情境下,背离真意行为的表现形式显然是难以穷尽的。就此意义而言,意思表示瑕疵婚姻有类型化的必要。

第二节 意思表示瑕疵婚姻的类型

一、意思表示瑕疵婚姻类型的确定方法

从上文可知,意思表示瑕疵婚姻主要指婚姻缔结行为中意思与表示的不一致及意思与表示的不自由。就此意义而言,凡意思表示出现上述两种情形时均可被认为是意思表示瑕疵。从本质上来说,两种情形均为效果意思的欠缺,即当事人在婚姻缔结中进行意思表示时,对与谁结婚的"谁"的认识发生了偏离,进而发生内心意思与外在表示不一致的行为,此种不一致既可能是由自身原因产生,也可能是由外部不自由的环境所致。在现实生活中,上述两种情形的表现形式复杂多样。为了便于实际问题的解决,在学理及立法中出现了对不同表现形式的意思表示瑕疵婚姻予以类型化的做法。然而由于各人立场的不同,在意思表示瑕疵婚姻具体类型的认定中仍难以达成共识。

例如,在学理上,有学者认为,由于婚姻缔结行为系法律行为,故在类型确定上应以法律行为意思表示瑕疵的类型为依据,将其分为因胁迫、欺诈而成立

的婚姻，乘人之危而成立的婚姻以及重大误解而成立的婚姻；[①]有学者参照国外相关的立法规定，提出我国意思表示瑕疵婚姻应包括受胁迫的婚姻、因欺诈而缔结的婚姻、因重大误解而缔结的婚姻、虚假婚姻和暂时处于精神错乱状态而缔结的婚姻等。[②] 相关的学术分歧在理论界呈现出多样化的态势，在此难以用有限的篇幅一一列举。[③] 在立法实践中，各国对于意思表示瑕疵婚姻的类型亦有不同的认识。例如，《德国民法典》认为，意思表示瑕疵婚姻类型包括胁迫婚姻、欺诈婚姻、错误婚姻及虚假婚姻；《瑞士民法典》认为，意思表示瑕疵婚姻包括胁迫婚姻、欺诈婚姻及错误婚姻；《韩国民法典》认为，意思表示瑕疵婚姻包括欺诈婚姻和胁迫婚姻。而在我国《民法典》中，仅有胁迫婚姻和"重大疾病"型的欺诈婚姻被明确规定，这无论是在学理上抑或是在他国的立法实践中，均在范围上显得较为狭隘。事实上，从我国的司法实践来看，现实中的意思表示瑕疵婚姻并非仅有这两种类型。[④] 因此，重新确定意思表示瑕疵婚姻的类型显得尤为重要。

---

① 陈静云.浅谈我国无效婚姻制度之完善[J].福建法学，2007，(2)：59.

② 吴国平.论无效与可撤销婚姻制度的立法完善[J].商洛学院学报，2010，24(1)：21.

③ 其他的观点如：意思表示瑕疵婚姻应包括欺诈婚姻、错误婚姻、虚假婚姻、乘人之危婚姻等情形，参见姚秋英.婚姻效力研究[M].北京：中国政法大学出版社，2013；意思表示瑕疵婚姻应可分为胁迫婚姻、欺诈婚姻、误解婚姻、虚假婚姻等情形，参见傅强，谢唯伟.论非真意的婚姻[J].北京科技大学学报(社会科学版)，2006，(4)：94-99；意思表示瑕疵婚姻分为虚假婚姻、心中保留婚姻、错误婚姻、欺诈婚姻以及胁迫婚姻，参见冉克平.论婚姻缔结中的意思表示瑕疵及其效力[J].武汉大学学报(哲学社会科学版)，2016，69(5)：118-128。此种学术分歧不胜枚举。

④ 例如，在北京某法院审理的"姜某与陈某婚姻无效纠纷案"中，原告陈某为了获得金钱利益而与被告姜某进行"假结婚"，后因陈某自己结婚之事而诉请法院判决该婚姻无效。陈某与姜某之间的行为表现显然与《德国民法典》规定的虚假婚姻表现相似，参见 https://www.pkulaw.com/pfnl/a25051f3312b07f32805f1c2c93b93e4f3a3de0536168e4cbdfb.html? keyword =%E5%A7%9C%E6%9F%90%E4%B8%8E%E9%99%88%E6%9F%90%E5%A9%9A%E5%A7%BB%E6%97%A0%E6%95%88%E7%BA%A0%E7%BA%B7%E6%A1%88&way=listView。又如，在山西省吕梁市中级人民法院审理的"肖某与刘某离婚纠纷案"中，被上诉人肖某利用虚假名字与上诉人刘某结婚，造成了刘某的一些利益受到损害，此种行为与多数国家立法中所规定的欺诈婚姻相似，参见山西省吕梁市中级人民法院(2016)晋11民终1491号民事判决书。此种案例不胜枚举，然而我国立法所规定的意思表示瑕疵婚姻却较为狭隘。

本书认为，婚姻缔结行为作为法律行为的一种表现形态，其意思表示瑕疵的类型必然在法律行为的框架下确定。依传统的法律行为理论，意思表示瑕疵包含了真意保留、虚伪行为、意思表示错误、胁迫、恶意欺诈等情形。其中的真意保留与虚伪行为均涉及行为人保留真意，只不过真意保留系行为人个人单独保留真意，相对人并不知悉，而虚伪行为系双方合意的保留真意行为。缺乏真意的表示错误又可称为“戏谑行为”，意指行为人作出的意思表示并非出于真意，并且期待相对人会立即了解其表示并非出自真意。虽然戏谑行为亦有保留真意之意，但其所保留的真意是希望相对人知悉的，而非像真意保留那般将真意视为“秘密”保留。对于意思表示错误、胁迫、恶意欺诈等，则较为容易理解，意思表示错误意指内心意思与表示行为的不一致。而胁迫、恶意欺诈则系指因胁迫与恶意欺诈的存在，导致相对人的意思表示不自由，进而使其作出与内心意思不一致的表示行为。①

我国民事法律行为制度在一定程度上受到传统法律行为理论的影响，但在制度设置时，也充分结合了本国的实际情况，以此而使这些制度凸显中国特色。依我国《民法典》的规定，在民事法律行为制度中，意思表示瑕疵的情形包括了行为人与相对人以虚假的意思表示、重大误解、欺诈、胁迫、乘人之危（显失公平）。这些情形与传统法律行为理论存在相似之处，相似主要体现在行为人与相对人以虚假的意思表示、重大误解、欺诈、胁迫这几种情形中，但我国《民法典》并未规定戏谑行为以及真意保留行为等意思表示瑕疵的类型，同时借鉴传统民法理论的暴利行为创设了乘人之危（显失公平）类型。

---

① ［德］维尔纳·弗卢梅.法律行为论［M］.迟颖，译.北京：法律出版社，2013：472-477.

法律行为理论中所确定的意思表示瑕疵类型系具有法律意义的意思表示瑕疵类型，其与现实生活中的意思表示瑕疵有所不同，其目的也在于平衡表意人与相对人的利益。婚姻缔结行为是法律行为的一种表现形态，这意味着婚姻缔结行为中的意思表示瑕疵要在法律行为的框架下确定。但又如前文所言，婚姻缔结行为有其特殊性，因此法律行为理论中的意思表示瑕疵类型不一定能完全适用其中。那么，究竟何种意思表示瑕疵类型可以适用于婚姻缔结行为中？学界对此存在分歧。事实上，学界虽然存在确定上的分歧，但其所探讨的意思表示瑕疵婚姻类型均等于或小于法律行为理论中意思表示瑕疵的类型。那么，我国婚姻缔结行为中的意思表示瑕疵类型又应该如何确定呢？

对此，本书认为，应在《民法典》总则部分规定的意思表示瑕疵类型下进行确定。因为《民法典》科学地反映了我国的实际情况。对此，2020 年 5 月 29 日，习近平总书记在十九届中央政治局第二十次集体学习时曾指出："民法典系统整合了新中国成立 70 多年来长期实践形成的民事法律规范，汲取了中华民族 5000 多年优秀法律文化，借鉴了人类法治文明建设有益成果，是一部体现我国社会主义性质、符合人民利益和愿望、顺应时代发展要求的民法典，是一部体现对生命健康、财产安全、交易便利、生活幸福、人格尊严等各方面权利平等保护的民法典，是一部具有鲜明中国特色、实践特色、时代特色的民法典。"[①]正是基于此种原因，我国《民法典》在意思表示瑕疵类型的确定上与传统法律行为理论有所不同。此外，由于《民法典》总则的规定是对分编内容的提取概括，具有"公因式"的作用，因而作为分编的婚姻家庭法不可能在制度创设中溢出《民法典》

① 习近平.充分认识颁布实施民法典重大意义 依法更好保障人民合法权益[J].求是,2020,(12):4-9.

总则的规定。故此，有关于婚姻缔结行为中的意思表示瑕疵类型，应在《民法典》总则规定的意思表示瑕疵类型下进行确定。

在类型确定中，尚需结合意思表示瑕疵的定义展开。如前所言，在婚姻缔结行为中，意思表示瑕疵包括意思表示不自由与意思表示不一致的情形，但凡属于这两种情形的意思表示瑕疵，均应被视为婚姻缔结行为中的意思表示瑕疵。在《民法典》总则部分所规定的意思表示瑕疵类型中，胁迫与欺诈显然属于意思表示不自由的表现，将其视为婚姻缔结行为中的意思表示瑕疵未尝不可。事实上，在现实的婚姻缔结中，亦出现了此种意思表示瑕疵的类型。虽然乘人之危（显失公平）亦有意思表示不自由之意，但其在婚姻缔结行为中与胁迫存在相似之处，为避免立法的重复，宜将其视为胁迫的一种情形。其中的详细原因，容下文进一步分析。而就意思表示不一致来说，行为人与相对人以虚假的意思表示、重大误解则可归类于此。为了论述之需，本书拟将这两种意思表示不一致的行为称为意思表示虚假行为、意思表示错误行为。其中的详细原因，也容下文进一步分析。

综上所述，在婚姻缔结行为中，意思表示瑕疵类型可分为意思表示错误行为、意思表示虚假行为、意思表示欺诈行为以及意思表示胁迫行为。在此之下，意思表示瑕疵婚姻的具体类型实际上包括了意思表示错误婚姻（本书简称为“错误婚姻”）、意思表示虚假婚姻（本书简称为“虚假婚姻”）、意思表示欺诈婚姻（本书简称为“欺诈婚姻”）以及意思表示胁迫婚姻（本书简称为“胁迫婚姻”）。

二、错误婚姻

在我国现行法中,重大误解是与意思表示错误非常相近的概念,然重大误解主要存在于法律行为或财产法律行为的规定中。为了与重大误解相区分,在借鉴国内外研究成果的基础上,本书将“重大误解”式的意思表示瑕疵婚姻统称为错误婚姻。从国外的立法情况来看,错误婚姻是一种较为常见的意思表示瑕疵婚姻类型。例如,《意大利民法典》第122条规定了错误婚姻的具体情形、《西班牙民法典》第73条第1款第4项规定了错误婚姻的具体认定、《瑞士民法典》第124条规定了错误婚姻的判定等。① 在综合各学说、各国(地区)立法以及概念本质的基础上,本节拟对错误婚姻进行分析,以期能全面发现错误婚姻的要义。

(一) 错误婚姻的界定

1.错误婚姻的定义

依学界通说,意思表示错误主要指表意人误解事实,致其意思与表示偶然的不一致。② 该定义所强调的是,错误系由表意人自身的原因所引起的,其表现为内部意思与外部表示的不一致。此种不一致,实质上是内心效果意思与外部

① 《意大利民法典》第122条规定:“……在缔结婚姻之时,一方因对对方的人身发生辨认错误,或对其基本情况产生重大误解而同意结婚,该方配偶可以提起婚姻无效之诉。对个人基本情况产生的重大误解,系指鉴于配偶他方的情况,如果真正了解对方就不会作出结婚允诺,包括对以下方面的误解:(1)对夫妻共同生活产生障碍的身体或精神疾病、性变态;(2)因故意犯罪而被判处5年以上有期徒刑,除非婚礼举行前恢复自由;(3)惯犯或职业罪犯;(4)因卖淫被判处2年以上有期徒刑,在判决生效之前不得提起撤销之诉;(5)对于非配偶导致的妊娠,如果发生在第233条规定的期间以致可能发生丈夫否认亲子关系的情况。”《西班牙民法典》第73条第1款第4项规定:“在缔结之时婚姻缔结者一方误认另一方身份,或其他对于是否同意具有至关重要的个人信息的,婚姻归于无效。”《瑞士民法典》第124条(因误解而结婚)规定:“下述情形,配偶一方可诉请法官撤销其婚姻:(1)因误解而同意举行仪式的,即其本人或无意举行仪式或无意与婚约另一方举行婚礼;(2)对配偶他方的性质产生误解而结婚,且缺少该性质无法要求其维持婚姻共同生活的。”

② 陈华彬.民法总论[M].北京:中国法制出版社,2011:391.

表示的不一致。[①] 在此之下,错误婚姻可以理解为,在婚姻缔结行为中,作出结婚表示的当事人误解事实,致其内心真实意思与结婚表示不相符。

事实上,错误婚姻的产生,与当事人对理想配偶的期待有关。具言之,在婚姻领域,双方当事人对理想配偶条件的设定各不相同,这些条件的设定实质上是行为人的效果意思。受主客观因素的影响,当事人一方对另一方所具有条件的认识可能发生偏离,造成了其表示与原有真实的效果意思不相一致,由此导致错误婚姻。[②] 如此无疑违背了婚姻自由原则。基于此,不少国家(地区)将错误婚姻纳入立法规制中。[③]

2.重大误解与意思表示错误

在我国现行法中,并无意思表示错误的规定,与之相近的是重大误解。即便是《民法典》也仍采纳重大误解的概念。对此,立法者认为,《民法通则》《合同法》均采纳重大误解概念,实践中一直沿用至今,已经为广大司法实务人员以及人民群众所熟知,重大误解内涵通过司法解释进一步阐明后,已与一些国家法律规定的意思表示错误的内涵比较相近。[④] 从最高人民法院《关于适用〈中华人民共和国民法典〉总则编若干问题的解释》第 19 条规定来看,重大误解主要是指,行为人对行为的性质、对方当事人或者标的物的品种、质量、规格、价格、数量等产生错误认识,按照通常理解如果不发生该错误认识,行为人就不会

---

① 冉克平.意思表示瑕疵:学说与规范[M].北京:法律出版社,2018:153.

② 参见贵州省贵阳市花溪区人民法院(2017)黔 0111 民初 58 号民事判决书。

③ 除前述所列举的立法规定外,错误婚姻在《德国民法典》第 1314 条第 2 款第 2 项、《巴西民法典》第 1556 条及第 1557 条、我国澳门地区《民法典》第 1508 条第 1 款 b 项等法律中均有规定。

④ 石宏.中华人民共和国民法总则条文说明、立法理由及相关规定[M].北京:北京大学出版社,2017:349.

作出相应意思表示的行为。由此可见,重大误解在行为与意思不一致的这一内涵中,实质上与意思表示错误无异。换言之,在我国,重大误解可以被视为意思表示错误。

虽然如此,但从整体来看,意思表示错误与重大误解间仍存在些许不同之处。从更深层次的角度来说,意思表示错误的外延更广于重大误解。具体来说,从重大误解的界定来看,重大误解实质上是受领人的误解,即意思表示受领人对相对方(表意人)所作出的意思表示的规范含义发生理解错误。[①] 在此语境下,重大误解仅及于受领人。与重大误解不同的是,意思表示错误所强调的是表意人,即强调发出意思表示的人。就此意义而言,无论是意思表示的最先发出者,抑或是作为意思表示次发出者的受领人,均可包括其中。从立法的科学性而言,意思表示错误的运用较之于重大误解更为合理,其可以较为客观地反映当事人意思与表示不一致的状态。为此,有学者坦言,在立法中采用"重大误解"的做法并不妥当,"意思表示错误制度"才能更为准确和全面地反映并规制当事人认识错误的现象。[②] 也正是因此,在不少国家(地区)的立法中多采用"意思表示错误",而鲜见"重大误解"。[③] 就此意义而言,意思表示错误更具合理性。将意思表示错误运用在意思与表示不一致的瑕疵婚姻情形中,不仅可以更科学地界定此种意思与表示不一致的瑕疵婚姻情形,而且也能尽可能地把此种意思与表示不一致的瑕疵婚姻情形囊括其中。基于此,本书在论述此种意思

---

① 王天凡.民法"重大误解"继受之反思:兼以台湾"民法"第88条第1款为例[J].华东政法大学学报,2017,20(2):102.

② 谢丽媛.意思表示错误的制度另建:兼评《民法总则》第141条[J].福建法学,2017,(3):24.

③ 如《德国民法典》第119条、《日本民法典》第95条、《巴西民法典》第138条至第144条等法律条文均规定了意思表示错误。此种类似的立法实例不胜枚举。

与表示不一致的瑕疵婚姻情形时,不将其称为“重大误解婚姻”,而将其视为意思表示错误的婚姻。①

(二) 错误婚姻的具体情形

在我国现行法中,重大误解情形包括了对行为的性质,对方当事人,标的物的品种、质量、规格和数量等方面的误解,这在一定程度上可以被认为是我国意思表示错误的情形规定,但上述情形凸显了浓厚的财产法色彩,于身份法领域不可能完全适用。就此意义而言,错误婚姻的具体情形在事实上并未为我国立法所规定,这容易造成我国司法实践的困境。因此,对于错误婚姻的情形,立法必须予以明确。

从现有的学说来看,在错误婚姻具体情形的认定上,存在多元化的观点。例如,冉克平教授认为,错误婚姻的情形包括了身份属性或基本情况的错误,具体包括主体认识错误、身体健康状况认识错误、婚姻状况认识错误、名誉认识错误等;②姚秋英老师认为,错误婚姻包括了一方当事人对对方在身体、道德品行方面等重要情况的认识错误,一方当事人对另一方当事人的实质身份发生认识错误;③修艳玲老师认为,错误婚姻一般是对与婚姻有本质联系的事项的认识错误,具体包括了同一性认识错误以及对人的性质认识错误;④德国的施瓦布教授则认为,错误婚姻不仅包括结婚性质的认识错误,而且还包括行为认识错误、身

---

① 在学理上,意思表示错误婚姻与重大误解婚姻均有学者提及,前者如冉克平《论婚姻缔结中的意思表示瑕疵及其效力》、修艳玲《论结婚的意思表示瑕疵》、姚秋英《婚姻效力研究》等;后者如于东辉《关于〈婚姻法〉无效婚姻制度的探讨》、胡文华《论我国无效及可撤销婚姻制度》、陈静云《浅谈我国无效婚姻制度之完善》等。本书认为,意思表示错误婚姻的表述更为合理。

② 冉克平.意思表示瑕疵:学说与规范[M].北京:法律出版社,2018:186.

③ 姚秋英.婚姻效力研究[M].北京:中国政法大学出版社,2013:118.

④ 修艳玲.论结婚的意思表示瑕疵[J].福建公安高等专科学校学报(社会公共安全研究),2005,19(6):89.

份认识错误和个人品质认识错误；[①]英国的斯丹德利教授则认为，错误婚姻应仅指基于一方对另一方身份的认识错误。[②] 从整体来看，虽然在学说中存在诸多观点，但这些观点不过是表述上的差异而已，从本质上其存在共通之处。具言之，多数的观点认为，错误婚姻与一方当事人对另一方当事人的认识错误有关。

在境外的立法实践中，错误婚姻具体情形亦存在着不同的规定。例如，《瑞士民法典》在第124条中规定为："……(1)因误解而同意举行仪式的，即其本人或无意举行仪式或无意与婚约另一方举行婚礼；(2)对配偶他方的性质产生误解而结婚，且缺少该性质无法要求其维持婚姻共同生活的。"《西班牙民法典》在第73条第1款第4项中规定为："在缔结之时婚姻缔结者一方误认另一方身份，或其他对于是否同意具有至关重要的个人信息的……"《巴西民法典》在第1557条中规定为："……(1)所有涉及其身份、荣誉和名誉，一方知道此种错误后，变得无法忍受与被误认的他方共同生活的；(2)不知道他在结婚前所犯的罪行，而此种罪行基于其性质使得夫妻生活变得无法忍受的；(3)一方不知道他方在结婚前的不可治愈的身体缺陷，或严重的可传染或遗传的疾病，它们可能给他方配偶或其后代的健康带来危险的；(4)一方不知道他方在结婚前患有严重的精神病，而基于其性质，变得无法忍受与被误认的配偶共同生活的。"《阿根廷民法典》在第175条中规定为："……对结婚他方身份发生的错误……对结婚他方个人品质发生错误……"《美国统一结婚离婚法》在第208条中规定为："……在举行结婚仪式时一方不知道另一方缺少性能力……"从整体来看，虽然境外

---

① [德]迪特尔·施瓦布.德国家庭法[M].王葆莳，译.北京：法律出版社，2010：48.

② [英]凯特·斯丹德利.家庭法[M].屈广清，译.北京：中国政法大学出版社，2004：44.

立法规定的表述各异,但是在实质精神方面却存在着共通之处,即在错误婚姻具体情形的认定上,多与一方当事人对另一方当事人具体情况的认识错误有关。

由上可见,错误婚姻具体情形的认定与婚姻缔结主体的个人情况密不可分。之所以会在学说或立法实践中出现类似情形,其中的主要原因在于,这些"个人情况"与表意人是否决定结婚有关。不过,由于各国(地区)实际情况的不同,在立法实践中,对错误婚姻情形里的"个人情况"认定有所差异。但这并不能割断彼此间的共通之处,即意思表示错误与表意人对"个人情况"的认知有关。

事实上,从我国现行法的精神来看,重大误解的情形亦与错误婚姻学说或境外的立法实践存在共通之处。具言之,虽然我国现行法仅在财产法领域规定了错误情形,但在所规定的情形中,亦存在对行为主体情况认识错误的情形。从司法界的观点来看,重大误解情形确定的一个重要标准在于,是否为影响合同关系存在的重要内容。① 由于在合同关系中,存在行为主体、标的物等多种必备要素,因而重大误解情形并不仅仅包括行为主体的个人情况,而且还包含了可能影响合同达成的其他要素,如标的物种类、合同性质等。可见,错误情形认定的关键在于,"错误"是否会影响行为的达成。事实上,在法律行为理论中,错误情形的认定也与行为的达成有关。具言之,只有错误对行为人决定实施行为具有重要影响时,其才构成应关注的"错误"。② 就此意义而言,倘若行为人认

① 中国审判理论研究会民商事专业委员会.《民法总则》条文理解与司法适用[M].北京:法律出版社,2017:266.

② [德]维尔纳·弗卢梅.法律行为论[M].迟颖,译.北京:法律出版社,2013:499.

识到真相以后，其便不会作出此行为时，行为人所产生的错误才是应受关注的错误。事实上，前述错误婚姻情形认定的学说及立法实践均与此有关。因此，我国对错误婚姻具体情形进行认定时，应充分结合法律行为理论的内涵、学说和实践的通常做法以及我国的立法精神。在此基础上，将“人的身份认识错误”和“人的性质认识错误”认定为错误婚姻的具体情形。[①]

之所以如此，其中的原因在于：其一，婚姻是双方具有夫妻身份的结合，[②]此过程与财产无涉，并不会存在标的物等客体，因而我国现行法中的标的物认识错误不可能适用其中；其二，从我国《民法典》关于结婚自愿的精神来看，结婚自愿包含了当事人是否结婚和与谁结婚的决定权，[③]其中的“谁”便是具备表意人所设定某种条件的特定当事人，这是表意人效果意思的具体化，事实上是表意人对对方具体情况的要求，情况的不符将直接影响表意人缔结婚姻的决定，在此之下，个人情况的认识错误应是被关注的错误情形；其三，在我国，结婚是一种要式行为，当事人结婚的意思表示应通过书面形式在婚姻登记机关作出，且婚姻登记机关会对当事人结婚的意思进行核对、审查，[④]在此过程中，结婚双方当事人不可能不知道其行为的性质是婚姻缔结行为。就此意义而言，在婚姻缔结领域，并不会存在重大误解情形中的合同性质认识错误、境外一些学说（立法实践）中的婚姻行为性质认识错误等问题。因此，婚姻行为性质认识错误无存

① 人的身份认识错误较为容易理解，而人的性质认识错误则是抽象用语。“性质错误”一词主要借鉴于财产法律行为，其原指标的物所具有的特性。用在婚姻缔结行为中，人的性质认识错误一般指一方当事人对对方在身体、性格、道德品行等个人情况方面产生错误认识。参见姚秋英.婚姻效力研究[M].北京：中国政法大学出版社，2013：118；王泽鉴.民法概要[M].第2版.北京：北京大学出版社，2011：520.

② 夏吟兰.中华人民共和国婚姻法评注：总则[M].厦门：厦门大学出版社，2016：6.

③ 夏吟兰.婚姻家庭继承法[M].北京：中国政法大学出版社，2012：75.

④ 熊英.亲属法理论与实务[M].北京：法律出版社，2008：62.

在的必要。正是基于此,错误婚姻的具体情形应仅指“人的身份认识错误”和“人的性质认识错误”。

三、虚假婚姻

在我国现行法中,《民法典》在第 146 条中规定了虚假行为,此延续了《民法总则》第 146 条的规定。《民法总则》第 146 条是我国立法首次在法律行为中明确虚假行为。但令人遗憾的是,《民法典》并未在婚姻家庭编中规定虚假行为。在现实生活中,虚假婚姻现象比比皆是,[①]群众一般将其称为“假结婚”。在世界一些国家(地区)的立法中,虚假婚姻得以被明确规定。[②] 在此情形下,学术界产生了大量有关虚假婚姻效力规制的研究成果。

(一) 虚假婚姻的界定

1.虚假婚姻的定义

在财产法领域,对虚假行为是否属于意思表示瑕疵的范畴存在争议。但在婚姻法领域,虚假婚姻属于意思表示瑕疵的类型却是主流观点,[③]其中的原因无非在于,虚假婚姻的内涵与意思表示瑕疵的内涵相符。

---

① 司法案例参见湖南省长沙市天心区人民法院(2016)湘 0103 民初 1011 号民事判决书、重庆市九龙坡区人民法院(2015)九法行初字第 00152 号行政判决书、河南省巩义市人民法院(2016)豫 0181 行初 123 号行政裁定书。新闻报道参见“假结婚”买房离婚时傻眼:钱要被分走一半(http://linfen.news.fang.com/2018-09-05/29508572.htm)。

② 如《德国民法典》第 1314 条第 2 款第 5 项规定、《意大利民法典》第 123 条规定。

③ 从现有的研究成果来看,将虚假婚姻排除在意思表示瑕疵范畴以外的做法极为罕见。例如,冉克平教授在《意思表示瑕疵:学说与规范》一书中,明确将虚假婚姻纳入意思表示瑕疵的范畴。又如,姚秋英老师在《婚姻效力研究》一书中,亦认为意思表示不真实的婚姻包括了虚假婚姻。此种类似的观点不胜枚举。

从虚假的一般词义来看，虚假主要指与实际情况不相符的、不真实的。[①] 在此要义下，意思表示虚假无疑可以理解为意思表示的不真实，这在字面上至少与意思表示瑕疵的内涵相符。学界的通说则认为，意思表示虚假主要是指表意人有意把真实意思保留心中而表示出不同的意思，内心希望其意思表示不受制约，既不期待发生效力，也不准备履行所发生的义务。[②] 立法者对意思表示虚假的界定亦与学界通说相似，即认为是表意人所表示的意思并非真意，其并不希望所表示的行为能够真正发生法律上的效力。[③] 就此意义而言，在虚假行为中，内在的意思与外在的意思是不一致的，此种不一致是表意人有意为之，即表意人对内外的不一致是明知的，其并不希望与真意相违背的外部行为产生效力。而表意人之所以为虚假行为，其目的仅在于掩盖其所真正希望作出的法律行为。[④]

可见，表意人对真实意愿的故意隐瞒是虚假行为理解的核心所在。在此基础上，虚假婚姻自然可以理解为，表意人为了借助婚姻来谋取其他利益，而刻意隐瞒结婚的真实意图，与并非自己理想配偶的相对方缔结婚姻的行为。换言之，在虚假婚姻中，表意人与相对方所缔结的婚姻关系实质上是违背表意人真意的。就此意义而言，虚假婚姻无疑符合意思表示瑕疵的内涵。此亦如有学者所言，虚假婚姻虽具有表面上的婚姻合意，但却无建立共同生活的效果意思，因

---

① 多功能现代汉语词典编委会.多功能现代汉语词典[M].双色版.北京：外文出版社，2011：1017.

② 环建芬，胡志民，周建平.民法学原理[M].上海：上海交通大学出版社，2004：85.

③ 石宏.中华人民共和国民法总则条文说明、立法理由及相关规定[M].北京：北京大学出版社，2017：348.

④ [德]维尔纳·弗卢梅.法律行为论[M].迟颖，译.北京：法律出版社，2013：480.

此其应为意思表示瑕疵。[①]

2.虚假行为与恶意串通行为

在虚假行为规定未在我国现行法出现之前,立法对虚假行为规制所采用的概念为恶意串通行为。恶意串通行为主要指在买卖活动中,双方以损害他人利益为目的,弄虚作假的违法行为。[②] 由于恶意串通行为亦存在一定的虚假性,故在婚姻研究领域,有学者将虚假婚姻等同于婚姻缔结过程中的恶意串通行为。[③]

事实上,从虚假行为与恶意串通行为的概念来看,两者在本质上仍存在根本差异,将两者混同使用的做法实不可取。两者的根本差异在于是否强调行为会造成损害后果。具言之,恶意串通行为所强调的是恶意,即当事人在主观上具有损害他人利益的故意,至于其意思表示是否虚假则在所不问。[④] 就此意义而言,恶意串通行为必须是以损害他人利益为目的,在此即便串通方意思表示真实,也不影响恶意串通行为的成立。这也是在我国《民法通则》《合同法》以及《民法典》等法律中,将"恶意串通"与"损害他人利益"搭配使用的原因所在。而虚假行为更多强调的是行为的虚假,即行为的表示与行为的真意不一致,其并不以损害第三人的利益为必要。[⑤] 故在我国《民法典》中,并未规定虚假行为必须对他人利益造成损害。也正是基于虚假行为与恶意串通行为的不同,我国《民法典》才将两者分别规定。对此,立法者认为,虚假行为与恶意串通行为虽

---

① 冉克平.意思表示瑕疵:学说与规范[M].北京:法律出版社,2018:124.

② 中国审判理论研究会民商事专业委员会.《民法总则》条文理解与司法适用[M].北京:法律出版社,2017:276.

③ 姚秋英.婚姻效力研究[M].北京:中国政法大学出版社,2013:118.

④ 王德山.合同效力研究[M].北京:中国政法大学出版社,2015:242-243.

⑤ 冉克平.意思表示瑕疵:学说与规范[M].北京:法律出版社,2018:126.

然存在着相似之处,但是却不可以混淆,虚假行为强调的是意思非真意,而恶意串通行为强调的是主观上的恶意,即损害他人的合法权益。① 可见,从本质上说,虚假行为与恶意串通行为存在根本不同,在一些情形下,恶意串通行为甚至不属于意思表示瑕疵的范畴。就此意义而言,在婚姻领域,此种虚假缔结婚姻的行为更宜称作虚假婚姻,而非恶意串通婚姻,两者切不可等同使用。事实上,从现有的研究成果来看,“虚假婚姻”的用法已然成为主流。②

(二) 虚假婚姻的具体情形

从我国现行法来看,在法律行为中,虚假行为主要指双方当事人以虚假意思表示作出的民事法律行为,此种行为的作出,是双方当事人通过意思联络达成的结果。③ 可见,虚假行为所强调的是,行为的双方当事人必须在意思表示中均是不真实的,而且该不真实是双方当事人通过联络达成一致的结果。这在事实上与学理中通谋虚伪行为的内涵无异。所谓通谋虚伪行为,主要是指表意人和相对人一致同意表示事项不应该发生效力,即双方当事人一致同意仅仅造成订立某项法律行为的表面假象,而实际上并不想使有关法律行为的法律效果产生。④ 正是基于此,在学术界,虚假行为已然成为通谋虚伪行为的同义词。⑤

此种做法直接影响到虚假婚姻具体情形的认定。在学理中,虚假婚姻一般

---

① 石宏.中华人民共和国民法总则条文说明、立法理由及相关规定[M].北京:北京大学出版社,2017:367.

② 参见冉克平.意思表示瑕疵:学说与规范[M].北京:法律出版社,2018:124;杨立新.对修订民法典婚姻家庭编30个问题的立法建议[J].财经法学,2017,(6):7;[德]迪特尔·施瓦布.德国家庭法[M].王葆莳,译.北京:法律出版社,2010:50.

③ 石宏.中华人民共和国民法总则条文说明、立法理由及相关规定[M].北京:北京大学出版社,2017:347.

④ 冉克平.意思表示瑕疵:学说与规范[M].北京:法律出版社,2018:101.

⑤ 杨立新.《民法总则》规定的虚假民事法律行为的法律适用[J].法律科学(西北政法大学学报),2018,(1):112.

仅指通谋虚伪的婚姻。① 具言之,虚假婚姻一般是指男女双方缔结婚姻并非为了建立夫妻共同生活,而是利用法律规定的次要效果的婚姻。② 在此虚假婚姻所强调的是,婚姻缔结的双方当事人均无与对方结婚的真意,婚姻不过是实现真正目的的手段而已,此种手段的达成系双方当事人通谋的结果。在实践中,双方当事人进行虚假婚姻的目的多样。例如,有为获得婚姻次要效果而虚假结婚;③或为获得生活安宁而虚假结婚等。④ 由于现实生活复杂多样,每个人所追求的目的各有不同,因而试图通过具体列举的方式穷尽虚假婚姻情形是不现实的。鉴于此,本书认为,在对虚假婚姻具体情形进行认定时,不应局限于婚姻的真正目的,而应立足于虚假婚姻的核心要义。换言之,只要婚姻符合虚假婚姻中意思与表示不一致的核心要义,那么无论该婚姻所欲追求的真正目的是什么,其也应被认为是虚假婚姻。⑤

在此值得一提的是,在学理上,有学者提出了立法应规定真意保留婚姻的观点。⑥ 所谓的真意保留婚姻,主要是指当事人明知自己没有与对方结婚的真意,在不告知对方的情况下作出结婚意思表示而形成的婚姻。⑦ 从某种程度上说,真意保留婚姻与虚假婚姻存在相似之处,即两者都存在故意使意思与表示

---

① 冉克平.意思表示瑕疵:学说与规范[M].北京:法律出版社,2018:120-121.

② [德]迪特尔·施瓦布.德国家庭法[M].王葆莳,译.北京:法律出版社,2010:50.

③ 参见中新网.海南两女子以虚假婚姻关系骗取出入境证件被查处[DB/OL].http://www.hkwb.net/news/content/2011-07/06/content_368891.htm,2011-07-06/2018-08-10.

④ 参见焦晓辉.婚姻与家庭杂志:那些选择“形婚”的夫妻,后来怎么样了[DB/OL].https://baijiahao.baidu.com/s? id=1774799430235599778& wfr =spider&for =pc,2023-08-21/2024-08-10.

⑤ 事实上,从境外立法实践来看,多数国家(地区)的立法并未用列举的方式对虚假婚姻的具体情形予以明确。例如,《意大利民法典》在第123条中仅仅规定了虚假婚姻的内涵,即凡是符合此种内涵的婚姻均为无效;《俄罗斯联邦家庭法典》第27条亦仅规定了虚假婚姻的内涵,在该法中,凡是符合第27条内涵的虚假婚姻将会被认为是无效婚姻。

⑥ 傅强,谢唯伟.论非真意的婚姻[J].北京科技大学学报(社会科学版),2006,(4):99.

⑦ 同上书:95.

不一致的情形，只不过在意思表示不一致的主体上，真意保留婚姻并未形成通谋。在此真意保留又可以被称为单独的虚伪行为，这与双方通谋的虚假行为相对。[①]

对于是否应在立法中规定真意保留婚姻，学术界存在两种观点。一种观点认为，真意保留婚姻实无规定的必要，无论相对人是否知道另一方为不欲结婚的真意，表意人均不得以心里保留为由主张缔结的婚姻无效，以保障婚姻与家庭。[②] 另一种观点则认为，应对真意保留婚姻加以规定，以尊重当事人意愿。[③]从制度建构的逻辑来看，倘使意思表示瑕疵婚姻包含了双方通谋的虚假婚姻，那么单方虚伪的真意保留婚姻不应被排除于外，更何况在真意保留婚姻中，存在当事人意思表示不一致的情形。虽然如此，本书更倾向于第一种观点，即认为真意保留婚姻并无存在的必要。其中的主要原因在于：其一，如前所述，在我国现行法中，真意保留行为并未在法律行为中予以明确，断然将其运用于婚姻缔结行为中将破坏法律体系的统一性；其二，规定真意保留婚姻的实际意义不大。具言之，“真意保留”一般难以为他人察觉，在不引起对方表示错误的情形下，真意保留仅仅是保留方的意思表示瑕疵。就此意义而言，希冀以此来决定行为的效力不仅徒增裁判难度，而且也与公平精神不符，在某种程度上甚至会

---

① 杨立新.《民法总则》规定的虚假民事法律行为的法律适用[J].法律科学(西北政法大学学报)，2018，(1)：112.

② 冉克平.论婚姻缔结中的意思表示瑕疵及其效力[J].武汉大学学报(哲学社会科学版)，2016，69(5)：123.

③ 傅强，谢唯伟.论非真意的婚姻[J].北京科技大学学报(社会科学版)，2006，(4)：99.

危及婚姻关系的稳定。[①] 事实上,在真意保留婚姻中,保留方的真意往往只是不与相对方缔结婚姻。就此意义而言,隐藏不结婚的真意不可能导致相对方意思表示错误。倘若保留人积极实施行为促使相对方作出错误的结婚表示,那么这实质上与欺诈婚姻的内涵无异,对此可视为欺诈婚姻,而无单独设立真意保留婚姻的必要。为此,虚假婚姻应仅指通谋虚伪的婚姻。

四、欺诈婚姻

在《民法典》出台以前,我国立法并未明确规定欺诈婚姻。其中的主要原因在于,婚姻缔结中的欺诈行为可通过其他手段获得救济,并无独立规定之必要。譬如,对于因欺诈结婚导致"当事人之同一性"错误的,可以请求主张婚姻不成立。对于因欺诈结婚导致"当事人之人的性质"错误的,可以按照离婚处理。[②] 简而言之,此前,欺诈婚姻在立法中处于空白的主要原因在于,法律救济手段的丰富性。在《民法典》编纂过程中,立法者把"重大疾病"型欺诈婚姻纳入婚姻家庭编的规定中,其中的主要原因在于,结婚是人生大事,结不结婚、和谁结婚是应由当事人自己决定的事情,其涉及婚姻自愿、婚姻自由的问题,即使当事人一方患有严重疾病,另一方知情,但仍愿意结婚,如不许可结婚,似与婚姻自愿、

---

① 倘若依意思完整性原理来决定真意保留婚姻的效力,那么真意保留婚姻无疑是违背其真意的,在此之下,行为将不会产生预期的效力,以此无疑正迎合了真意保留人的真意。就此意义而言,这将与"任何人不得以违法行为而获利"的精神相违背,以此导致行为结果不符合公平要义。在婚姻失效以后,一些依赖于婚姻关系生活的当事人的权益将可能难以得到保障。依意思表示瑕疵的效力原理,真意保留人掌握着决定行为效力的权利,就此意义而言,真意保留人可以随时否认真意保留婚姻的效力,此种做法将容易造成婚姻关系的动荡不安。

② 王礼仁.婚姻诉讼前沿理论与审判实务[M].北京:人民法院出版社,2009:109.

婚姻自由原则相冲突。①

在此之前,重大疾病被视为无效婚姻的事由,无论婚姻当事人意思表示是否真实,只要婚姻一方当事人存在重大疾病,那么该婚姻即被视为无效婚姻。《民法典》将隐瞒重大疾病视为可撤销婚姻,不仅是对婚姻自由原则的贯彻,而且亦在间接上扩充了意思表示瑕疵婚姻的范畴。从某种程度而言,隐瞒重大疾病的事由实质上涉及欺诈,而欺诈婚姻恰恰为意思表示瑕疵婚姻的一种类型,因为欺诈婚姻的内涵与意思表示瑕疵婚姻的内涵存在共通之处。②

(一)欺诈婚姻的界定

1.欺诈婚姻的定义

在民法中,欺诈一般是指虚伪的陈述或骗人的诡计,或也可以通过隐瞒真相、假装或者故意遗漏本应该陈述的内容,达到虚伪陈述之目的。③ 由此可见,民法中的欺诈由积极的作为方式与消极的不作为方式构成,其目的在于引导相对人的表示偏离真意,在此过程中,欺诈人在事实上达到了欺诈所求的目的。对于欺诈的内涵,我国司法解释亦有类似规定,《最高人民法院关于适用〈中华人民共和国民法典〉总则编若干问题的解释》第21条规定:"故意告知虚假情况,或者负有告知义务的人故意隐瞒真实情况,致使当事人基于错误认识作出意思表示的,人民法院可以认定为民法典第一百四十八条、第一百四十九条规

---

① 黄薇.中华人民共和国民法典释义(下)[M].北京:法律出版社,2020:1970.

② 从本质上说,受欺诈方因受欺诈干扰而使其表示行为与真意相违背的现象符合意思表示瑕疵的要义。在欺诈婚姻中,受欺诈方缔结婚姻的根本原因在于欺诈,即欺诈行为的存在使受欺诈方误认为结婚对象是符合其条件期待的,然则在事实上,所结婚的对象并不具备欺诈所言的要求,受欺诈方作出的表示行为结果实质上与其真实效果意思是相背离的,换言之,受欺诈方的行为实乃背离真实效果意思的结果。就此意义而言,欺诈婚姻亦可被认为是意思表示瑕疵婚姻。

③ [英]戴维·M·沃克.牛津法律大辞典[M].李双元等,译.北京:法律出版社,2003:441.

定的欺诈。”简而言之,欺诈行为认定的关键在于,行为人是否为故意通过作为或不作为手段来引起相对人背离真意的表示。倘若行为人是故意而为,且实现了行为的目的,那么该行为无疑就是欺诈行为。

就此意义而言,欺诈婚姻自然可以理解为,一方当事人采取故意捏造事实或故意隐瞒重大事实的手段,使对方产生认识上的重大错误并作出结婚意思表示而形成的婚姻。① 可见,在欺诈婚姻中,存在一方当事人认识错误的情形。在此之下,欺诈婚姻无疑与意思表示瑕疵婚姻的内涵相符。正是基于此,在不少国家(地区)的立法中,欺诈婚姻被视为意思表示瑕疵婚姻的一种类型。②

2.欺诈婚姻与错误婚姻

从欺诈婚姻与错误婚姻的内涵来看,两者存在相似之处。具言之,在欺诈婚姻与错误婚姻中,都存在一方当事人认识错误的情形。正是基于此,有学者坦言,欺诈与错误实质乃同源之制,欺诈所引起的错误内容与意思表示错误内容相一致。③ 就此意义而言,将欺诈婚姻中的错误内容等同于错误婚姻中的错误内容未尝不可。在此之下,在欺诈婚姻中,欺诈行为所引起的当事人认识错误可以包括“人的身份认识错误”和“人的性质认识错误”。

事实上,在我国司法实践中,欺诈婚姻所引起的错误情形基本上亦是上述两项内容。具言之,包括了隐瞒生理缺陷、疾病、恶劣品质、虚构身份等方面的错误。④ 在学理上,不少学者亦持类似的观点,认为欺诈婚姻中的认识错误应围绕“人的身份”或“人的性质”展开。例如,我国的梁慧星教授认为,欺诈婚姻中

① 傅强,谢唯伟.论非真意的婚姻[J].北京科技大学学报(社会科学版),2006,(4):96.

② 参见《德国民法典》第1314条等。

③ 谭和平.意思表示瑕疵理论与立法比较研究[M].北京:中国政法大学出版社,2013:109.

④ 冉克平.意思表示瑕疵:学说与规范[M].北京:法律出版社,2018:312.

的具体情形应仅指与法定结婚实质要件相关联的情况，如是否达到法定最低结婚年龄、有无配偶、有无不宜结婚的疾病等。① 姚秋英老师则认为，在欺诈婚姻中，欺诈所引起的认识错误包括：一方当事人对对方在身体、道德品行等方面的重要情况产生认识错误；一方当事人对另一方当事人的实质身份发生认识错误。② 德国的施瓦布教授认为，欺诈所导致的错误包括了性取向、宗教、怀孕事实等情形。③ 美国的贝尔瑟教授则认为，婚姻缔结中的欺诈情形包括隐瞒生育能力、隐瞒身体残疾情况等。④ 而美国的布林尼教授和阿列克教授则从经济学的角度出发，认为欺诈必须是对婚姻关系至关重要的事情，在此之下，具体欺诈情形包括隐瞒自身疾病、隐瞒结婚年龄、隐瞒怀孕事实等。⑤ 我国《民法典》所规定的"重大疾病"型欺诈婚姻，亦是对"人的性质认识错误"的体现。虽然《民法典》只规定了重大疾病的欺诈事由，但这并不能因此而否认现实中其他欺诈情形的存在。

可见，在认识错误内容方面，欺诈婚姻与错误婚姻存在着高度的相似性。但是，这并非意味着两者即同一事物。事实上，从欺诈婚姻与错误婚姻的内涵来看，两者仍存在根本不同之处。而最大的不同在于，在欺诈婚姻中，表意人错误引起的原因在于外部，即欺诈方的欺诈行为是表意人产生认识错误的根本原因；而在错误婚姻中，表意人产生错误的原因在于自身，即表意人的认识错误与

① 梁慧星.中国民法典草案建议稿附理由：亲属编[M].北京：法律出版社，2013：67.

② 姚秋英.婚姻效力研究[M].北京：中国政法大学出版社，2013：118.

③ [德]迪特尔·施瓦布.德国家庭法[M].王葆莳，译.北京：法律出版社，2010：49.

④ Julia Watts Belser.Brides and Blemishes：Queering Women's Disability in Rabbinic Marriage Law[J]. Journal of the American Academy of Religion，2016，84(2)：422.

⑤ Margaret F. Brinig，Michael V. Alexeev. Fraud in Courtship：Annulment and Divorce[J]. European Journal of Law and Economics，1995，2：57.

任何第三人的行为无关。因此,在实践中,两者切不可混同使用。

(二)欺诈婚姻的具体情形

从上述的分析可知,欺诈婚姻的具体情形主要包括:一方当事人因被欺诈而产生的“人的身份认识错误”或“人的性质认识错误”。此过程所强调的是,一方当事人对另一方当事人的故意欺诈,且另一方当事人基于欺诈行为而作出了错误的意思表示。就此意义而言,欺诈婚姻似乎仅能在结婚当事人中发生。但从现实生活来看,在婚姻缔结中,欺诈不仅仅表现为一方当事人对另一方当事人的欺诈,而且还可能表现为第三人对双方当事人或一方当事人的欺诈。① 对于此种第三人欺诈情形能否被归于欺诈婚姻情形中,事实上在学理中存在极大的争议。有学者认为,在欺诈婚姻中,欺诈行为仅在结婚当事人间发生。② 亦有学者反对此种观点,而认为欺诈婚姻应还包括第三人欺诈的情形。③

从我国《民法典》总则编的规定来看,在法律行为中,第三人欺诈亦被视为欺诈。据此,立法者认为,民法中的欺诈,并未特指欺诈方一定是民事法律行为的当事人,第三人也应包含其中。④ 从本质上来说,这是保护当事人意思表示的应有之义。第三人欺诈认定的关键在于,民事法律行为的一方当事人知道或者应当知道欺诈行为的存在。而且这里的第三人,一般是指民事法律行为当事人之外的与一方存在某种关系的特定人。⑤ 就此意义而言,并非所有的第三人欺

① 在现实生活中,婚姻缔结中的第三人欺诈一般表现为结婚当事人以外的第三人实施欺骗的行为,在此第三人包括了媒婆、父母、亲戚等。正是由于第三人欺诈的存在,导致结婚当事人一方作出错误的意思表示。参见李冰,刘亚萍.乡村骗婚案件样本分析[N].人民法院报,2013-06-30(7).

② 梁慧星.中国民法典草案建议稿附理由:亲属编[M].北京:法律出版社,2013:68.

③ 史尚宽.亲属法论[M].北京:中国政法大学出版社,2000:265-266.

④ 石宏.中华人民共和国民法总则条文说明、立法理由及相关规定[M].北京:北京大学出版社,2017:354.

⑤ 同上。

诈均可纳入其中。在法律行为的第三人欺诈中,第三人与当事人一方直接或间接形成某种意义的通谋。换言之,当事人一方对第三人的欺诈行为是明知的,在此无论当事人一方是否事先与第三人通谋,其均利用了第三人的欺诈行为,并造成相对方的意思表示错误,在此无疑与欺诈行为的内涵相符。利用欺诈行为的当事人一方实质上即自己实施了欺诈行为。[①]

与《民法典》总则编明确规定第三人欺诈行为所不同的是,在《民法典》婚姻家庭编中,立法并未明确规定第三人欺诈的情形。那么,第三人实施欺诈行为是否属于欺诈婚姻的范畴?在学术界,一些学者认为,欺诈婚姻应包含第三人欺诈的情形,此与法律行为中对第三人欺诈的理解相似,其并没有脱离欺诈婚姻的内涵。具言之,在欺诈婚姻中,第三人欺诈应以对方配偶恶意为限。因为对方配偶恶意,等于与第三人共谋或至少有利用其欺诈之意思,恶意配偶在此实质上实施了欺诈行为。[②] 正是基于此,在不少规定第三人欺诈婚姻的立法中,均以配偶一方的故意为必要。[③]

虽然我国立法并未规定第三人欺诈的情形,但本书认为,在我国《民法典》婚姻家庭编的条文适用中,第三人欺诈的情形可以被视为欺诈婚姻,其中的原因在于:第一,从立法体例来看,《民法典》总则规定是对分编内容的提取概括,具有"公因式"的作用,因而作为分编的婚姻家庭法不可能在制度创设中溢出《民法典》总则的规定,这意味着在欺诈婚姻的情形中,即便将第三人视为欺诈

---

① 涂慧.第三人欺诈民事行为研究[J].西北大学学报(哲学社会科学版),2015,45(2):117.

② 史尚宽.亲属法论[M].北京:中国政法大学出版社,2000:266.

③ 例如,《瑞士民法典》在第125条中将第三人欺诈婚姻规定为:"……配偶一方,因配偶他方或他方串通的第三人故意隐瞒他方的恶劣品性,致使受欺骗而同意结婚的……"又如,《德国民法典》在第1314条中认为,婚姻双方当事人均不知情的第三人欺诈不为欺诈婚姻。

主体,那么该第三人的欺诈行为必须是患有重大疾病方知道或者应当知道的,不存在患有重大疾病方不知道的第三人欺诈行为,否则溢出《民法典》总则框定的范围。第二,在第三人欺诈中,无论是患有重大疾病方知道或者应当知道,都没有溢出《民法典》第1053条之精神,该条明确规定:"一方患有重大疾病的,应当在结婚登记前如实告知另一方……"从该句可以解读出两重信息:一是患有重大疾病方,必须履行告知义务;二是此种如实告知义务,是一种主动的告知义务,这意味着不论对方是否要求告知,患有重大疾病的当事人一方都应当将其病情如实告知对方。[①] 在第三人实施欺诈行为的情形中,患有重大疾病方无论是知道或者应当知道,都表明其是知道自己患有重大疾病的,此时即便是第三人实施欺诈行为,但患有重大疾病方未主动告知的行为,事实上业已构成了《民法典》第1053条规定的可撤销婚姻情形,受欺诈方依然可以适用该条寻求撤销婚姻。就此来看,虽然《民法典》婚姻家庭编未明确规定第三人欺诈的情形,但该编对欺诈婚姻的规定,事实上是可以涵摄第三人欺诈情形的。因此,在欺诈婚姻的界定中,第三人欺诈亦应包含其中。

五、胁迫婚姻

我国《民法典》婚姻家庭编第1052条规定了胁迫婚姻,这是在立法中规定时间较长的意思表示瑕疵婚姻类型,出现了较多的研究成果。从现有的研究成

---

① 郭明瑞.家事法通义[M].北京:商务印书馆,2022:110.

果来看,胁迫婚姻属于意思表示瑕疵婚姻已无疑义。[①]

(一) 胁迫婚姻的界定

1.胁迫婚姻的定义

在我国现行立法中,为方便《民法典》婚姻家庭编的理解与适用,司法机关出台了相应的司法解释,其中包含胁迫婚姻的界定。具言之,《最高人民法院关于适用〈中华人民共和国民法典〉婚姻家庭编的解释(一)》第18条规定:"行为人以给另一方当事人或者其近亲属的生命、身体、健康、名誉、财产等方面造成损害为要挟,迫使另一方当事人违背真实意愿结婚的,可以认定为民法典第一千零五十二条所称的'胁迫'。"该司法解释与《民法典》出台以前的《最高人民法院关于适用〈中华人民共和国婚姻法〉若干问题的解释(一)》第10条的规定基本一致。可见,在胁迫婚姻中,被胁迫方作出结婚意思表示是违背其真实意愿的。就此意义而言,胁迫婚姻属于意思表示瑕疵婚姻应无疑义。事实上,在学理中,对胁迫婚姻的理解亦与司法解释的定义相似,同时所存的争议较小。[②]因此,将现行司法解释的界定运用于胁迫婚姻的定义中并无不妥。

---

① 事实上,在婚姻缔结行为中,被胁迫方的行为虽然系自主选择,但是所选择的对象是胁迫方严格限定的。从本质上说,所限定的对象并不符合被胁迫方真实的效果意思,而完全是胁迫方所欲追求的法律效果。对被胁迫方而言,其与对方缔结婚姻的行为是违背其真意的,倘使没有胁迫行为,那么被胁迫方根本不会作出胁迫方所要求的行为。就此意义而言,胁迫婚姻理应属于意思表示瑕疵婚姻的类型。即便是在胁迫环境下,存在被胁迫方的意思与表示是一致的假设,其也不可能在现实中发生,盖因胁迫的特性所致。具言之,若行为符合被胁迫方的真意,那么胁迫行为根本不会出现。

② 在《民法典》出台以前,不少学者即认为胁迫婚姻的定义可与《最高人民法院关于适用〈中华人民共和国婚姻法〉若干问题的解释(一)》保持一致。如杨大文教授在其《亲属法》一书中认为,对胁迫婚姻的定义可采用现行的司法解释,但胁迫婚姻应包含第三人胁迫在内。梁慧星教授在其《中国民法典草案建议稿附理由:亲属编》一书中认为,胁迫婚姻主要是指一方当事人以损害另一方当事人或者其近亲属的生命、身体健康、名誉、财产等为要挟,迫使另一方当事人在违背其真实意愿的情况下与其结婚。冉克平教授则在其《意思表示瑕疵:学说与规范》一书中认为,胁迫婚姻的定义可以完全采用现行司法解释的定义。

2.胁迫与乘人之危

乘人之危的概念系我国法律所创，主要是指行为人利用对方当事人的急迫需要或危难处境，迫使其作出违背本意，而接受不利条件的意思表示。[①] 由于乘人之危将使相对人违背真意，在此与意思表示瑕疵的内涵相符，故有学者认为，乘人之危的婚姻亦可被视为意思表示瑕疵婚姻。[②] 对此观点，本书不敢苟同。

我国乘人之危的概念系来源于德国法上的暴利行为，承继了暴利行为中的意思表示瑕疵，属于与欺诈、胁迫相并列的意思表示不自由的民事法律行为。[③] 其最初出现在我国的《民法通则》中。从《民法通则》的解释来看，构成乘人之危的行为不仅需要迫使对方作出不真实的意思表示，而且也应严重损害对方的利益。[④] 对此，有学者将乘人之危行为总结为：从主观而言，表意人利用相对人的窘迫地位而行渔翁之利，其故意是比较明显的；从客观结果而言，乘人之危一般会造成双方当事人权利义务极不对等的“显失公平”的结果。[⑤] 可见，我国对乘人之危行为的界定体现出了浓厚的财产法特色，其不仅强调相对人的行为背离真意，而且还要求相对人的利益遭受损失。正是基于此精神，2017 年出台的《民法总则》改变了原有立法的条文安排，将乘人之危与显失公平置于同一条文中。对此，立法者认为，乘人之危与显失公平在主观和客观方面有类似的要求，如显失公平中的“利用优势或利用对方没有经验”与乘人之危的手段相近，两者

---

① 环建芬，胡志民，周建平.民法学原理[M].上海：上海交通大学出版社，2004：87.

② 姚秋英.婚姻效力研究[M].北京：中国政法大学出版社，2013：121.

③ 冉克平.意思表示瑕疵：学说与规范[M].北京：法律出版社，2018：237.

④ 参见《最高人民法院关于贯彻执行〈中华人民共和国民法通则〉若干问题的意见（试行）》第 70 条规定。

⑤ 王利明.民法学[M].上海：复旦大学出版社，2004：93.

实质上均为暴利行为,因此宜在具体条文中将两者合并规定。[①]

由此可见,在我国现有语境下,体现出浓厚财产法特色的乘人之危概念不可能运用于人身法领域。具言之,行为的公平性是财产法中等价交易原则的体现。然而婚姻与市场不能等同而语,婚姻不是交易,婚姻的缔结不具有等价性,婚姻缔结过程中的情感付出不能以金钱或其他物质实体作为等价衡量的标准。就此意义而言,显失公平显然难以在婚姻缔结中认定。

然而,单纯从概念来看,乘人之危无疑符合意思表示瑕疵的内涵。在不强调结果显失公平的情境下,乘人之危是对当事人婚姻自由意志的干涉,需要靠法律来进行制约。[②] 虽然如此,但将乘人之危与胁迫相比,即可发现乘人之危婚姻并无独立规定的必要。

从概念来看,乘人之危的含义与胁迫的含义存在相似之处。例如,乘人之危与胁迫均具有迫使相对人作出意思表示之意,且此种迫使均发生于相对人处于急迫状态中。不过,在乘人之危中,急迫状态并非由行为人引起。[③] 在我国现有语境中,胁迫主要是指以给公民及其亲友的生命健康、荣誉、名誉、财产等造成损失或者以给法人的荣誉、名誉、财产等造成损害为要挟,迫使对方作出违背真实意思表示的行为。在此相对人处于"倘若不依胁迫方的要求行事,那么其将处于不利境地"的急迫状态中。从定义上看,此种急迫状态并不一定由胁迫方引起,其也可能是由第三人或相对人自己引起,胁迫方不过是利用了此种急

① 石宏.中华人民共和国民法总则条文说明、立法理由及相关规定[M].北京:北京大学出版社,2017:359.

② 姚秋英.婚姻效力研究[M].北京:中国政法大学出版社,2013:121.

③ 武腾.显失公平规定的解释论构造:基于相关裁判经验的实证考察[J].法学,2018,(1):130.

迫状态而已。[①] 从某种程度而言,即便相对人的急迫状态不是由胁迫方引起的,但是胁迫方却利用了此种急迫状态,而使相对方被迫作出违背真意的行为,在此急迫状态的利用不过是实施胁迫的手段而已。就此意义而言,胁迫亦可将乘人之危包含在内。正如有学者所言,在不包含显失公平的情境下,乘人之危没有独立规定的必要,因为胁迫可以包含乘人之危的情形。[②] 换言之,利用他人危迫情形而使之为意思表示的乘人之危,亦为胁迫。[③] 基于此,在现有研究中,将乘人之危婚姻视为意思表示瑕疵婚姻的观点并不占主流,盖因胁迫婚姻已足以将其囊括。

(二) 胁迫婚姻的具体情形

从胁迫婚姻的定义来看,胁迫婚姻包含了对当事人本人或者其近亲属的生命、身体健康、名誉、财产等方面造成损害的情形。此定义仅明确了胁迫婚姻的威胁内容,但却未对胁迫行为的作出方式予以阐明。故在学术界,对胁迫行为的作出方式存在两种不同的观点。第一种观点认为,胁迫行为既可以是以身体伤害的方式作出,如殴打、绑架;也可以是以精神控制的方式作出,如散布对方有生理缺陷。[④] 第二种观点则认为,胁迫行为仅可能以精神控制的方式作出,而不包括身体的胁迫。[⑤] 从司法机关的观点来看,此种胁迫行为既可以是以受胁

① 在司法实践中,一些传统意义上的乘人之危行为(即急迫状态非由胁迫方引起,但胁迫方利用了此状态)被视为胁迫行为。参见西安市碑林区人民法院(2016)陕0103民初6835号民事判决书、浙江省余姚市人民法院(2017)浙0281民初3365号民事判决书、江苏省苏州市中级人民法院(2015)苏中民终字第03163号民事判决书等。

② 李永军.民法总论[M].北京:法律出版社,2009:556.

③ 王利明.民法学[M].上海:复旦大学出版社,2004:93.

④ 龙达云.论无效婚姻和可撤销婚姻[J].安徽工业大学学报(社会科学版),2002,(2):59.

⑤ 冉克平.意思表示瑕疵:学说与规范[M].北京:法律出版社,2018:355.

迫者丧失自由的方式作出，也可以是以受胁迫者精神意志被控制的方式作出。[①]显然，司法机关更倾向于第一种观点，即认为胁迫行为包括了身体上的胁迫以及精神上的胁迫。

从严重程度而言，身体上的胁迫比精神上的胁迫更加严重。精神上的胁迫仅仅是以未作出的不法损害相恐吓，而迫使对方作出违背真意的行为。[②] 而身体上的胁迫则直接以面临的损害相威胁，即胁迫者通过实施某种不法行为，形成对对方当事人及其亲友的人身损害和财产的损害，而迫使对方从事法律行为，如对对方施行暴力（殴打、肉体伤害、折磨等）。[③] 由于身体胁迫已经严重侵犯被胁迫方的表意自由，故反对将身体胁迫视为胁迫行为的学者认为，在身体胁迫中，表意人在事实上已经陷入无法反抗的境地，表意人在此实际上已经成为相对人意志表达的工具。[④]

对于上述分歧，本书认为，胁迫行为作出方式的确定，必须从胁迫婚姻的定义出发。具言之，首先，从胁迫婚姻的定义来看，胁迫行为的作出方式并未被明确，这意味着不仅无形的精神胁迫方式可以包含在内，而且有形的身体胁迫方式亦不会被排斥。其次，在胁迫婚姻的定义中，“违背真实意愿结婚”即表明，被胁迫方仍是存在一定意思表示的。从较为严重的身体胁迫方式来看，被胁迫方

---

① 最高人民法院民事审判第一庭.婚姻法司法解释的理解与适用[M].北京:中国法制出版社,2002:46.

② 李开国.民法总论[M].武汉:华中科技大学出版社,2013:192.

③ 杨立新.民法总则[M].北京:法律出版社,2013:472.

④ 冉克平.意思表示瑕疵:学说与规范[M].北京:法律出版社,2018:355.

仅仅是意思表示的空间有限而已，而非不存在意思表示。[①] 在此就认为被胁迫方仅仅是胁迫方的意志表达工具并不妥当。意志表达工具意味着，被胁迫方对于所传达的意思内容并无任何决定的权利，仅为一种传达工具，且不能有自己的意思介入其中。[②] 然从我国现实情境来看，结婚实行的是登记主义，身体被胁迫的一方虽然意思表示的空间有限，但并不能因此而否认其意思表示的存在，进而将其当成一种意志表达的工具。事实上，在婚姻登记中，被胁迫方仍可以自己的意思来决定婚姻关系，其并非完全处于不能表达的状态。例如，被胁迫方可以当场反悔，并寻求婚姻登记机关的帮助。就此意义而言，身体上的胁迫亦应是胁迫行为作出的一种方式。事实上，从我国的司法实践来看，身体上的胁迫及精神上的胁迫均被认为是胁迫行为。[③] 正是基于此，我国最高司法机关才认为，胁迫包含了身体上的胁迫以及精神上的胁迫。在此断然把身体胁迫排除于外，将与实际情况不符。在英美法系国家的立法中，甚至将所有身体上的

---

① 我国结婚所采取的是登记主义，缔结婚姻的双方当事人必须亲自到婚姻登记机关进行婚姻登记。在此之下，即便是被胁迫方受到殴打、绑架等身体胁迫的行为，其自由受到严重的限制，被胁迫方仍可以对结婚意思进行表达。在结婚不能代理的情境下，被胁迫方必须亲自前往婚姻登记机关进行婚姻登记，同时完成与婚姻登记相关的其他程序。就此意义而言，被胁迫方是存在意思表示的，因为一系列的结婚程序必须由其亲自作出。在被胁迫方是具有完全民事行为能力人的情境下，认为其已完全沦为一种工具的观点并不妥当，盖因被胁迫方在登记结婚时是自主所为的，且在婚姻登记时其仍有选择的余地，即被胁迫方可以当场反悔，并寻求婚姻登记机关的帮助。由此可见，认为身体胁迫的被胁迫方是无意思表示工具的观点，并不符合我国的实际情况。

② 陈华彬.论意思表示错误及我国民法典对其的借镜[J].法学杂志，2017，38(9)：40.

③ 例如，在河北省赞皇县人民法院审理的“李某甲诉李某乙撤销婚姻纠纷案”中，法院认为，胁迫婚姻侵犯的客体既可以是他人的生命、身体健康权，也可以是他人名誉权等权利，参见河北省赞皇县人民法院(2015)赞民一初字第406号民事判决书；又如，在山东省枣庄市中级人民法院审理的“王某甲与王某乙婚姻家庭纠纷案”中，法院认为，胁迫婚姻所侵害的是受胁迫人或者其近亲属的人身利益或者财产利益，参见山东省枣庄市中级人民法院(2016)鲁04民终239号民事判决书。就此来看，既然被胁迫方的生命权、身体健康权等人身利益已经遭受侵害，那胁迫在此就不应是精神上的胁迫，而应为身体上的胁迫。

胁迫视为胁迫行为，而将部分轻微的精神胁迫视为不当影响。[①] 可见，将身体上的胁迫排除于胁迫行为之外的做法并不妥当，盖因身体上的胁迫方式亦与胁迫婚姻的内涵相符。就此意义而言，胁迫行为的作出方式包含了身体上的胁迫以及精神上的胁迫。

除此以外，有一点尚需明确的是，在胁迫婚姻中，第三人胁迫是否包含在内。

从胁迫婚姻的定义来看，“对另一方当事人”的存在似乎表明，第三人胁迫不应包含在胁迫婚姻的情形中。[②] 就此意义而言，胁迫婚姻应仅是一方当事人对另一方当事人的胁迫。[③]

事实上，把第三人胁迫排除于外的理解仅仅是看到了胁迫婚姻定义的表象，并没有深入地去挖掘胁迫婚姻的定义。具言之，在胁迫婚姻的定义中，并非如欺诈婚姻定义所言的“一方当事人对另一方当事人”，而是将实施胁迫行为的一方定义为行为人。就此意义而言，第三人胁迫并未被明确排除于外。再者，定义中“对另一方当事人”的存在，并不能推断出胁迫婚姻仅能是一方当事人对另一方当事人的胁迫。从司法实践来看，实施胁迫的第三人往往与其中一方当

① 谭和平.意思表示瑕疵理论与立法比较研究[M].北京:中国政法大学出版社,2013:249.
② 杨大文.亲属法[M].第4版.北京:法律出版社,2004:95.
③ 梁慧星.中国民法典草案建议稿附理由:亲属编[M].北京:法律出版社,2013:67.

事人有特定的关系，同时在结婚立场上必然偏向于其中的一方当事人。[①] 换言之，第三人在实施胁迫行为时，无论其是否与其中一方当事人事先进行通谋，第三人所实施的胁迫行为必然会直接或间接帮助该方当事人促成婚姻，同时对另一方当事人形成胁迫。就此意义而言，“对另一方当事人”的存在并不一定意味着仅能是一方当事人实施胁迫行为。第三人胁迫在对一方当事人形成帮助时，亦可被认为是已经对另一方当事人形成胁迫。基于此，我国最高司法机关才认为，胁迫婚姻应包含第三人胁迫的情形，第三人在此应属于一方当事人。[②] 由此可见，胁迫婚姻不仅包括了一方当事人对另一方当事人实施胁迫的情形，而且亦包含了第三人实施胁迫的情形。

第三节　意思表示瑕疵婚姻的特征

意思表示瑕疵婚姻的类型划分之所以可以参照法律行为理论，其中的主要

① 例如，在山东省青岛市黄岛区人民法院审理的“杨某某诉薛某撤销婚姻纠纷案”中，实施第三人胁迫的人系结婚当事人原告之母，在结婚立场上偏向于结婚当事人被告，即实施胁迫的第三人通过胁迫行为间接帮助了被告促成与原告的婚姻，参见山东省青岛市黄岛区人民法院(2016)鲁0211民初14951号民事判决书。又如，在山东省东明县人民法院审理的“李某某与张某某离婚纠纷案”中，实施第三人胁迫的人系结婚当事人原告的父母，其在对原告实施胁迫行为时，间接帮助了另一方当事人促成婚姻，参见山东省东明县人民法院(2014)东民初字第278号民事判决书。此种类似的案例不胜枚举，其中均存在着共通之处，即在第三人胁迫中，第三人与结婚当事人一方存在着特定的关系，此种关系一般为父母[参见山东省东明县人民法院(2014)东民初字第278号民事判决书]、亲戚[参见浙江省瑞安市人民法院(2013)温瑞民初字第1992号民事判决书]、朋友[参见山东省枣庄市中级人民法院(2016)鲁04民终239号民事判决书]等。在这些具有特定关系的第三人中，其实施胁迫行为的出发点在于帮助一方当事人促成婚姻。

② 最高人民法院民事审判第一庭.最高人民法院民法典婚姻家庭编司法解释(一)理解与适用[M].北京:人民法院出版社,2021:180.

原因在于,婚姻缔结行为属于一种法律行为。但在此需注意的是,此种参照并非完全适用,即法律行为理论并不能完全适用于婚姻缔结行为中。这不仅体现在前述意思表示瑕疵婚姻的类型划分上,而且也体现在意思表示瑕疵婚姻的后果设置中。究其原因,无非在于法律行为最初产生于财产法领域,故其中的理论不免沾染浓厚的财产气息。而婚姻缔结行为主要关涉的是人身关系,其与财产关系存在根本性的不同。此种不同决定了法律行为理论只能在婚姻缔结行为中变通适用。[①] 就此意义而言,发现婚姻缔结行为与财产法律行为的不同,不仅有助于发现法律行为理论在婚姻缔结行为中变通适用的具体原因,而且亦有助于发现法律行为理论在婚姻缔结行为中的变通路径。[②] 从本质上说,婚姻缔结行为与财产法律行为的不同,实际上是婚姻缔结行为具有与财产法律行为不同的特征。因此,发现婚姻缔结行为的特征显得尤为重要。由于婚姻缔结行为所涉内容丰富,故在此仅针对本书的主题,即意思表示瑕疵婚姻进行分析总结,借以发现在意思表示瑕疵方面,婚姻缔结行为与财产法律行为相比,存在何种不同的特征。

---

① 变通适用意味着,婚姻缔结行为既不完全拒绝法律行为理论,亦不完全接受法律行为理论。其中的原因在于,人身关系与财产关系是两种不同的关系,两者存在本质上的区别,而法律行为理论存在一定的财产关系,这使体现财产关系的法律行为理论不可能适用于人身关系中。就此意义而言,能为婚姻缔结行为所运用的法律行为理论,只能是并不体现财产关系的法律行为理论(一些原本体现财产关系的法律行为理论若想适用于婚姻缔结行为中,那么其必须经过变通改造,褪去"财产的外衣")。这使法律行为理论从整体而言,只能在婚姻缔结行为中部分适用。

② 法律行为理论在婚姻缔结行为中不能完全适用的原因在于,部分法律行为理论具有"财产特色"(即主要体现财产关系)。而财产关系理论之所以难以适用于人身关系中,主要是因为人身关系与财产关系存在本质上的差异。就此意义而言,对主要体现人身关系的婚姻缔结行为的特征进行分析,将有助于进一步发现财产关系理论不能适用于人身关系的原因。同时,这将有助于寻找财产关系理论在人身关系适用上的变通路径。对于此种主要体现财产关系的法律行为,本文将其称为财产法律行为。财产法律行为在现实生活中一般表现为合同。

一、意思表示瑕疵婚姻主体的特定性

与财产法律行为所不同的是,婚姻缔结行为并非所有人均可为之,立法基于不同利益的考量,往往在婚姻缔结行为中设置了某种“门槛”,以限制部分人缔结婚姻。进言之,婚姻缔结行为在主体范围上较之于财产法律行为更显狭隘。不同国家(地区)基于本地实际情况的不同而规定了不同的结婚条件。从本质上说,这些条件实为进入婚姻领域的门槛。换言之,此种条件的存在无疑限制了一部分人进入受法律保护的婚姻领域的可能。从我国《民法典》婚姻家庭编第 1047 条和第 1048 条所规定的结婚条件来看,婚姻缔结行为在主体上必须是符合一定年龄条件、一定血缘关系条件的男女双方。这与我国《民法典》中有关财产法律行为的规定相比,无疑在范围上更显狭隘。在财产法律行为主体中,立法一般仅就行为主体的行为能力作出限制,此乃维护交易安全的需要,同时避免行为能力不足者实施的民事法律行为致其利益受损,但限制行为能力人仍可在其认知的范围内从事民事法律行为。[①] 由此可见,与财产法律行为相比,婚姻缔结行为的主体更具有特定性。就此意义而言,意思表示瑕疵婚姻的主体只能是具备特定条件的当事人。

首先,意思表示瑕疵婚姻主体必须符合一定的年龄条件。不同国家(地区)基于本地的实际情况,制定了进入婚姻领域的不同年龄标准。在未符合结婚年龄的情境下,即便双方当事人以共同生活的意思进行事实上的婚姻生活,其也大多不被承认为婚姻。就此意义而言,在当事人未达到特定年龄条件的情境

---

① 石宏.中华人民共和国民法总则条文说明、立法理由及相关规定[M].北京:北京大学出版社,2017:346.

下,即使当事人在建立共同生活关系之时存在意思表示瑕疵,其也不会被视为婚姻缔结中的意思表示瑕疵。有学者认为,在婚姻缔结领域,婚龄不过是公共政策的考量,其与行为的能力无关。事实上,在婚姻缔结中,只要当事人认识到婚姻行为的意义,具有意思能力,那么其即具备婚姻行为能力而缔结婚姻。[①] 在此要义下,婚姻缔结在事实上并无年龄限制,而意思表示瑕疵婚姻主体的特定性亦将受到冲击。此观点固然具有可取之处,却忽视了婚龄存在的实质意义。从本质上说,婚龄的设置不仅是基于人口、经济等公共政策的考量,而且亦有保护智力未发育完全自然人的需要。事实上,在年龄没有达到时,婚姻当事人对待建立婚姻的认知能力受到年龄限制,其对于婚姻生活的心理成熟度不够,而婚姻相对人有时难以判断是否应该结婚。[②] 以此显然难称行为能力健全。由于地区自然环境及文化的差异,不同地区因此而规定了不同的结婚年龄标准。在部分国家(地区),即便承认未成年人婚姻,其也是以监护人的同意为必要,同时需满足特定的年龄条件。倘若将意思能力作为婚姻缔结行为能力的标准,那么在各人发育各不相同的情境下,意思能力将难以认定,以此在间接上徒增司法实践的难度。可见,以年龄作为婚姻缔结行为能力的标准具有科学性[③],在此之

---

① 卢学希,张作华.亲属身份行为的特征探讨:以财产行为为参照[J].时代法学,2012,(2):78.

② 刘引玲.论婚姻权利的法律限度[J].现代法学,2006,(4):92.

③ 诚然,有部分学者认为,结婚年龄是一种特殊的民事权利能力,参见李由义.民法学[M].北京:北京大学出版社,1995:44。在此要义下,只有达到一定年龄条件的自然人才可获得结婚的权利。对此,本文不敢苟同,而采用结婚年龄性质的通说,认为结婚年龄实质上是一种民事行为能力。因为依据我国的民事立法精神,自然人的民事权利能力始于出生。在民法平等原则之下,每个人的民事权利能力均是平等的,不可能有一般民事权利能力和特殊民事权利能力之分。就此意义而言,自然人所有的民事权利能力均始于出生,将结婚年龄视为一种特殊的民事权利能力违背了民法的平等精神。同时,权利能力说难以解释世界一些国家(地区)的立法规定。例如,在承认未成年人婚姻的立法中,倘若认为婚龄是权利能力,那么对于达到结婚年龄的未成年人而言,其在缔结婚姻时为何还需征得监护人的同意?权利能力说有其局限所在,故本文认为,婚龄是一种民事行为能力。

下,婚姻缔结的行为人必然是符合特定年龄条件的自然人,由此所引起的意思表示瑕疵也只能在特定年龄的自然人中产生。

其次,意思表示瑕疵婚姻主体间必然不具有特定的亲属关系。一般而言,近亲婚姻被认为是弊大于利。禁止近亲结婚不仅是基于伦理学的要求,更是基于遗传学的要求。在古代社会,科学落后,优生学、遗传学等尚未产生,人们还无法从理论上、科学上找到禁止近亲结婚的依据,但是在长期的实际生活中,基于自然选择规律的作用,人们已经认识到近亲结婚的危害。① 因此在我国古代即有"同姓不婚"的做法。随着科学技术的发展,近亲结婚在遗传学上的危害业已得到证实。② 在此之下,不少国家(地区)立法均对近亲婚姻作出限制性的规定。③ 就此意义而言,意思表示瑕疵婚姻的主体不可能是禁止结婚的特定亲属。

最后,意思表示瑕疵婚姻主体具有性别上的特定要求。与财产法律行为所不同的是,在我国,婚姻缔结行为需在特定的性别之间进行,即婚姻缔结行为的主体是男女双方。在此之下,意思表示瑕疵婚姻仅能在男女双方之间发生,且不得代理。这在间接上亦可得出,意思表示瑕疵婚姻不可能出现在单方行为、多方行为或代理行为中。不可否认的是,一些国家(地区)的立法中存在同性婚姻的规定,但这并不足以否认意思表示瑕疵婚姻主体的特定性。事实上,即便不存在性别上的特定要求,前述两项条件只要存在一项就足以表明,意思表示瑕疵婚姻的主体具有特定性。

---

① 陈苇.结婚与婚姻无效纠纷的处置[M].北京:法律出版社,2001:86.

② 参见端礼华.近亲结婚及其危害效应[J].青海师范大学学报(自然科学版),1986,(Z1);陈爱葵,李爱群.隐性遗传病与优生:近亲结婚的危害[J].生物磁学,2003,(4);楚玉荣,官凌涛,楚智慧.近亲结婚的危害与遗传病的发病率[J].生物学教学,2004,(2).

③ 例如,《意大利民法典》第 87 条规定了特定范围内的亲属禁止结婚,《德国民法典》第 1307 条规定了禁止近亲结婚,《日本民法典》第 734 条至第 736 条规定了特定范围内的亲属禁止结婚。

综上所言,由于婚姻缔结必须符合一定的条件,以此而导致了行为主体的特定性。在此基础上,意思表示瑕疵婚姻只得在特定的主体间发生,这是婚姻缔结行为有别于财产法律行为的标志所在。

二、意思表示瑕疵婚姻内容的限定性

与财产法律行为所不同的是,意思表示瑕疵婚姻所涉及的内容具有限定性,此为婚姻关系权利义务业已由法律规定所决定的。[①] 在此之下,双方当事人并无自主约定婚姻权利义务关系的可能。这决定了婚姻缔结行为的意思表示仅是一方当事人希望与特定的对方当事人建立婚姻关系的意思表示,而不包括对婚姻关系内关涉身份的权利义务进行自主约定的意思表示。此与财产法律行为的意思表示存在极大的差异。例如,在债权行为中,行为人对债权与债务内容,甚至对债的类型均享有充分的意思自由,其可以在当事人之间自主约定。[②] 有学者对此总结道:“虽然婚姻是一种合同,然而其与财产合同又具有不同之处,财产合同的具体内容一般由个人自行约定,而婚姻合同的具体内容已由法律规定,相关条款不可由当事人随意更改。”[③]就此意义而言,婚姻缔结中的意思表示瑕疵应仅是与特定当事人缔结婚姻的意思表示瑕疵,而不包括在婚姻缔结过程中对身份权利义务关系进行约定的瑕疵。

意思表示瑕疵婚姻内容的限定性实质上是由身份关系的事实先在性所决

---

① 例如,我国《婚姻法》在第三章规定了婚姻的权利义务,《德国民法典》则在其第 1353 条至第 1470 条规定了婚姻的权利义务,我国澳门地区《民法典》则在第 1530 条至第 1611 条规定了婚姻的权利义务,我国台湾地区也对婚姻的权利义务作了相关规定。

② 卢学希,张作华.亲属身份行为的特征探讨:以财产行为为参照[J].时代法学,2012,(2):79.

③ Laurence D. Houlgate. Philosophy, Law and the Family[M]. Springer, 2017:171.

定的。所谓事实先在性，系指先有身份关系，而后法律予以规定，而非先有法律，而后形成身份关系。在此之下，法律仅是对业已存在的身份权利义务进行确认。事实先在性是以法律与身份的历史观察为基础而提出的，众所周知的是，法律是生产力发展到一定阶段的产物，然在未有法律前，人类的身份权利义务早已存在。譬如在我国原始时期的母系社会中，在成文法规定出现之前，对婚姻关系权利义务即有习惯性的规定，如在婚姻的姓名权上，必须都是从母系氏族的姓，故见于甲骨文的早期帝王都从母姓，带有女字旁。[①] 其后法律的出现不过是对业已存在的权利义务进行确认而已，其不可能主观创造新的身份关系。对此，有学者坦言，这种身份或身份关系是“法律之前的事实”，即“身份”并不是由立法者所创造，而是在立法对之进行法律规范之前，有关“身份关系”业已存在。[②] 一个社会或民族究竟有何种身份及身份生活类型、该身份关系的权利义务内容如何、该身份关系如何发生及如何终了等问题，均在人类形成主观的法律认识之前，已经由人伦生活秩序所决定，此即身份关系的“定型化”。[③] 在此定律下，婚姻缔结的双方当事人自然无法自由约定婚姻身份关系中的权利义务，否则不仅有违人伦，难以为社会所接受，而且法亦不容许。

综上可知，在婚姻缔结行为中，意思表示瑕疵的内容具有限定性，其仅涉及一方当事人对另一方当事人同意结婚的意思表示，而不涉及婚姻关系权利义务的约定。此乃身份关系中的事实先在性所决定的，而这本身也是意思表示瑕疵婚姻与财产法律行为意思表示瑕疵的区别所在。就婚姻缔结行为而言，身份关

---

① 汪玢玲.中国婚姻史[M].武汉:武汉大学出版社,2013:12.
② 张作华.亲属身份行为基本理论研究[M].北京:法律出版社,2011:80.
③ 陈棋炎.亲属、继承法基本问题[M].台北:三民书局,1980:125.

系主体之间的权利义务是由人伦秩序、传统习俗经年累月而形成，其内容一般包括夫妻之间的同居、忠贞、照顾扶助、家事代理，亲子之间的管教、遵从、抚养、赡养，近亲属之间的扶养、扶助等。亲属法上的身份权利与身份义务，附着于特定的身份地位，行为人欲进入特定身份关系，只能对此权利义务“整体打包”地予以接受。[①] 就此意义而言，婚姻缔结中的意思表示并没有“设权性”。从另一方面来说，正是由于内容的限定性，从而避免了权利义务约定瑕疵所可能导致的利益失衡，这有助于保护妇女儿童等弱势群体的利益。

三、意思表示瑕疵婚姻后果的连带性

意思表示瑕疵婚姻后果的连带性是事实先在性的应有之义，从业已存在的身份关系中可以发现，因婚姻而产生的身份关系具有紧密的依附性。例如，在婚姻关系中产生的姻亲身份，如儿媳、女婿、嫂子、弟媳、姐夫、妹夫、叔伯母等身份关系，一般因婚姻的成立而连带发生。正是由于紧密依附性的存在，婚姻关系的解除亦会引发连锁反应。对此，在学理中一般认为，婚姻身份关系具有连带性的特征。[②] 就此意义而言，因意思表示瑕疵所导致的婚姻身份关系后果亦必然具有连带性的特征。本书认为，此种连带性包含了身份的连带性以及财产的连带性。

身份的连带性，意指其中的某一身份产生或消灭，必然引致其他身份的产生或消灭。例如，在夫妻关系中，夫的身份不存在，那么妻的身份也必然消失。

---

① 张作华.亲属身份行为基本理论研究[M].北京:法律出版社,2011:81.

② 同上书:76—78.

对此,有学者提出了“人伦统体性”来加以解释,认为婚姻结合体,属于法律上之团体,其为团体者,除在观念上须有意思之连结外,尚须有内部组织规范,将个别的存在变成统一的整体。① 在此要义下,婚姻内部的身份关系实际上是一个统一的整体,其中某一身份关系遭致破坏,那么统一的整体亦将不复存在,如被刺穿的气球。依据家庭规模的大小,婚姻身份关系可分为对偶性的身份关系与捆绑性的身份关系,前者意指夫妻、子女等具有相对性的身份关系,后者则主要指姑嫂、婆媳等姻亲关系。无论是何种身份关系,均具有相互依存性,其中一种关系的产生或解除必然引致其他身份关系的产生或解除。例如,在我国《民法典》婚姻家庭编中,胁迫婚姻被视为可撤销婚姻,因胁迫而被撤销的婚姻,婚姻自始不发生效力,由此原有的夫妻身份关系将不复存在,在此之下,以婚姻为基础的姻亲身份关系亦会因此而不复存在。可见,与财产法律行为相比,婚姻缔结中的意思表示瑕疵所引起的后果具有连带性的特征。

“人伦统体性”事实上会波及依附于婚姻身份关系的财产关系。此财产关系一般指与婚姻身份紧密相连的财产关系,譬如夫妻财产关系、财产继承关系等。倘若婚姻身份关系解除,依附于其中的财产关系将不复存在。例如,在夫妻财产关系中,夫妻共同财产制或夫妻约定财产制以夫妻身份关系的存在为必要前提,倘若作为前提的身份关系不复存在,那么作为后果的财产关系自然也难以存在。正如有学者所言,在婚姻关系中,人身关系决定财产关系,财产关系从属于人身关系,财产关系随着夫妻人身关系的产生而产生,变化而变化,消灭而消灭。②

---

① 张作华.亲属身份行为基本理论研究[M].北京:法律出版社,2011:73.

② 陈苇.结婚与婚姻无效纠纷的处置[M].北京:法律出版社,2001:198.

综上所言，在婚姻关系中，由于人伦统体性的缘故，其中的婚姻身份关系变动必然会牵扯其他关系的变动，大有“牵一发而动全身”之势。相比而言，财产法律行为并无此种连带影响。在财产法律行为中，财产关系产生或解除的影响仅及于行为的当事人。正是由于婚姻身份关系连带性之故，在婚姻缔结行为中，立法多以安定性为首要考量。在此之下，婚姻缔结行为具有明确性、终局性和要式性的特点，即在婚姻缔结行为中，其不仅不得附条件或附期限，而且还必须通过特定的程序进行。立法者希冀通过程序上的繁杂设计，以求得婚姻关系的稳定。从世界一些国家（地区）的立法来看，意思表示瑕疵婚姻所引致的后果，或为婚姻继续有效①，或为婚姻将失去效力②。前者对婚姻关系并无影响，这有效地确保了婚姻关系的稳定，而后者则可能连带导致婚姻中其他关系的变动，这本身正是人伦统体性的体现，也是婚姻缔结行为中的意思表示瑕疵与财产法律行为中的意思表示瑕疵的区别所在。

第四节　意思表示瑕疵对婚姻的影响

正是由于意思表示瑕疵婚姻具备上述特征，因而体现一定财产法特色的法律行为理论不可能在其中完全适用。换言之，人身关系与财产关系存在本质的差别，这使婚姻缔结行为与财产法律行为存在根本的不同。意思表示瑕疵婚姻之所以具备上述特征，主要是由于婚姻缔结行为是一种人身关系的结合。就此

① 如《朝鲜亲属法》《奥地利普通民法典》。
② 如《德国民法典》《法国民法典》《意大利民法典》。

意义而言,一些体现财产关系的法律行为理论不可能在婚姻缔结行为中适用。这些理论只有通过变通,褪去“财产的外衣”,才能适用于婚姻缔结行为中。

从法律行为理论来看,意思表示瑕疵将对法律行为的效力产生影响。具言之,因为意思表示瑕疵的存在,法律行为只会产生无效或者可撤销的后果。[①] 我国《民法典》总则编亦遵循了法律行为理论的要义,而将意思表示有瑕疵的法律行为或规定为无效,或规定为可撤销。[②] 为此,立法者认为,意思表示瑕疵实际上并非行为人内心真实意志的体现,民事法律行为在此不能具备完全有效的效力。[③] 婚姻缔结行为虽然属于法律行为的一种类型,但正如前所述,婚姻缔结行为有其特殊性,法律行为理论不可能完全适用其中。因此,意思表示瑕疵对婚姻的影响,可能与意思表示瑕疵对法律行为的影响不同。从立法实践及学说的观点来看,意思表示瑕疵对婚姻可能不产生实质性的影响,也有可能影响婚姻的成立或效力。

一、意思表示瑕疵对婚姻的影响的不同表现

(一) 意思表示瑕疵对婚姻的影响的立法差异

从立法实践来看,意思表示瑕疵对婚姻的影响主要体现在两个方面:其一,意思表示瑕疵对婚姻不产生实质性的影响,在此之下,意思表示瑕疵婚姻是完全有效的婚姻;其二,意思表示瑕疵对婚姻效力产生一定的影响,这将使意思表

① 林国华.意思表示瑕疵对法律行为效力的影响[J].青海师范大学学报(哲学社会科学版),2008,(3):75.

② 参见我国《民法典》总则编第146条至第151条规定。

③ 石宏.中华人民共和国民法总则条文说明、立法理由及相关规定[M].北京:北京大学出版社,2017:340.

示瑕疵婚姻或为无效婚姻,或为可撤销婚姻。

意思表示瑕疵对婚姻不产生实质性影响的立法实例如《朝鲜亲属法》《伊朗婚姻法》《奥地利普通民法典》等,在这些法律中,意思表示瑕疵婚姻被视为一种完全有效的婚姻。我国在 2001 年《婚姻法》施行以前,亦采用类似的做法,其中的原因在于:第一,意思表示瑕疵婚姻现象并不多,立法者并未注意到此种情况;第二,意思表示瑕疵婚姻的当事人可以寻求离婚手段救济。[①] 而 2001 年《婚姻法》也仅仅是认为,只有在胁迫的情形下,婚姻效力才会受到影响。对此,有学者认为,这是由婚姻行为的复杂性和特殊性决定的,因欺诈、重大误解而缔结的婚姻,受欺诈或发生重大误解的一方,从其内心来讲还是自愿结婚的,而意思表示是否瑕疵,主要是当事人自身感受,在实际操作中法官很难判断。[②] 在《民法典》编纂的过程中,立法者增加了隐瞒重大疾病型的意思表示瑕疵婚姻规定,将隐瞒重大疾病的情形视为婚姻效力受影响的情形。但是否让此情形发生婚姻无效的后果,其决定权在意思表示瑕疵方手中。对此,立法者认为,结婚是人生大事,结不结婚、和谁结婚应由当事人自己决定,也涉及婚姻自愿、婚姻自由的问题。即使当事人一方患有严重疾病,另一方知情,但仍愿意结婚,如不许可结婚,似与婚姻自愿、婚姻自由的原则相冲突。[③] 即便如此,从整体来看,我国意思表示瑕疵对婚姻效力的影响依然有限。

意思表示瑕疵对婚姻效力产生影响的立法实例如《意大利民法典》(第 122 条至 129 条)、《德国民法典》(第 1314 条至第 1318 条)、英国 1973 年《婚姻诉讼

① 周由强.当代中国婚姻法治的变迁(1949—2003)[D].北京:中共中央党校,2004:160-161.

② 姚秋英.婚姻效力研究[M].北京:中国政法大学出版社,2013:119.

③ 黄薇.中华人民共和国民法典释义(下)[M].北京:法律出版社,2020:1970.

法》(第 12 条至第 13 条)等。在这些法典中,意思表示瑕疵婚姻被视为一种无效婚姻或可撤销婚姻。对此,其与意思表示瑕疵对法律行为的影响存在一定的相似之处,但又不完全相同。例如,在英国 1973 年的《婚姻诉讼法》中,只有意思表示错误及胁迫才会影响婚姻的效力。其中的原因在于,胁迫是欠缺同意的表现,而错误会减损同意的效力。① 而在《德国民法典》中,虽然意思表示瑕疵对婚姻效力会产生影响,但此种影响并不是十分严重,意思表示瑕疵婚姻仅被视为可撤销婚姻。② 对此,该国有学者认为,虽然结婚属于法律行为,但婚姻领域有其特殊性,故《德国民法典》总则部分对意思表示瑕疵法律行为无效或可撤销的规定,不能适用于结婚中。③

(二) 意思表示瑕疵对婚姻的影响的学说分歧

与上述立法实例不同的是,在学说中,意思表示瑕疵对婚姻的影响存在两种相异的观点,分别为成立说与效力说。前者认为,意思表示瑕疵将影响婚姻的成立;后者则认为,意思表示瑕疵仅会影响婚姻的效力。两种观点各执一词,莫衷一是。

具体而言,成立说认为,包含婚姻缔结行为在内的身份行为只有成立与不成立之说,在学理及法律条文中,虽皆有身份行为"无效"之见解与立法,但应理解为,身份行为之"无效",乃是亲属的身份法关系无从成立也。④ 其以我国台湾地区的学者陈棋炎教授为代表。在此要义之下,意思表示真实为婚姻的成立

---

① [英]凯特·斯丹德利.家庭法[M].屈广清,译.北京:中国政法大学出版社,2004:43.

② 《德国民法典》在法律效力方面并没有对可撤销婚姻予以明确,而是规定了婚姻的可废止。但从婚姻废止的内容来看,其实质与可撤销婚姻无异。为了保持全文概念的统一性,本文将《德国民法典》中的可废止婚姻称为可撤销婚姻。

③ [德]迪特尔·施瓦布.德国家庭法[M].王葆莳,译.北京:法律出版社,2010:47.

④ 陈棋炎.亲属、继承法基本问题[M].台北:三民书局,1980:606-608.

要件,而意思表示瑕疵则将导致婚姻不成立。此观点立足于国家的强制干预,认为在法律行为中,国家强制干预只是在行为成立之后的效力赋予上,而在身份行为成立时,国家强制干预便已介入,其在成立的同时即被施以效力判断,故而意思表示瑕疵仅会影响身份行为的成立。[①]

效力说则认为,婚姻缔结行为的构成要素判断涉及两个层次、三个环节的问题,即内部层次的成立要件判断、内部有效性之私益要件判断、外部有效性之公益要件判断,在此形成“成立要件”和“效力要件”的二元架构,意思表示瑕疵在此应属于效力要件。[②] 此观点系学理中的主流观点,其以余延满教授、张作华博士等为代表。在此要义之下,意思表示瑕疵仅会影响婚姻的效力。

二、意思表示瑕疵对婚姻效力的影响

对于上述的立法差异及学说分歧,本书认为,意思表示瑕疵对婚姻的影响应仅体现在法律效力方面。其中的理由有以下几点。

首先,在婚姻关系中,婚姻不成立是婚姻关系的根本不存在,因而不仅不产生任何法律效力,而且也不具备任何法律意义。[③] 以上述的成立说而论,意思表示瑕疵的存在即意味着,婚姻关系将被视为自始不存在。然而,这与客观事实并不相符。以我国的婚姻缔结为例,男女双方自在婚姻登记机关进行结婚登记时起,婚姻关系便由此而建立,并随着时间的推移而产生一系列难以抹杀的婚姻事实。例如,父母子女关系的建立、夫妻互相扶养的支出、夫妻共同债权债务

---

① 张作华.亲属身份行为基本理论研究[M].北京:法律出版社,2011:115-116.

② 同上书:114.

③ 吕春娟.无效婚姻制度之法理与实务研究[M].北京:经济科学出版社,2014:94.

关系的发生等。倘若在事后发现婚姻缔结时存在意思表示瑕疵,那么在成立说之下,婚姻将被视为不成立,因婚姻所发生的关系自然不会被承认,这显然与客观事实不符,而且断然认为婚姻关系自始不存在也将会产生诸多问题。例如,在日常家事代理权所产生的债务中,被代理方与代理方之所以需对债权人承担连带责任,其基础即在于婚姻关系的存在。倘若因意思表示瑕疵而致婚姻自始不成立,那么债权人显然不能向被代理人主张债务的承担,以此不仅无助于债权人利益的维护,而且易使交易陷入不安全状态。又如,依我国《民法典》婚姻家庭编的相关规定,夫妻婚后所得共同制(又称夫妻共同财产制)是我国的法定财产制,其以婚姻关系的存在为前提。对于共同财产,夫妻婚姻关系解除时一般系平均分割,这可以在一定程度上确保婚后收入较少的一方不至于因婚姻解除而陷入生活困难的境地。然而,倘若存在意思表示瑕疵而致婚姻关系自始不存在,那么这意味着夫妻共同财产制并无存在的基础,婚姻关系消灭时,财产分割只能依各自收入分配,以此显然对婚后收入低的一方不利,须知婚后收入低的原因,极有可能是因为付出较多家务劳动而错失事业发展机会,如此分配将有违法律公平的精神,不利于弱势群体利益的保护。从长远来看,也容易引起社会的不稳定。对此,有学者坦言,各种业已形成的婚姻家庭关系对双方、子女、家庭及社会都会产生一系列的重要影响,婚姻法不能完全漠视婚姻实体的现实存在和其衍生的各种身份、财产关系的法律事实,否则将会产生诸多问题。①

其次,婚姻不成立意味着,婚姻不可能会转换为完全有效的婚姻。因为婚

① 夏吟兰,蒋月,薛宁兰.21世纪婚姻家庭关系新规制:新婚姻法解说与研究[M].北京:中国检察出版社,2001:245.

姻的不成立表明,婚姻关系根本不存在,从本质上说,此种关系并不是婚姻关系,故而不可能存在有效婚姻、无效婚姻等婚姻效力问题。[①] 以上述的成立说而论,意思表示瑕疵将会导致婚姻的不成立,这将意味着,无论何时,意思表示瑕疵婚姻都将不会转换为有效婚姻。在此不仅使婚姻当事人难以决定自己的婚姻关系,而且也容易使婚姻关系陷入极其不稳定的状态,这对于婚姻关系中的弱者而言,显然十分不利。从另一方面来说,这从根本上违背了婚姻自由的原则。

相比而言,上述学说中的效力说更为合理。这主要是由法律行为与身份行为的本质所决定的。具言之,法律行为虽然起初产生于财产法领域,但其在产生伊始,便以意思表示为根本要素,起初法律行为是"设权的意思表示行为",其后发展为"产生、变更、消灭法律关系的意思表示行为"[②]。在此过程中,意思表示始终是法律行为关注的对象。就此意义而言,凡是以意思表示为根本要素的行为,均可被视为法律行为。基于此,身份行为被视为法律行为的一种类型。换言之,虽然在身份行为中,权利义务关系业已定型,但当事人的意思表示仍然构成某种门槛,当事人欲取得法定的权利义务,必须作出相应的意思表示。[③] 在法律行为理论中,虽然曾出现"设权性"等体现财产法特色的术语,但这不过是为了强调个人意思表示的重要作用而已,即所谓的设置权利是主观的,其存在不过是为了彰显个人意志在行为中的决定作用。[④] 即便在后来的法律行为理论

① 余延满.论婚姻的成立[J].法学评论,2004,22(5):42.

② 何勤华,等.法律名词的起源[M].北京:北京大学出版社,2009:566-567.

③ 冉克平.论婚姻缔结中的意思表示瑕疵及其效力[J].武汉大学学报(哲学社会科学版),2016,69(5):120.

④ 张作华.法律行为概念及其适用范围之原本考察:以"法律行为(Rechtsgeschaft)"的词源为线索[J].四川师范大学学报(社会科学版),2008,(4):17.

中将“设权性”置换为“法律关系”,其也意在彰显个人意思表示的重要性,因为法律关系的本质就是划定个人意思能够独立支配的范围。[①] 众所周知,在民法中,法律关系包含了人身关系和财产关系,将法律关系纳入法律行为理论的做法无疑表明,身份行为并未被排除在法律行为的范畴外,其亦是法律行为的一种类型。

虽然从权利义务设置的角度而言,身份行为意思表示的作用并不明显,但是从法律关系设置的视角来看,身份行为意思表示在其中却起决定作用。事实上,身份法律关系的创设与消灭均取决于行为人的意志。[②] 正是基于此,身份行为理论与法律行为理论存在诸多相似之处。具言之,在身份行为理论中,身份行为亦存在成立要件和效力要件,在这两种要件中,意思表示是行为成立的要件,而意思表示真实则是行为生效的要件,就此意义而言,意思表示瑕疵对身份行为的影响主要体现在法律效力方面。[③] 婚姻缔结行为作为一种典型的身份行为,其必然首先以身份行为理论为指导。在此之下,意思表示瑕疵的存在无疑表明,婚姻缔结行为的效力将受影响,此点与法律行为理论无异。对此,有学者坦言,双方当事人主观上是否真的达成合意,实质上是当事人意思表示是否真实的问题,属于确定已成立婚姻效力的主观因素,如因一方当事人采取了欺诈、胁迫等手段致使当事人在主观上没有真的达成合意,这主要是影响已成立婚姻的效力。[④]

---

① 张作华.传统法律行为理论的现代改造及体系重构:从“权利行为”到“关系行为”[J].法商研究,2009,26(1):21.

② 冉克平.论婚姻缔结中的意思表示瑕疵及其效力[J].武汉大学学报(哲学社会科学版),2016,69(5):120.

③ 张作华.亲属身份行为基本理论研究[M].北京:法律出版社,2011:112-133.

④ 余延满.论婚姻的成立[J].法学评论,2004,22(5):44.

虽然在对效力的影响方面，婚姻缔结行为与法律行为存在共通之处，即意思表示瑕疵与行为的效力有关，但是意思表示瑕疵婚姻有其特殊性。因此，意思表示瑕疵对婚姻效力的具体影响，不可能与对法律行为效力的具体影响一致。在立法实践中，意思表示瑕疵对婚姻效力的影响各有不同。此种不同，不仅指婚姻缔结行为与法律行为在效力认定上的不同，而且也指婚姻缔结行为效力在各国（地区）立法实践中的不同。从本质上说，前种不同的原因在于，婚姻缔结行为与法律行为相比，具有一定的特殊性，故在不少国家（地区）的立法规定中，意思表示瑕疵婚姻的效力判定与法律行为理论完全不同。① 而后种不同的原因更为复杂，其背后涉及不同利益的博弈。换言之，意思表示瑕疵对婚姻效力的影响程度，取决于现行法律的规定。而现行法律确定不同类型意思表示瑕疵婚姻效力的过程，本身是一个利益博弈的过程。在此过程中，占据主导地位的利益才能取得效力判定的话语权。在不同国家（地区）的立法实践中，由于主导利益的不同，意思表示瑕疵婚姻在法律效力上呈现出不同的形态。

就此意义而言，发现主导利益显得尤为重要。但各国（地区）的具体情况不同，其主导利益亦有所差异，在我国意思表示瑕疵婚姻法律效力的判定中，不可能照搬他国（地区）的做法。在此之下，发现我国的主导利益显得尤为重要，而这本身涉及法律效力的来源。具言之，通过发现法律效力的来源，将能发现法律效力的来源主体，该主体是行为有效、无效或可撤销的决定因素。换言之，行

① 例如，依照我国立法的精神，虚假婚姻是一种有效婚姻，然而在我国《民法典》中，虚假行为是一种无效行为。我国台湾地区并未就错误婚姻的效力作出规定，故而可以认为其是一种有效婚姻，但在其相关规定中，意思表示错误的法律行为被视为一种可撤销行为。又如，在《德国民法典》中，所有类型的意思表示瑕疵婚姻均被视为可撤销的婚姻，而不适用其总则中有关法律行为无效或撤销的规定。类似的立法实例不胜枚举。

为之所以呈现出不同的效力形态，其中的原因在于，法律效力来源主体通过确定主导利益，来确定行为的具体效力。因此，确定意思表示瑕疵婚姻的法律效力，应首先发现法律效力的来源，进而通过法律效力的来源主体确定主导利益。对此，在法学理论中，存在不同的法律效力来源观点。

第三章　意思表示瑕疵婚姻法律效力的基础

依通说，在法学理论中，存在实证法学派、自然法学派、社会法学派、历史法学派等诸多不同的流派，不同流派之间的观点既有差异亦有相同之处，彼此交叉共存。就法律效力的来源而言，不同流派亦存在不同观点，但在其中亦有重合之处，故以下对法律效力来源的理论分析并不以流派作为划分依据，而以观点差异为基础展开分析，以求发现法律效力的真正来源。从现有法学流派的观点可以总结出，法律效力来源存在四种不同的观点，其分别为逻辑效力理论、自然效力理论、社会事实理论以及国家意志理论。

第一节　意思表示瑕疵婚姻法律效力的来源之争

一、逻辑效力理论

逻辑效力理论以纯粹法作为研究对象，研究范围仅限于法律体系，将法律效力归结于法律之间的逻辑关系，其以实证法学派为代表。一般认为，逻辑效力理论均承认法律效力来源于最高规范，即认为下级法律规范的效力来源于上级法律规范，以此类推，法律效力最终来源于最高规范。对于最高规范的确定，事实上在逻辑效力理论中尚未达成共识。从现有的观点来看，对最高规范的认定主要存在基础规范说和承认规则说。两种学说的区别在于最高规范是来自法律体系的内部还是外部。

基础规范说认为，法律效力不因道德价值不符而受影响，某规范之所以为有效法律规范，皆因其产生途径，即依特定规则并循特定方法而制。[①] 此观点的要义在于，规范的效力并不受道德、习惯等外部因素的影响，而仅源于体系内的最高规范，故在探寻法律效力的来源时，应在体系内寻找最高规范。在此最高规范一般被称为基础规范，这是一个不能从更高规范中得来自己效力的规范。[②] 该说以奥地利法学家凯尔森为代表，其以逻辑经验主义为基础，反对法律的形而上学，认为法律是纯粹的，对其效力研究应摆脱所有宗教、自然科学、伦理学等因素的影响，法的效力来源只能在法律体系内探寻。对于基础规范的确定，该说提出了“层级规范”理论，认为在法律规范内部存在着层级结构，较低层级的规范可以在较高层级的规范那里找到依据。[③] 从实证法的角度来看，在一个国家的法律体系中，基础规范无疑是宪法。宪法通过授权，让立法机构去颁布普遍性的规范，规范中所涉及的主体将被要求遵守那些已经被颁布的规范。[④]

① [奥]凯尔森.纯粹法理论[M].张书友，译.北京：中国法制出版社，2008：82.

② 张根大.法律效力论[M].北京：法律出版社，1999：34.

③ [德]魏德士.法理学[M].丁晓春，吴越，译.北京：法律出版社，2005：213.

④ [瑞典]宾德瑞特.为何是基础规范：凯尔森学说的内涵[M].李佳，译.北京：知识产权出版社，2016：45.

规范之所以有约束力,就因为其是由有权限的机关所发出的,而这些权限本身是宪法所赋予的。① 基础规范说的着眼点在于法律体系内部的层级结构,通过此结构,任何一级规范的效力均可以从逻辑上层层推出,作为一国最高法律的宪法,其被视为基础规范是毋庸置疑的。在此要义下,意思表示瑕疵婚姻效力确定应最终从宪法规定中探寻。

基础规范说自有其合理性,其能够直观地解释法律现象。然存在疑问的是,作为基础规范的宪法的效力来源于何方?对此,该学说认为,宪法有效所依的规范只是思维中的一个预设,即其是一项被设想的规范,而不是由意志制定的规范。② 换言之,宪法的效力亦来源于它的上位规范,然此上位规范是假设的,并拟制其具有效力。此种拟制是不可检验的,其内容如神明、自然或理性的产物一样不证自明。③ 可见,虽然基础规范说可以在一定程度上发现法律效力的来源,但从本质上说其依然没有解决法律效力来源的难题。该说所提出的思维预设,实质上是人类意志的体现,盖因思维是人类所独有的高级认识活动,是人类在精神生产过程中反映客观现实世界、构想未来理想世界的意识行为。④ 就此意义而言,思维预设的存在无疑与该说的要旨相矛盾。对此,有学者亦认为,这种拟制解决方法与最初的要求相矛盾,它不过是用另一种看起来没什么特别之处的表述来说明"现行法背后只有(个人)权力"的命题。⑤ 可见,基础规

① [奥]凯尔森.法与国家的一般理论[M].沈宗灵,译.北京:商务印书馆,2013:67.

② [瑞典]宾德瑞特.为何是基础规范:凯尔森学说的内涵[M].李佳,译.北京:知识产权出版社,2016:50.

③ [奥]凯尔森.纯粹法理论[M].张书友,译.北京:中国法制出版社,2008:82.

④ 马正平.从反映走向与创构、应对的结合:对人类思维概念和分类的当代思考[J].哈尔滨学院学报(社会科学),2002,(1):52.

⑤ [德]魏德士.法理学[M].丁晓春,吴越,译.北京:法律出版社,2005:214.

范说不宜用在确定意思表示瑕疵婚姻法律效力的来源中。

承认规则说则认为,承认规则是一项终极规则,其提供判准以衡量法体系内其他规则的效力。[①] 在此之下,法律规范之所以是有效的,原因在于其符合承认规则所提供的标准。[②] 承认规则说以英国法学家哈特为代表,其与基础规范说存在异曲同工之处,两者均承认法律效力最终来源于某个终极规范,可以说,承认规则说亦是建立在逻辑推导的基础上。就此意义而言,法律效力的认定将与基础规范说一致。两者所不同的是,承认规则说并不认为终极规范来源于法律体系内部,而是认为来源于体系外既存的社会事实,即人们日常的生活习性。作为终极规范的承认规则,不过是社会群体中的实践,本质上是一项事实,其仅因为妥当而被采用。[③] 从实证法的角度而言,部门法之所以具有法律效力,其主要原因在于符合承认规则的要求,即符合社会群体的一致要求。换言之,部门法产生法律效力的原因在于,社会普遍认为应当遵守它,此种社会事实,一般表现为法官会用它裁判案件、民众行为会以它为准绳、法学家会对它作出解读等。简而言之,法律效力并非一种被拟制的品质,而是一个被公众感知的社会事实。[④]

较之于基础规范说,承认规则说在终极规范的认定上具有进步意义,其避免了效力来源认定的主观性。但是,这并不能否认其存在明显的缺陷。承认规则说并没有表明承认规则的具体内容,只是认为承认规则是作为法院、官员和

① [英]哈特.法律的概念[M].第2版.许家馨,李冠宜,译.北京:法律出版社,2011:100.
② 同上书:97.
③ 同上书:103-104.
④ [瑞典]宾德瑞特.为何是基础规范:凯尔森学说的内涵[M].李佳,译.北京:知识产权出版社,2016:98.

私人确认法律的一定标准而存在，是一个事实问题。[①] 该说将社会事实具体内容确定的权力赋予了个人。然而在实践中，各人的价值观有所不同，因此而导致在具体内容的确定上往往难以达成一致，部分群体承认的规则可能并不被另一部分群体承认。对法律效力制度的设置而言，此种方法将使行为效力判定陷入混乱，不仅立法者难以找到合适的承认规则，而且也使一部分群体获得不遵守法律的借口，盖因法律所设置的制度并不符合该群体所承认的规则，这无疑严重减损法律的实效。承认规则说最初系在不成文法国家中提出，其对衡平法而言具有重要意义，然在成文法体系中，由于法律效力必须来源于确定性的事实，因而其不免存在先天缺陷。[②] 可见，承认规则说并不符合我国国情，其不宜用在确定意思表示瑕疵婚姻法律效力的来源中。

二、自然效力理论

自然效力理论的着眼点在于自然观念，强调法律效力来源于外部的其他因素，这是其与逻辑效力理论的不同之处。自然效力理论以自然法学派为代表，该理论认为，法律规范之所以有效，主要原因在于其与自然法观念相符，即法的效力来源于自然法。[③] 由于对自然法观念理解的不同，在自然效力理论中，存在神意来源说、理性来源说和经验来源说等观点。

神意来源说建立在宗教信仰的基础上，其认为人定法（实体法）的效力来源

---

① [英]哈特.法律的概念[M].第2版.许家馨，李冠宜，译.北京：法律出版社，2011：102.
② 张根大.法律效力论[M].北京：法律出版社，1999：42.
③ 王国龙.法律解释的有效性问题研究[M].济南：山东人民出版社，2011：56.

于自然法,而自然法的效力来源于神法,即体现神的意志的神法是法律效力的最终来源。① 该说所强调的是,神意在法律效力中具有决定作用,即国家法律只有实现神法与自然秩序相符的规范时,其才具有约束力。② 在此之下,法律效力主要来源于体现神意的宗教理论。该学说产生于基督教,最初认为基督徒所遵守的规则是自然法,而自然法是关乎真实和正确的理性,其来源于万物唯一共同主人和统治者上帝。③ 对于婚姻的法律效力,其一般以《圣经》内容为依据来进行判定。具言之,其认为婚姻是一项神圣的制度,上帝创造了婚姻,命令男人和女人结合在一起,二人成为一体,不可分开。④ 在此之下,离婚并不被认可,这意味着即便在婚姻缔结的过程中存在意思表示瑕疵,婚姻也仍是有效的。在中世纪欧洲寺院法鼎盛时期,当时的法律就规定了婚姻的不可解除性,即婚姻一旦缔结便有效,对双方完全有约束力,而且永远有约束力。⑤ 由于婚姻关系的不可解除造成了诸多的社会问题,不少人为了解除婚姻关系,不得不采取极端手段去损害配偶的权利。⑥ 因此,无效婚姻制度得以产生,其本质并非为解除男女双方的婚姻关系,而是认为婚姻未曾存在过。这是当时人们从已变得难以忍受的婚姻中解脱出来的唯一合法方式。⑦ 但此无效婚姻制度并未涉及意思表示瑕疵婚姻。虽然神意来源说有助于明确法律效力的来源,但在我国的现实国情

① [意]阿奎那.论法律[M].杨天江,译.北京:商务印书馆,2016:22-23.

② [德]魏德士.法理学[M].丁晓春,吴越,译.北京:法律出版社,2005:189.

③ [美]约翰·维特.从圣礼到契约:西方传统中的婚姻、宗教与法律[M].钟瑞华,译.北京:中国法制出版社,2015:78.

④ Naomi Tadmor.Women and Wives:the Language of Marriage in Early Modern English Biblical Translations[J]. History Workshop Journal,2006,62:1-2.

⑤ 焦阳.基督教会对世俗婚姻的规定及其限制[J].法制与社会,2006,(22):240.

⑥ [法]让-克洛德·布洛涅.西方婚姻史[M].赵克非,译.北京:中国人民大学出版社,2008:157.

⑦ 姚秋英.婚姻效力研究[M].北京:中国政法大学出版社,2013:82.

下,神意来源说是不可能存在的。其中的根本原因在于,唯物主义是我国立法的核心,神学理论在立法中并无存在的空间。

理性来源说则是在反对神意来源说的基础上提出的,其认为作为法律效力来源的自然法并非来自神意,而是来自人的理性。即人定法必须符合来自人类理性与正义的自然法才是有效的。[①] 在此之下,人的理性才是法律效力的根本来源。在该说看来,理性能够设计出普遍有效的法律制度的全部细节。[②] 对于人的理性与自然法与实在法效力的关系,该说认为,人类对其自身或其应得之所属拥有自然权利,该权利包括了生命、身体、思想等,此为自然状态下人的基本权能。原初自然状态下的社会秩序十分紊乱,无助于人类发展,故在人类理性的引导之下,基于秩序安定的要求,处于原初自然状态的人们让渡部分权利给统治者,并与其缔结社会契约。法律之所以产生效力,乃是因为让渡权利人们的理性赋予了统治者制定有约束力法律的权力。[③] 在此可以得出,法律效力实质上来源于人类理性,此种理性赋予了统治者制定有效法律的权力。

虽然理性来源说的观点认清法律效力来源的机理,可以在一定程度上解决法律的效力来源问题,但是其依旧存在着某种局限。具言之,其一,依照理性来源说,意思表示瑕疵婚姻的效力判定亦应回归于人的理性。即在效力判定中,统治者拥有极大的权力,这与下文将提及的国家意志理论并无实质区别,然其在形式上却徒增了不少逻辑推理程序,在无形中增加了理论适用的麻烦与分

---

① 郭道晖.法理学精义[M].长沙:湖南人民出版社,2005:256.

② [美]E·博登海默.法理学:法律哲学与法律方法[M].邓正来,译.北京:中国政法大学出版社,2004:75.

③ [瑞典]亚历山大·佩策尼克.论法律与理性[M].陈曦,译.北京:中国政法大学出版社,2015:200-201.

歧,而自然法理念在此实际上沦为服从统治者统治的托词,这无疑与自然法的根本要旨相违背,在理论上形成“四不像”的怪物。其二,从某种程度而言,理性来源说中的法律效力与人的自觉密不可分,即是否让渡权利给统治者取决于权利人自己的意愿,权利人若不让渡部分权利给统治者,那么便不会与统治者达成契约,而以法律形式呈现的契约断不能在其身上发生效力,以此在现实生活中容易为不守法提供理论依据,这不仅与法律制定的初衷相违背,而且也与法律的现实表现不相符。事实上,在现实生活中,行为人并不能完全依照自身的意愿去行动,无论法律的内容是否符合行为人自身的意愿,其均需遵守法律,否则将会遭致惩罚。就此来看,法律的效力与权利人的个人意愿并无必然的联系,理性来源说并不能从根本上解决法律的效力来源问题。因此,理性来源说不宜用在确定意思表示瑕疵婚姻法律效力的来源中。

经验来源说系在理性来源说的基础上发展而成,其认为,作为法律效力来源的自然法实质上乃社会道德。具言之,法律体系包含了三个层次的不同规范,分别为初级自然法、次级自然法以及实在法。初级自然法一般体现为人类基本欲望的永恒法则,例如,人的生存要求实在法应规定“每个人都禁止伤及他人性命”;次级自然法则是与社会发展保持一致的社会道德,因社会发展情况的不同,社会道德的内容亦有所不同;实在法仅当其与次级自然法相符时才具有法律效力。[①] 整体而言,该说将道德置于法律效力来源的根本地位。正如富勒所言:“对法律之道德性的最低限度的坚守是保障法律之实践有效性的基本条

① [瑞典]亚历山大·佩策尼克.论法律与理性[M].陈曦,译.北京:中国政法大学出版社,2015:201-203.

件。”[①]在此之下,意思表示瑕疵婚姻的效力判定必须从社会道德出发,即从业已存在的道德中去寻找答案。

从某种意义而言,经验来源说的确有助于使意思表示瑕疵婚姻效力的判定趋于合理,其所产生的实效可能大于强制执行力下的法律。但从整体而言,其亦存在较为明显的缺陷。而最大的缺陷在于,道德差异性将使法律处于模糊状态。具言之,各人由于生活环境的不同,对道德的理解亦会有所差异,立法者在制定法律时,将面临以何种道德为依据的难题,这在间接上造成道德在立法中存在不确定性和模糊性的局面。倘若将此种不确定性和模糊性纳入立法中,那么这不仅会使实在法陷入模糊状态,而且也会危及整个实在法体系的确定性和安定性。[②] 从现实的社会现象来看,该说并不能解释不符合道德的法律缘何还具有法律效力。倘使以此观点而认为违反道德之法不具有法律效力,那么在不同道德观的语境下,认为立法违反了自身道德要求的群体是否可以不再遵守法律? 正是基于此,有学者坦言,婚姻效力确定并不必然与道德有关,道德在其中并无特别的价值可言。[③] 可见,经验来源说亦不宜用于确定意思表示瑕疵婚姻法律效力的来源中。

三、社会事实理论

与前述两种理论所不同的是,社会事实理论并没有在主观的思辨中去探寻

① [美]富勒.法律的道德性[M].郑戈,译.北京:商务印书馆,2005:181.

② 王国龙.法律解释的有效性问题研究[M].济南:山东人民出版社,2011:65.

③ Natasha Mckeever.Elizabeth Brake:Minimizing Marriage:Marriage, Morality and the Law[J]. Res Publica,2013,(3):285.

法律效力的来源,而是认为客观的社会事实才是法律效力的真正来源,法律是达到社会目的的一种手段。[①] 此种理论以社会法学派和历史法学派为代表。在此之下,法律效力来源的确定应以所存在的社会事实为依据。

从理论内容来看,虽然社会法学派与历史法学派之间存在不少差异,然而在法律效力来源的确定上,两者却高度一致。具言之,在两派学说看来,法律效力实质上主要来源于作为社会事实的社会习惯,此种习惯来源于本土的精神文化,符合习惯的法律将获得巨大的效力。其中的主要原因在于,人生活的群体社会化,即人是群体动物,对社会联合体的依赖性大,一个人若不服从联合体规范,那么他等于解开了连接着他与联合体的纽带,他将被疏远与驱逐,这是他无法忍受的。[②] 社会联合体规范实质上即习惯,法律因为符合习惯而为人们所遵守,从而具有法律约束力。有学者对此总结道:"法律深深地根植于一个民族的历史之中,其真正的效力源泉乃是普遍的信念、习惯和民族的共同意识。"[③]就此意义而言,法律效力来源于社会习惯,意思表示瑕疵婚姻的效力判定应以社会习惯为基础。由于习惯与当地文化、环境等因素密切相关,故习惯具有天然的地域性。在社会事实理论看来,以习惯为基础的法律规范效力具有地域限定性。换言之,来源于本地习惯的法律制度仅能在该地区施行。诚如奥地利社会法学家埃利希所言,联合体内的规范对联合体外的任何人都不产生效力。[④] 德

① 付子堂.法理学高阶[M].北京:高等教育出版社,2008:130.

② [奥]尤根·埃利希.法律社会学基本原理[M].叶名怡,袁震,译.北京:中国社会科学出版社,2009:45.

③ [美]E·博登海默.法理学:法律哲学与法律方法[M].邓正来,译.北京:中国政法大学出版社,2004:91.

④ 同②:56.

国法学家萨维尼也承认,由于法律来源于民族习惯,故法律为一定的民族所特有,如同语言、行为方式和基本的社会组织体制,凡此现象并非各自孤立存在,它们实际乃为一个独特的民族所特有的根本不可分割的禀赋和取向。①

社会事实理论对意思表示瑕疵婚姻效力的判定具有重要意义,其不仅彰显了婚姻的民族地域性,而且也有助于确定效力判定的具体标准。然而从整体而言,社会事实理论却依旧存在不足之处。首先,该理论与我国的法律体系不符。我国乃成文法国家,虽然在《民法典》第 10 条确定了习惯的地位,但其效力位阶仍低于制定法,这意味着即便制定法与习惯相违背,其也具有高于习惯的法律效力。这在某种程度上说明,法律并非完全来源于习惯。但对社会事实理论而言,法律高于习惯的做法与其精神不符,其认为习惯高于制定法,国家对法所起的作用是有限的,而大量存在的是"活的法",即法以外在现实生活中实际上起作用的那类习惯规则。② 习惯在法律生活中具有非常重要的分量,人们履行法律义务与其说是一个有意识思考的问题,不如说是一个无意识地使自己习惯于周围人的情感和思想的问题,离开了法律,社会尚且得以运行,但没有习惯,社会秩序将不复存在。③ 正是基于此,在社会事实理论中,存在消极法典化的倾向,即消极地对待成文法的制定,这明显与我国的现实情况不符。再者,我国地大物博,在主权范围内存在诸多不同的习惯,以习惯作为法律效力的来源,无疑会造成多版本的法律同时存在,这不利于我国法律体系的统一。

---

① [德]弗里德里希·卡尔·冯·萨维尼.论立法与法学的当代使命[M].许章润,译.北京:中国法制出版社,2001:7.

② 李龙.西方法学经典命题[M].南昌:江西人民出版社,2006:186.

③ [美]E·博登海默.法理学:法律哲学与法律方法[M].邓正来,译.北京:中国政法大学出版社,2004:148-149.

由此可见,社会事实理论与我国的实际情况不符。与此同时,其过于强调习惯地位的做法,也与法的实际情况不符。事实上,该理论不仅忽视了各种团体在法制定背后的利益博弈,①而且也忽视了法对习惯的决定性影响,在一些情形下,法律可以通过制度的设立来引导社会习惯的改变。② 基于以上的局限,该理论不宜用在确定意思表示瑕疵婚姻法律效力的来源中。

四、国家意志理论

国家意志理论认为,法律效力最终来源于国家意志。具言之,国家通过强制力来确保体现其意志的制度产生法律效力。该理论以马克思法学派、部分实证法学派、功利法学派为代表。依据对国家意志理解的不同,该理论又可分为主权者意志论和统治阶级意志论。

主权者意志论认为,国家的最高统治权力属于主权者,其地位是至高无上的,其他的任何个人,必须在法律上受主权者整体制定的法律的约束。③ 之所以如此,主要原因在于法律被主权者赋予了强制力,在此情况下,法律是一个命令,非强制性或没有强制力的法律,会全部或部分地使法律无效。④ 正是基于此,社会成员不得不服从法律,否则就要受到制裁。⑤ 法律因此而具有了效力,规定于法律中的制度自然也为社会成员所遵守。

---

① [德]魏德士.法理学[M].丁晓春,吴越,译.北京:法律出版社,2005:204.

② Maaike Voorhoeve.Law and Social Change in Tunisia:The Case of Unregistered Marriage[J]. Oxford Journal of Law and Religion,2018,7(3):496.

③ [英]约翰·奥斯丁.法理学的范围[M].刘星,译.北京:中国法制出版社,2002:286.

④ 付子堂.法理学高阶[M].北京:高等教育出版社,2008:109.

⑤ 李龙.西方法学经典命题[M].南昌:江西人民出版社,2006:161.

在对国家强制力的强调上，统治阶级意志论与主权者意志论存在相似之处。具言之，统治阶级意志论亦认为，法律规则是基本的命令形式，命令大众做某事或不做某事，并且在一个社会中的法律的意义完全取决于强制威胁对行为的潜在影响。[①] 换言之，法律一旦产生，就会形成以国家强制力为后盾的规则力量，在法律规则的有效期，如果遇到违反法律的阻碍，国家强制力将走向前台，帮助法律排除阻碍，使法律规则能够顺利实现。[②]

国家强制力实质上是国家权力的外在表现，法律是否有效，本质上取决于体现国家意志的国家权力对此是否予以支持，而支持与否的标准在于，法律是否符合国家的意志。有学者对此总结道："法律之所以有效，是因为国家权力是它的后盾，只要国家拒绝支持它，它就不可能有效。"[③]在国家意志理论看来，强制力是法律效力得以产生的原因，这也是主权者意志论与统治阶级意志论的共通之处。两者的主要区别在于对国家意志理解的不同。具言之，主权者意志论认为，国家意志即主权者意志，其来自主权者管理国家的需要。[④] 而统治阶级意志论则认为，国家意志是统治阶级的意志，其实质上根源于物质生活关系。[⑤] 由此可见，主权者意志论更多强调的是意志的主观性，而统治阶级意志论则认为意志来源于客观。

避开主权者意志论与统治阶级意志论的区别来说，国家意志论具有一定的

① [英]休·柯林斯.马克思主义与法律[M].邱昭继，译.北京：法律出版社，2012：91.

② 蒋传光.马克思主义法学的基本原理及其科学意义[J].法律科学（西北政法大学学报），2018，36（6）：25.

③ [德]拉德布鲁赫.法哲学[M].王朴，译.北京：法律出版社，2013：82.

④ [英]约翰·奥斯丁.法理学的范围[M].刘星，译.北京：中国法制出版社，2002：259.

⑤ 蒋传光.马克思主义法学的基本原理及其科学意义[J].法律科学（西北政法大学学报），2018，36（6）：21.

合理性，这主要表现在：其一，其从根本上解释了法律的效力。在该理论下，无论是为善的法抑或是为恶的法，其均以强制力作为后盾，不遵守法律必然会带来现实的不利后果，这无疑与法在现实中的表现相符。前述经验来源说提出的符合道德之法才有效力的观点不过是反抗现行制度的托词，其产生于特殊的背景之下，但并不能因此而断然认为恶法在现实中并不具有任何效力，这与实际情况并不相符。其二，国家机构的存在即表明了国家强制力的存在，这些机构包括了法院、警察、监狱等，只要违反现行法律的规定，那么违法者必然遭受这些机构的制裁，在人趋利避害的本性之下，不利后果的存在使民众减少违反法律的动机，以此在间接上确保了法律的效力。可见，国家意志理论较为符合客观实际情况。就此意义而言，该理论可被用在确定意思表示瑕疵婚姻法律效力的来源中。在此之下，既然国家强制力所保障的是体现国家意志的法律，那么依附于有效法律的意思表示瑕疵婚姻效力制度自然也应体现国家的意志。

但是，就主权者意志论与统治阶级意志论的差异而言，主权者意志论仍有其局限性。具言之，主权者意志论过于强调意志的主观性，而忽略了社会的客观存在。事实上，某些法律规则起源于客观社会事实，不能将它们的法律地位归于任何有意识的立法行为。[①] 从法的发展历史来看，法律的制定都是本时代经济关系的产物，是每一时代的社会经济结构形成决定法律内容的基础。[②] 故以自然经济为主的法律与以工业经济为主的法律在内容上必然有所不同。即便法律是主权者意志的体现，其也未能脱离客观社会条件的限制。事实上，主权者的思想认识与当时的社会物质生活条件密切相关，其在制定法律前对现实

---

① 付子堂.法理学高阶[M].北京：高等教育出版社，2008：111.

② 李步云，高全喜.马克思主义法学原理[M].北京：社会科学文献出版社，2014：4.

社会的认识,往往决定了法律制度的设置。在此之下,处于自然经济社会的主权者不可能制定出人工智能法律规范。由此可见,主权者意志论虽然强调主观的重要性,但是从本质而言,其仍逃不出社会物质生活条件的束缚,这在事实上与统治阶级意志论无异。相比而言,统治阶级意志论更能充分揭示法律效力的来源,在此将其用在确定意思表示瑕疵婚姻法律效力的来源中不失为科学之举。

五、意思表示瑕疵婚姻法律效力的来源

与主权者意志论所不同的是,统治阶级意志论强调意志的客观性。换言之,在统治阶级意志论看来,主观意志与客观社会生活物质条件密切相关。在此之下,立法者应该把自己看作一个自然科学家,他不是在制造法律,不是在发明法律,而仅仅是在表达法律,他把精神关系的内在规律表现在有意识的现行法律中,立法者不能用自己的臆想来代替事物的本质。① 统治阶级意志论对社会存在的重视,在某种程度上与前述的社会事实理论存在相似之处,但其与社会事实理论并不能等同。事实上,统治阶级意志论虽然强调社会客观事实,但是并没有否认主观意志在其中的能动作用。而前述的社会事实理论则过于强调社会事实的重要性,这不仅可能违背统治者的利益,而且也与法的表现不相符。从理论内容来看,统治阶级意志论的要义在于,社会生活物质条件决定了统治阶级的认识,而在前述认识的基础上制定出符合其利益的法律。② 简而言

① 李步云,高全喜.马克思主义法学原理[M].北京:社会科学文献出版社,2014:5.

② 张中秋.从礼法到政法:传统与现代中国法的结构与哲学及改造提升[J].法制与社会发展,2018,24(4):159-160.

之，其为：社会生活物质条件→统治阶级的认识→实在法。实在法也正是由于符合统治者的利益，才得以被统治者施以强制力保证实施，而法律制度在此也才得以具备法律效力。正是基于上述要义，在确定意思表示瑕疵婚姻法律效力的来源时，统治阶级意志论更宜作为解释依据，其中的主要原因在于以下两点。

其一，统治阶级意志论是我国立法重要的哲学基础之一，在人民主体地位的前提下，将其作为解释依据符合我国立法精神。《中华人民共和国宪法》（以下简称《宪法》）在序言中明确提到，社会主义现代化建设是在中国共产党的领导下进行，以马克思列宁主义、毛泽东思想、邓小平理论、"三个代表"重要思想、科学发展观、习近平新时代中国特色社会主义思想为指引。社会主义现代化建设包括了健全社会主义法治，立法是法治健全的重要举措，这意味着立法应当以上述理论作为指引。在立法实践中，此种指引往往通过"根据宪法，制定本法"的话语来表达。

从我国《宪法》所表述的历史逻辑来看，"马克思列宁主义、毛泽东思想、邓小平理论、'三个代表'重要思想、科学发展观、习近平新时代中国特色社会主义思想"展现了马克思主义中国化的过程，特别是体现了中国共产党对马克思主义基本原理与中国具体实际相结合不断探索和实践的过程。在这个过程中，马克思主义理论得以不断充实。

需要注意的是，马克思主义中国化的过程，是以马克思主义为根基的。统治阶级意志论是马克思主义的重要内容，马克思曾在《资本论》中谈到："法权关系，是一种反映着经济关系的意志关系"①。对于意志，马克思在 1849 年 1 月的

---

① ［德］卡尔·马克思，［德］弗里德里希·恩格斯.马克思恩格斯全集：第 44 卷［M］.第 2 版.中共中央马克思恩格斯列宁斯大林著作编译局，译.北京：人民出版社，2001：103.

《柏林〈国民报〉致初选人》中指出，所谓人民的意志，是指多数人的意志，并不是个别等级和阶级的意志，而是唯一的一个阶级和在社会关系即在工业和商业关系方面都从属于这个唯一的统治阶级的其他阶级以及阶级的某些部分的意志，可以称为统治阶级的意志。[①] 统治阶级的意志是多方面的。它表现在政治、道德、宗教、哲学、文教、艺术等方面。然而，只有表现在被奉为法律的意志，才能称之为法。所谓被奉为法律，就是指统治阶级按照自己的意志，通过国家立法机关，按照立法程序制定和颁布的规范性文件。所以，统治阶级的意志一经法律形式表现出来，就变为国家意志了。这样，统治阶级就可以名正言顺地动用国家暴力机关，把自己的意志以国家意志的名义强迫社会全体成员遵守，使之成为具有普遍性的约束力。统治阶级意志的内容当然由社会经济地位，即物质生活条件来决定。[②] 马克思和恩格斯在《共产党宣言》中指出，法不过是被奉为法律的统治阶级意志，而这种意志的内容是这个阶级的物质生活条件来决定的。[③]

作为马克思主义中国化的成果，毛泽东思想、邓小平理论、“三个代表”重要思想、科学发展观、习近平新时代中国特色社会主义思想等均体现了统治阶级意志论的内容。

例如，对于法律，毛泽东曾指出，法律作为一种上层建筑，归根结底，它是为经济基础服务的，它对于我国社会主义改造的胜利和社会主义劳动组织的建立起了积极的推动作用，它是和社会主义的经济基础，即社会主义生产关系相适

① [德]卡尔·马克思，[德]弗里德里希·恩格斯.马克思恩格斯全集：第1卷[M].第2版.中共中央马克思恩格斯列宁斯大林著作编译局，译.北京：人民出版社，1972：325.

② 叶扬，等. 科学社会主义简明读本[M].北京：人民出版社，1986：201.

③ [德]马克思，[德]恩格斯. 共产党宣言[M]. 北京：中央编译出版社，2018：45.

应的。我们的法律,是劳动人民自己制定的,它是保护劳动人民利益的。[①]

又如,2018 年 2 月 24 日,习近平总书记在十九届中央政治局第四次集体学习时指出,古人讲,"法与时移","法与时转则治,治与世宜则有功","观时而制法,因事而制礼"。宪法作为上层建筑,一定要适应经济基础的变化。任何国家都不可能制定一部永远适用的宪法。我国《宪法》是治国理政的总章程,必须体现党和人民事业的历史进步,必须随着党领导人民建设中国特色社会主义实践的发展而不断完善发展。[②] 2020 年 5 月 29 日,习近平总书记在十九届中央政治局第二十次集体学习时再次指出,随着经济社会不断发展、经济社会生活中各种利益关系不断变化,《民法典》在实施过程中必然会遇到一些新情况、新问题。要坚持问题导向,适应技术发展进步新需要,在新的实践基础上推动民法典不断完善和发展。[③] 从中可见,法律是上层建筑,体现的是统治阶级的意志,从根本上是由经济基础所决定的,经济社会生活中各种利益关系的不断变化,将推动宪法、民法典等法律的完善和发展,这与统治阶级意志论的要义是相符的。

对此,有学者谈到,统治阶级的意识形态最终是由统治阶级的物质生活条件决定的,社会的生产关系支配和决定着社会意识的生产,而法律正是在统治阶级意识主导下制定的,归根到底是由社会物质生活条件决定的。[④] 法律作为管理经济、社会的手段,在东西方国家中存在一定共通性。虽然法律是统治阶

---

① 中共中央文献研究室.毛泽东文集:第 7 卷[M].北京:人民出版社,1999:197-215.

② 参见习近平总书记 2018 年 2 月 24 日在十九届中央政治局第四次集体学习时,所作的"更加注重发挥宪法重要作用 把实施宪法提高到新的水平"讲话。

③ 参见习近平总书记 2020 年 5 月 29 日在十九届中央政治局第二十次集体学习时,所作的"充分认识颁布实施民法典重大意义 依法更好保障人民合法权益"讲话。

④ 宋周尧.凝聚改革共识的历史唯物主义基础分析[J].宁夏社会科学,2018,(2):22.

级意志的体现，不同国家的法律所代表的统治阶级意志及利益必然存在差异，但法律所反映的社会化生产及市场经济规律却是一致的。[①]

正是由于主观意志与客观经济基础密切相关，所以不同时期、不同地区的法律呈现出不同的内容。同为上层建筑的理论，亦与经济基础密切相关，正是因为如此，马克思主义基本原理必然要同中国的具体实际相结合，由此才会发生中国化的过程。由于不同时期我国的实际情况不同，故在马克思主义中国化的过程中，我国先后产生了毛泽东思想、邓小平理论、“三个代表”重要思想、科学发展观、习近平新时代中国特色社会主义思想等科学指导理论，其本质上仍是马克思主义，实质上是由不同时期经济基础所决定的，其产生符合马克思主义的基本原理。

“宪法是万法之母”，其他部门法的制定均不可脱离宪法而独立制定。既然宪法规定涉及统治阶级意志论，那么其他部门法的制定必然会以此为指导。就此意义而言，在意思表示瑕疵婚姻的效力来源研究中，以统治阶级意志论作为理论依据，是完全符合我国立法精神的。

其二，统治阶级意志论科学地解释了法律现象。统治阶级意志论对社会物质生活条件的强调，无疑真实地反映了法律现象。从当今各国（地区）来看，没有哪个国家（地区）的立法不是在统治阶级的主导下制定的，[②]在此法律不可能违背统治阶级的意志，否则法律的生效无从谈起。具体来说，法律是由国家制定或认可的，体现统治阶级的意志，以国家强制力保证实施的行为规范的总和。

---

① 汪习根．中国特色社会主义法治道路的理论创新与实践探索（第1卷）[M].北京：人民出版社，2021：146.

② 从各国（地区）的立法来看，法律无不是在特定的国家机关中产生的，此种国家机关只能是取得统治权的阶级设置的机构。从某种程度而言，此种机构的存在亦是国家强制力的体现。

行为规范是规定人“应该”怎样、“不应该”怎样的准绳。“应该”如何,“不应该”如何,是规范判断,这种判断是符合统治阶级意志的。[①] 任何行为都必须符合法律规范,否则行为将会受到否定性的评价。

例如,我国《民法典》第 153 条第 2 款规定:“违背公序良俗的民事法律行为无效。”其中的公序良俗,是统治阶级为私法自治划定的边界,超出边界的行为将得不到肯定性的效力评价。有学者指出,公序良俗包括了政治安全、经济安全、军事安全等国家安全;社会稳定、公平竞争秩序等社会公共秩序;社会公德、家庭伦理、人格尊严等善良风俗。[②] 国家安全、社会公共秩序等明显与统治阶级的利益密切相关,无论在哪个国家(地区),侵犯这些利益都是不被允许的,若是行为侵犯这些利益,得到的只能是否定性的评价。“违背公序良俗的民事法律行为无效”条款的核心要义,在诸多国家(地区)《民法典》均有所体现。如《法国民法典》第 1162 条、《德国民法典》第 134 条等。

虽然在法律制定的过程中,统治阶级意志起着重要作用,但是从根本上起作用的仍是社会物质生活条件。[③] 换言之,统治阶级的意志受到社会物质生活条件的约束,这使处于自然经济环境下的统治者不可能制定出工业经济方面的法律。正是基于此,在法的历史研究中,才会出现历史分期的观点。

具体来说,由于相同经济环境下所产生的法律存在诸多相似之处,故在法制史的研究中,不少学者为了研究方便,而将相似的法律归于同一时期。例如,有学者认为,法律发展可以分为两个时期,即原始法时期及工业法时期。有的

---

① 王玉樑.当代中国价值哲学[M].北京:人民出版社,2004:27.

② 王利明.论合同违背公序良俗:以《合同编解释》第 17 条为中心[J].求是学刊,2024,51(3):94-96.

③ [美]E·博登海默.法理学:法律哲学与法律方法[M].邓正来,译.北京:中国政法大学出版社,2004:103.

学者则认为,法律发展可以分为身份法时期和契约法时期。[①]

我国《民法典》的编纂与实施,本身亦是社会物质生活条件变化的结果。对此,习近平总书记也指出,民法典把我国多年来实行社会主义市场经济体制和加强社会主义法治建设取得的一系列重要制度成果用法典的形式确定下来,规范经济生活和经济活动赖以依托的财产关系、交易关系,对坚持和完善社会主义基本经济制度、促进社会主义市场经济繁荣发展具有十分重要的意义。[②] 可见,以统治阶级意志论作为指导是客观解释社会现象的必然之举,其具备一定的科学性。

由上可知,统治阶级意志论更宜用在确定意思表示瑕疵婚姻法律效力的来源中。在该理论的要义下,意思表示瑕疵婚姻的法律效力来源于国家强制力的保障,从根本上反映了统治阶级的意志,而此种意志往往为社会物质生活条件所约束。这实质上是各国(地区)意思表示瑕疵婚姻法律效力不同的根本原因。换言之,不同国家(地区)的统治阶级依据其意志,来决定不同类型意思表示瑕疵婚姻的法律效力,由于各国(地区)统治阶级、社会物质生活条件等不同,因此意思表示瑕疵婚姻法律效力的判定不可能完全相同。对此,有学者坦言:"意思表示瑕疵婚姻的有效或无效,实质上与统治者的利益考量有关。"[③]

---

① E·博登海默.法理学:法律哲学与法律方法[M].邓正来,译.北京:中国政法大学出版社,2004:97-101.

② 参见习近平总书记2020年5月29日在十九届中央政治局第二十次集体学习时,所作的"充分认识颁布实施民法典重大意义 依法更好保障人民合法权益"讲话。

③ Harry D.Krause. Family Law(影印本)[M].北京:法律出版社,1999:61.

第二节 意思表示瑕疵婚姻法律效力的影响因素

统治阶级意志论最初由马克思、恩格斯提出,历经诸国多位马克思主义理论者的发展,其理论体系已较为成熟。在以经济发展为主的今天,统治阶级意志论所强调的不再是阶级斗争,其随着时代的发展而产生了独特的现代价值。其中所强调的意志,实质上是国家意志在社会治理中的体现。[①] 就此意义而言,统治阶级意志也可以被称为国家意志,国家在治理中的决策实质上是统治阶级意志的体现。从法律制度的设置上说,制度确立的目的主要是为了维护统治阶级的利益。在我国《宪法》强调“一切权力属于人民”的情境下,人民是国家的主人,国家意志即人民意志的体现,法律制度设置的目的在于维护人民群众的利益。

在统治阶级意志论看来,法律是上升为国家意志的统治阶级的整体意志。[②] 作为整体意志,法律并非该阶级中某一个集团或个别成员的意志,也不是个别成员意志简单的总和,更不是他们之中任何一个单个人的任性。[③] 因此,在法律制定的背后,往往包含着复杂的利益博弈过程。有学者对此总结道:“一个国家的立法,其核心问题就是,对这些极其复杂的利益关系如何进行调整,如何进行分配和平衡,在一定意义上说,立法就是主权者运用法律的手段对错综复杂的

① 李龙,刘青.《共产党宣言》中的法律思想[J].马克思主义研究,2018,(1):129.
② 丁华.论法是统治阶级意志的体现[J].重庆文理学院学报(社会科学版),2006,(6):36.
③ 同①。

利益进行调整和配置。”①在此之下，立法者在制定任何一部法律文件时，都必须研究社会中的各种因素。②

由于统治阶级意志是国家的整体意志，因此，立法所要维护的利益必然是整体利益，此种利益并不是个人利益的简单堆积，而是国家基于整体考虑所作的利益平衡。换言之，国家会基于不同因素的考虑而对不同利益作出取舍，法律制度的最终确立正体现了不同因素对国家意志的影响。依统治阶级意志论，社会物质条件对法律制度的确立起根本决定作用，然则政治、民族习惯、历史文化传统等都对法的产生和发展具有影响。③ 就此意义而言，法律制度的设置不能仅考虑经济因素，亦要考虑其他因素。就意思表示瑕疵婚姻的法律效力而言，立法对不同类型意思表示瑕疵婚姻效力所作的规定，实质上是国家整体意志的体现，这背后是国家平衡不同利益的结果。在平衡的过程中，国家意志不免会受到一些因素的影响，这使一些统治阶级相似的国家（地区）立法对意思表示瑕疵婚姻法律效力的规定不同。对于这些因素，本书将其总结为经济、政治以及社会因素。

一、经济影响因素

依照统治阶级意志论，对法律制度产生影响的经济因素主要体现在一国（地区）的经济发展、经济性质、生产力水平等经济基础方面，这些经济基础对法

---

① 李步云，高全喜．马克思主义法学原理［M］．北京：社会科学文献出版社，2014：34.
② ［俄］M.H.马尔琴科．国家与法的理论［M］．徐晓晴，译．北京：中国政法大学出版社，2010：399.
③ 张正德，付子堂．法理学［M］．第2版．重庆：重庆大学出版社，2005：303.

律制度的设置起决定作用。作为一种法律制度,婚姻法律制度是在一定经济基础上形成的有关婚姻的上层建筑。[①] 经济基础的不同将决定不同内容的婚姻法律制度,经济的发展推动着婚姻法律制度的发展。[②] 在婚姻的效力问题上,符合经济基础的婚姻才能被认定为有效婚姻,反之,就可能是无效婚姻。[③]

从本质上说,经济基础的决定意义在于,不同的经济基础将会形成不同的法律意识,在不同法律意识的主导下,法律效力判定自然会有所差异。在自然经济条件下,社会相对闭塞,商品流通性差,由血亲关系或延伸的血亲关系所决定而处于支配地位的家长封建主是生产和消费的决定者,其他成员只是作为附庸而存在。[④] 在此之下,法律体现的主要是家族本位或义务本位,个人权利被严重压制,以此形成的婚姻制度自然以家族利益为导向,婚姻缔结的双方当事人并无意思表示可言,结婚的权利掌握在家长手中。在该条件下,婚姻法律制度鲜见意思表示瑕疵婚姻效力的规定。[⑤] 而随着商品经济的产生与发展,以商品交易为中心的市场规范逐步出现,其着重强调个体的作用,市民社会在此得以缓慢形成。在市民社会中,每个人都以自身为目的,[⑥]因而个人主义便成为这一时期制定法律的导向,在此基础上形成的婚姻制度自然强调对个人的关爱。在

① 姚秋英.婚姻效力研究[M].北京:中国政法大学出版社,2013:2.

② David De Lacroix,Fabio Mariani.From Polygyny to Serial Monogamy:A Unified Theory of Marriage Institutions[J]. Review of Economic Studies,2015,82(2):565.

③ 同①:22.

④ 张正德,付子堂.法理学[M].第2版.重庆:重庆大学出版社,2005:306.

⑤ 例如,在我国以自然经济为主的封建社会时期,家族利益为本位,鲜见意思表示瑕疵婚姻的效力制度,对于违背家族利益的意思表示瑕疵婚姻,一般通过离婚或刑事处罚来加以处理。如关于欺诈婚姻,《元史·刑法志》规定:"诸有女许嫁,已报书及有私约,或已受聘财而辄悔者,笞三十七。"《大明律·户律》规定:"定婚之初,若有残疾、老幼、庶出、过房、乞养者,务要两家明白通知,各从所愿。"关于胁迫婚姻,《唐律》规定,违律为婚,虽有媒聘,而恐吓娶者,加本罪(杖一百)一等,处徒一年;强娶者,处徒一年半。参见叶晓川,黄斌.中国传统无效婚姻立法文化初探[J].江苏警官学院学报,2005,(1):130.

⑥ [德]黑格尔.法哲学原理[M].范扬,张企泰,译.北京:商务印书馆,2010:224.

此之下，意思表示瑕疵婚姻效力的决定权掌握在个人手中，在立法上则主要体现为相对无效婚姻制度或者有效婚姻制度。① 由于个人自由的过分强调容易造成资源浪费，影响商品经济的可持续发展，因此，个人本位兼顾社会的思想逐步产生，并发展成现代法律的主要价值，此也可以称为个人本位的社会化。② 在此之下，国家认识到婚姻也如市场那样存在失灵的缺陷，个人主义的滥觞将致婚姻资源浪费，故在此国家有介入的必要。③ 在此情境下，现代意义的无效婚姻制度得以产生，④而可撤销婚姻制度亦得以明确。就此而言，在现代意思表示瑕疵婚姻的效力制度中，存在无效婚姻制度、可撤销婚姻制度以及有效婚姻制度。

由此可见，经济基础对意思表示瑕疵婚姻效力的确定具有决定作用。具言之，国家在确定意思表示瑕疵婚姻的法律效力时，往往难以脱离当时的经济基础，其在平衡各方利益时必然自觉或不自觉地受经济因素的影响，⑤就此意义而言，经济基础是立法的重要考量因素。但需注意的是，经济基础决定论并非意

---

① 此处的相对无效婚姻制度实质上是可撤销婚姻制度。之所以在此用“相对无效婚姻”的概念，主要是为了更客观地反映婚姻制度的发展历史。从婚姻制度的发展史来看，可撤销婚姻制度的出现远晚于无效婚姻制度。在个人主义产生伊始，婚姻制度并无可撤销婚姻的概念。不过，为了彰显个人的价值，在原有的无效婚姻制度中区分了相对无效婚姻和绝对无效婚姻。在相对无效的婚姻中，个人可以决定婚姻关系的存续与否。一般而言，意思表示瑕疵婚姻所损害的主要是个人利益，故在个人主义的思潮下，此种婚姻的效力往往由当事人来决定。故意思表示瑕疵婚姻一般被视为相对无效的婚姻。但是，受家族本位残余思想的影响，婚姻仍应保持一定的稳定性，故并非所有类型的意思表示瑕疵婚姻均为相对无效的婚姻，一部分类型的意思表示瑕疵婚姻仍被视为有效婚姻。

② 章礼强.民法本位纵论：对民法过去、现在和未来的深层思考[J].池州师专学报，2004，(6)：29.

③ 丁钢全.我国婚姻效力制度的经济分析[J].韶关学院学报(社会科学)，2006，(5)：93.

④ 现代意义上的无效婚姻制度，主要来源于原有无效婚姻制度中的绝对无效婚姻制度，其一般表现为，在对国家利益造成重大损害的意思表示瑕疵婚姻中，国家并不承认其效力，基于利益维护的考量，撤销婚姻效力的决定权掌握在国家手中。这是国家直接干预私人领域的表现。

⑤ 如在 1975 年意大利婚姻法律改革中，婚姻缔结双方的个人利益得到充分的尊重，男女双方的地位趋于平等，在婚姻无效撤销权的行使上已无性别上的限制。此现象实质上是受经济发展的影响，由于经济方式的变化使得女性越来越多地参与经济和公共事务，男性主导法律制定的权力受到了不同程度的削减，故在法律制定中越来越多地体现女性的利益，这在间接上使法律制度在两性中趋于平等。参见 Vito Librando. The Reform of Family Law in Italy[M]//A.G. Chloros. The Reform of Family Law in Europe. Dordrecht：Springer，1978：151-182.

味着经济基础相同或类似的地区,其婚姻法律制度的设置也必然一致。事实上,除了经济基础,婚姻法律制度的设置还同时受政治、社会等因素的影响。因此,在一些经济基础类似的国家(地区),其意思表示瑕疵婚姻的法律效力可能并不完全相同。诚如有学者所言,如果把婚姻法的一切制度都直截了当地归诸于经济基础,那是不符合马克思主义理论的,事实上,婚姻法律制度还受政治、道德等因素的影响,不过亦不能由此而否认经济基础的最终决定作用。①

二、政治影响因素

相比于经济因素,政治对婚姻法律制度设置的影响更为直接,虽不为根本决定性因素,但是却能使婚姻法律制度的改变"立竿见影"。具言之,法律的效力来源于国家强制力的保证,而国家强制力正是政治手段的表现,政治在此为法律的施行提供了权力基础。对此,有学者坦言,在社会的结构之中,法律命题是为政治权力所支配的。因此,在法律命题之中,必须或多或少地体现着一定的政治理想,在斗争中获得了胜利的社会力量,会通过创造法律命题的方式来强制保护自己利益的规范实现。② 在此之下,政治甚至可以直接决定法律的内容。从本质而言,政治对法律制度的影响实质上是统治阶级意志论的政治化表达,即统治阶级通过立法将自身的政治利益上升为国家利益,最终通过法律的形式来加以表达。纵观各国(地区)的现行立法,超政治的法律是不存在的。统治阶级为了维护自身的利益和政权的巩固,总要根据客观形势或条件的要求调

① 杨遂全.试论马克思的婚姻法学思想[J].中国法学,1986,(4):56.

② 付子堂.法理学进阶[M].第3版.北京:法律出版社,2010:281.

整自己的政策或主张，这就给法律的修改、废止或创制提出了要求和依据。[①] 故当一个社会的政治发展变化时，其法律必将发生相应的变化。[②]

作为一种法律制度，婚姻法律制度亦为此定律所影响。例如，在我国 2001 年《婚姻法》修订时，对于是否规定无效婚姻制度存在极大的争议，最终立法者将无效婚姻制度纳入《婚姻法》的规定中。其中的主要原因在于，当时中国存在为数不少的违法婚姻，包括早婚、包办买卖婚姻、弄虚作假骗取结婚登记等形式，这严重损害了国家法律的严肃性，也会增加国家管理的难度，如计划生育政策难以执行、拐卖妇女刑事犯罪增多等。[③] 在此形势下，无效婚姻制度有确立的必要。

政治对婚姻法律制度设置的影响除了上述情形以外，还包括了政治体制的影响。这主要表现为有什么样的政治制度，就有什么样的法律。[④] 具言之，每个社会的法律与政治都保持着性质上的同质性，在总体上不会错位，当政治性质发生变化，政治主导者一定会努力地改变法律，从而使法律性质与政治保持一致。[⑤] 就此意义而言，不同政治体制下的婚姻法律制度将会有所不同，这在人类社会的发展历史中可以得到印证。例如，在封建专制体制下，政治往往对法律起着支配作用，臣民没有独立自由的法律人格与地位，于国受君主支配，于家则受父（夫）权支配，个人是纯粹的被奴役对象，在很大程度上只是被动地履行义

---

① 李瑜青.法理学[M].上海:上海大学出版社,2005:302.

② 卓泽渊.法政治学[M].北京:法律出版社,2005:30.

③ 王胜明,孙礼海.《中华人民共和国婚姻法》修改立法资料选[M].北京:法律出版社,2001:132-133.

④ 张正德,付子堂.法理学[M].第 2 版.重庆:重庆大学出版社,2005:317.

⑤ 同②:29.

务,基本上不能享有多少权利。[①] 在此之下,婚姻法律制度的确立自然以君主或家族利益为出发点。从我国封建时期的婚姻法律制度来看,子女在事实上并无缔结婚姻的自由,其往往由父母加以包办,而这本身为立法所承认。至资本主义时期,出于对个人能力的重视,个人获得了独立自主的政治法律人格和地位,这一时期的法律所着重强调的是个人主义,故 1804 年《法国民法典》将婚姻视为一种契约,以回应个人主义的思潮。正是由于政治所具有的重要影响,有学者坦言,法律不是国家为它的公民颁布的法律,而是一个党派用来对付另外一个党派的法律。[②] 正是由于各国(地区)的政治情况不同,婚姻法律制度在一些经济基础相类似的国家(地区)中才呈现出不同的内容。在此之下,意思表示瑕疵婚姻的法律效力才会呈现出不同的形态。

三、社会影响因素

除此以外,社会因素对婚姻法律制度的设置亦具有重要影响。社会因素的不同是造成相似经济基础下不同婚姻法律制度的一个重要原因。从内容上看,社会因素主要包含了道德、习惯、文化以及宗教。[③]

首先,道德与法律制度设置密切相关自不待言。在制定法律时,立法者经

---

① 马新福.法理学[M].北京:科学出版社,2004:274.

② 李步云,高全喜.马克思主义法学原理[M].北京:社会科学文献出版社,2014:513.

③ 一般而言,社会因素在内容范围上较为宽泛。前述所言的经济因素和政治因素,事实上均属于社会因素的范畴。不过,基于经济因素和政治因素对意思表示瑕疵婚姻法律效力的重要影响,本文将这两种因素从社会因素中独立出来加以分析。本部分所称的社会因素是排除了经济因素及政治因素后的其他社会因素,在这些其他社会因素中,对意思表示瑕疵婚姻法律效力具有重要影响的因素包括道德、习惯、文化以及宗教。

常会受社会道德中传统观念或新观念的影响[①],他们都受制于一定的道德观,他们的立法行为不可能完全超越道德制约。[②] 道德与法律均由经济基础所决定,人们自觉地或不自觉地,归根到底总是从他们进行生产和交换的经济关系中,吸取自己的道德观念。[③] 在此之下,道德在内容上不可能完全与法律相差太远,其对法律制度设置的影响脱离不了经济基础。道德对法律制度的影响,主要体现在对法律的评价上,即对法律规定的公正性和公正程度进行评价,促使法的立、改、废符合统治阶级的利益,保护法的伦理方向。[④]

相比于其他法律制度,婚姻法律制度与道德的关系不可谓不密切。历史上,不少国家(地区)的婚姻立法内容完全是当时道德内容的反映。例如,在我国封建时代,在儒家文化"父为子纲"的道德律令下,婚姻缔结的双方当事人并无意志可言,直系尊亲属有绝对的主婚权,他的意志可以命令他的子女与一定的人结婚,社会和法律都承认他在这方面的威权。[⑤] 在此之下,以承认个人权利存在为前提的意思表示瑕疵婚姻效力制度并不存在,男女双方唯有依照特定的情形方才得以请求离婚。又如,英国的传统道德认为,通奸是难以让人接受的,因为若对一个人有了爱情,那就不可能同时再对另一个人有真正的爱情了。[⑥] 在此影响下,英国1970年以前的婚姻法律存在通奸损害赔偿请求权的规定。[⑦]

---

① [美]E·博登海默.法理学:法律哲学与法律方法[M].邓正来,译.北京:中国政法大学出版社,2004:395.

② 周永坤.法理学:全球视野[M].第3版.北京:法律出版社,2010:152.

③ 李步云,高全喜.马克思主义法学原理[M].北京:社会科学文献出版社,2014:543.

④ 姚建宗.法理学[M].北京:科学出版社,2010:271.

⑤ 瞿同祖.中国法律与中国社会[M].北京:商务印书馆,2010:108.

⑥ [英]罗素.性爱与婚姻[M].文良文化,译.北京:中央编译出版社,2005:161.

⑦ 曹贤信.亲属法的伦理性及其限度研究[M].北京:群众出版社,2012:249.

可见,在婚姻法律制度的设置中,道德在其中起着重要的影响。正是基于此,意思表示瑕疵婚姻法律效力因道德的不同而呈现出不同的形态。

其次,存在于社会中的习惯对婚姻法律制度的设置亦具有重要影响。恩格斯认为,在社会发展某个很早的阶段,产生了这样一种需要,把每天重复着的生产、分配和交换产品的行为用一个共同规则概括起来,设法使个人服从生产和交换的一般条件,这个规则首先表现为习惯,后来便成了法律。① 在统治阶级意志论看来,习惯是法律的原初形态。从人类历史的发展来看,在法律出现之前,社会秩序主要依赖于习惯来维护。诚如有学者所言,在早期社会中,法律规则并不是自上而下设定的,而是作为社会成员间的体力协作、脑力协作以及他们间的相互关系的结果自下而上生成的。②

正是由于习惯与法律之间存在紧密的联系,因而习惯可以对婚姻法律制度的设置产生影响。例如,我国自古就有禁止与一定血亲的人结婚的习惯,此种习惯一直影响着我国的婚姻立法,在西周即有“同姓不婚”的规定。至唐代,由于姓氏的发展,“同姓不婚”被改为“同宗不婚”。至近代,不能结婚的“同宗”范围有所缩小,但禁止与一定血亲的人结婚仍为婚姻立法所规定。直到现代,我国《民法典》婚姻家庭编仍规定禁止与有一定血亲的人结婚。从某种程度上说,融入习惯内容的婚姻法律制度往往能够相当有效地影响人们的行为,因而习惯往往是立法者所着重考虑的因素。③ 在此需注意的是,在婚姻法律制度的设置中,习惯并非起决定性的影响。事实上,只有符合统治阶级利益的习惯才会被

① 李步云,高全喜.马克思主义法学原理[M].北京:社会科学文献出版社,2014:543.

② [美]E·博登海默.法理学:法律哲学与法律方法[M].邓正来,译.北京:中国政法大学出版社,2004:403.

③ [俄]M.H.马尔琴科.国家与法的理论[M].徐晓晴,译.北京:中国政法大学出版社,2010:340.

纳入婚姻法律制度的内容中,倘若习惯违背了统治阶级的利益,那么法律将不会对此承认。例如,在我国历史上,曾长期存在订婚习惯,但是在新中国成立以后,立法者认为该习惯违背了婚姻自由的原则,是封建"六礼"的残余,因此,在新中国历次的婚姻立法中,均未对订婚作出规定。① 以此可见,在婚姻法律制度的设置中,习惯仅仅是重要的影响因素,而非决定因素。由于习惯具有地域性的特点,故在不同国家(地区),其习惯必然有所差异。在不同习惯的影响之下,婚姻立法内容不可能完全相同,正是基于此,意思表示瑕疵婚姻的法律效力才会呈现出不同的形态。

再者,文化对婚姻法律制度设置的影响亦不可忽视。文化产生于人类的协作,同时它使人类的协作成为可能。即使具体法律规则已经形成,它们仍然会继续从其他文化因素,以及从生活本身吸收新的成分,形成它们新的内容和形式,从而指引人们的生活。可见,文化对于法律的形成与发展具有重要的影响。在此之下,婚姻法律制度的设置亦会受到文化的影响。例如,在我国封建社会时期,儒家文化是社会的主流文化。在该文化中,"礼"是社会实践的核心,其目的在于通过社会等级秩序,实现生殖资源与生存资源分配的优化。由于婚姻关涉这些资源的分配,故中国古人对婚姻缔结相当慎重,婚配往往需要经过纳采、问名、纳吉、纳征、请期、亲迎等六个主要仪式才能成立。② 又如,在性自由文化的影响之下,20 世纪西方多国出现了大量的非婚同居现象,引发了一系列的社会问题。为了对此予以规制,西方各国先后修改法律,确立了非婚同居制度,使

---

① 陈会林.婚约制存废的伦理法理考量[J].法学,2015,(1):78-79.

② 王攸欣.新文化观观照下的中国婚姻生育制度与风俗之变迁[J].中国文化研究,2017,(2):79-80.

非婚同居与合法婚姻具有一样的权利义务。① 可见,在婚姻法律制度的设置中,不能忽视文化的影响。正是由于各国(地区)文化的不同,婚姻法律制度才会呈现出不同的内容。在此之下,意思表示瑕疵婚姻的法律效力才会呈现出不同的形态。

最后,宗教对婚姻法律制度的制定亦具有一定的影响。美国法学家庞德曾说道:“宗教观念在美国法律的形成时期常常起着决定性作用,如果不考虑清教,我们就难以得到美国法制史的完整图画。”②可见,在一些国家(地区)的立法中,宗教甚至能决定法律的内容。一般而言,宗教对法律的影响主要表现为法律对宗教教义的吸收,这使宗教教义成为法律的一部分。③ 在一些政教合一的国家中,作为国教的宗教教规本身就是法律。④ 在此之下,婚姻法律制度将会存在一定的宗教色彩。例如,在日内瓦 1546 年《婚姻条例》中,离婚并不被允许,因为在基督教教义中,婚姻是“神配合的,人不可分开”。⑤ 又如,在印尼 1974 年《婚姻法》中,一夫多妻制被认为是合法的婚姻,因为在伊斯兰教中,穆斯林男子可以娶多位妻子。⑥ 可见,在一些国家(地区)的婚姻法律制度设置中,宗教起着重要的影响作用。但在此需注意的是,在我国现有的语境下,宗教并不会对我国的婚姻法律制度产生任何影响,因为我国立法以唯物主义为要

① [法]让-克洛德·布洛涅.西方婚姻史[M].赵克非,译.北京:中国人民大学出版社,2008:375-376.

② [美]罗斯科·庞德.法律史解释[M].曹玉堂,杨知,译.北京:华夏出版社,1989:23.

③ 周永坤.法理学:全球视野[M].第 3 版.北京:法律出版社,2010:156.

④ 姚建宗.法理学[M].北京:科学出版社,2010:275.

⑤ [美]约翰·维特.从圣礼到契约:西方传统中的婚姻、宗教与法律[M].钟瑞华,译.北京:中国法制出版社,2015:251-255.

⑥ 潘玥.从印尼的《婚姻法》看民族、女性与伊斯兰的相互关系[J].东南亚南亚研究,2017,(4):88.

旨,宗教在此并无存在的空间。正是由于不同国家(地区)对宗教的态度不同,因而宗教对婚姻法律制度的影响在各国(地区)存在差异。在此之下,意思表示瑕疵婚姻法律效力才会呈现出不同的形态。

总体而言,意思表示瑕疵婚姻法律效力最终呈现何种形态,表面上是统治阶级意志决定的结果,但从实质来说,却是上述因素综合影响的结果。换言之,统治阶级在将自己的意志上升为国家意志,并通过国家意志来确定婚姻法律制度的内容时,总会自觉或不自觉地受上述因素的影响。由于上述因素在不同国家(地区)有不同的表现,因此,一些国家(地区)即便存在相同的统治阶级,意思表示瑕疵婚姻的法律效力也仍可能会呈现出不同的形态。从世界各国(地区)的立法来看,意思表示瑕疵婚姻在内容上主要呈现出三种不同的效力形态,即有效形态、无效形态和可撤销形态。

第三节　意思表示瑕疵婚姻法律效力的形态

意思表示瑕疵婚姻法律效力的最终确定,实质与一国(地区)的实际情况有关。正是基于此,意思表示瑕疵婚姻在各国(地区)才会呈现出不同的效力形态。因此,在我国意思表示瑕疵婚姻法律效力的确定中,也应从我国的实际情况出发。从各国(地区)立法的具体内容来看,意思表示瑕疵婚姻包含了三种效力形态,即有效、无效和可撤销的效力形态,这些形态分别出现在意思表示瑕疵婚姻的不同类型中。换言之,意思表示瑕疵婚姻包含了四种类型的瑕疵婚姻,各国(地区)基于不同的考虑,分别确定了不同类型意思表示瑕疵婚姻的效力,这使一国(地区)意思表示瑕疵婚姻的法律效力可能从整体上同时存在不同的效力形态。

从某种程度而言,这不过是不同类型的意思表示瑕疵婚姻效力形态的组合。依据效力形态组合的不同,意思表示瑕疵婚姻的效力形态又可以分为一元的有效、无效或可撤销的效力形态,二元的无效和可撤销并存、有效和可撤销并存的效力形态以及多元的有效、无效和可撤销并存的效力形态。[①]

一、一元效力形态

(一) 一元有效形态

一元有效形态意味着在该国(地区)的立法中,所有类型的意思表示瑕疵婚姻均具有法律效力,当事人对此只能通过离婚的手段来解除婚姻。在我国 2001 年《婚姻法》施行以前,我国立法即采用此种方式。

从世界各国(地区)的立法情况来看,在这方面较为典型的有《奥地利普通民法典》。该法将所有类型的意思表示瑕疵婚姻均视为完全有效的婚姻,当事人只能通过离婚来解除婚姻。对此,该国学者认为,在奥地利,婚姻已成为政府

---

① 从传统理论上说,无效婚姻与可撤销婚姻存在根本不同。首先,从设立目的上说,无效婚姻主要规制的是损害公益的行为,而可撤销婚姻主要规制的是损害私益的行为。其次,从规制对象的违法程度而言,无效婚姻所规制行为的违法程度较之于可撤销婚姻而言更为严重。无效婚姻与可撤销婚姻差异的存在是其得以在一些国家(地区)的立法中同时规定的根本原因。虽然在一些单一效力形态的国家(地区)中,无效婚姻也具有了可撤销婚姻的内涵,但这并不能否认两者存在的根本差异。事实上,在这些国家(地区)的立法中,无效婚姻内部也仍会区分具有可撤销婚姻内涵的无效婚姻以及传统理论上的无效婚姻。就此意义而言,本文所称的无效婚姻与可撤销婚姻,在无特别注明的情形下,应仅指传统理论上的无效婚姻与可撤销婚姻。

控制社会的手段，婚姻法律反映了掌握权力的政党的利益诉求，现如今奥地利的婚姻制度无疑是奥地利政党政治博弈妥协的产物，体现了对社会稳定的追求，事实上其并没有完全反映人民的利益诉求。[①]

与之相似的是，《伊朗婚姻法》亦未对意思表示瑕疵婚姻的效力作出规定，这在间接上使所有类型的意思表示瑕疵婚姻均被视为有效婚姻。与其他法律所不同的是，《伊朗婚姻法》深受宗教教义的影响，在其中汲取了不少《古兰经》的教义，[②]认为婚姻是一种包括配偶对彼此义务的协议，应秉承诚信原则来缔结，否则将会受到严厉的处罚。[③] 就此意义而言，非诚信的意思表示瑕疵婚姻并不会在婚姻关系中存在，故也没有必要对意思表示瑕疵婚姻的效力作出规定。

除此以外，在《朝鲜亲属法》的无效婚姻制度中，并不存在意思表示瑕疵婚姻的规定，其无效原因仅包括违反一夫一妻制、最低结婚年龄、禁止近亲结婚的规定。其中的原因正如该法第 3 条所言，亲属法的重要目的在于巩固家庭。[④] 故在不违反国家和集体利益的情形下，婚姻的效力不应被轻易否认，否则将可能引致家庭的动荡。

从某种程度而言，一元有效形态的确对婚姻关系的稳定具有重要意义。因为在意思表示瑕疵婚姻中，基于内心意思的抽象性，意思表示瑕疵往往难以为他人所察觉，这就意味着若将无效和可撤销制度纳入意思表示瑕疵婚姻中，意

---

① Daniela Digruber, Irene Messinger. Marriage of Residence in Austria[J]. International Survey of Family Law, 2006, (8): 283-285.

② Maaike Voorhoeve. Family Law in Islam: Divorce, Marriage and Women in the Muslim World[M]. London: I.B.Tauris, 2015: 234.

③ Kristen Cherry. Marriage and Divorce Law in Pakistan and Iran: The Problem of Recognition[J]. Tulsa Journal of Comparative and International Law, 2001, 8(2): 321.

④ 韩国民法典·朝鲜民法[M].金玉珍，译.北京：北京大学出版社，2009：358.

思表示瑕疵方即被赋予较大的解除婚姻权利。在宣告无效或撤销权利存续期间,婚姻均有可能因权利人行使权利而不复存在。这就导致了婚姻从整体上处于不稳定状态,此时对于婚姻关系相关方来说,其也将处于婚姻随时消失的不稳定状态。

虽然如此,对于当事人的个人权利而言,该形态无疑将会造成巨大的损害。事实上,离婚程序与无效(可撤销)婚姻程序在内容上的不同,决定了当事人在维权成本上将存在差异。相比而言,无效(可撤销)婚姻制度对当事人个人权利的救济更加高效。在不少国家(地区),离婚往往需经过一段时间的冷静期①,因此无疑在间接上增加了当事人维权的时间成本。事实上,意思表示瑕疵的一方并无与对方缔结婚姻的真实意愿,相比于存在真实结婚意愿的人而言,其对婚姻解除的诉求更为急迫。离婚救济中的冷静期,无疑增加了意思表示瑕疵方处于非真实意愿婚姻中的痛苦时间,因此不仅不利于维护个人权利,而且在一定程度上亦减少了缔结新婚姻的机会。② 相比而言,采用此种效力形态的国家(地区)较少,因此在间接上表明,该形态由于存在固有的局限性而正为世界立法所摒弃。正是基于上述局限的存在,在我国意思表示瑕疵婚姻的效力确定中,不宜采纳此种效力形态。

---

① 如我国《民法典》在第 1077 条中规定了三十日的离婚冷静期。《法国民法典》第 231 条规定,夫妻双方如坚持离婚,应在第一次提出离婚申请后经历三个月的冷静期再重新申请,对此,比利时、瑞典、奥地利的规定是六个月的冷静期,而《俄罗斯联邦家庭法典》第 19 条亦规定,从提交离婚申请之日起满一个月,户籍登记机关办理离婚并发离婚证明。参见王竹青,魏小莉.亲属法比较研究[M].北京:中国人民公安大学出版社,2004:274.

② Imran Rasul.Marriage Markets and Divorce Laws[J]. The Journal of Law,Economic and Organization,2006,22:30.

（二）一元无效形态

一元无效形态意味着，在该国（地区）立法中，意思表示瑕疵婚姻均为无效婚姻。此方面较为典型的当属《意大利民法典》，该法在第 122 条和第 123 条中分别规定了意思表示瑕疵婚姻的无效性，其中包含了错误婚姻、胁迫婚姻以及虚假婚姻的无效。虽然在法条中并未明确规定欺诈婚姻，但正如有学者所言，由于欺诈与错误的相同之处在于，被欺骗人是基于错误而作出意思表示，因此可以把欺诈视为引起错误的特殊情形，相比欺诈，错误并不要求欺骗的意图，更容易实现，由此会导致相同的结果。① 可见，该法在没有明确错误婚姻引起原因的语境下，欺诈在事实上可以被理解为错误的一种特殊情形。就此意义而言，在意大利，所有类型的意思表示瑕疵婚姻均被视为无效婚姻。此种效力形态实质上是受罗马法传统的影响。具言之，传统罗马法在婚姻制度中设置了相应的结婚条件，违反其则被称为存在结婚障碍，对于无婚姻意思等违反禁令的婚姻，立法不仅认为其没有任何效力，甚至结婚当事人还要接受处罚。② 此种制度是无效婚姻制度的雏形，作为罗马法起源地的意大利，自然深受其影响。但晚近随着儿童最大利益原则及保护弱者原则的兴起③，《意大利民法典》中的无效婚姻已由惩罚主义转变为救济主义，即因意思表示瑕疵而被宣告无效的婚姻，其一般不具有溯及力，这在一定程度上亦反映了民法以人为本的理念。④ 就此意

① 冉克平.论婚姻缔结中的意思表示瑕疵及其效力[J].武汉大学学报(哲学社会科学版)，2016，69(5)：125.

② 吕春娟.无效婚姻制度之法理与实务研究[M].北京：经济科学出版社，2014：82.

③ 依据《儿童权利公约》的界定，儿童最大利益原则中的“儿童”，主要指未满十八周岁的未成年人。我国立法亦认同了此种观点。不过，在《民法典》编纂的过程中，为了使表述更加精准，立法者将原《婚姻法》中的“儿童”修改为“未成年人”。但在其他一些立法与学术研究中，依旧存在将儿童等同于未成年人的做法。为了表述统一，本书所提到的儿童与未成年人的概念是一致的。

④ 姚秋英.婚姻效力研究[M].北京：中国政法大学出版社，2013：88-89.

义而言,无效婚姻实质上与一些国家(地区)立法所规定的可撤销婚姻是一致的。

与之相似的是,《罗马尼亚民法典》在第295条和第303条中分别规定了婚姻无效的情形,其中包括了意思表示瑕疵婚姻的所有类型,在后果上亦与《意大利民法典》相似,即无效后的婚姻一般不具有溯及力,其中的原因亦在于维持婚姻家庭的稳定及着重考虑儿童的利益。①

相比于纯粹的有效形态,一元无效形态有其进步意义,它在间接上提高了婚姻当事人解除婚姻的效率,也在一定程度上尊重了当事人的真实意愿。但是,其不足也是显而易见的。从传统理论来看,无效婚姻制度体现了国家公权力对私人领域的干涉,即国家运用公权力对不符合其利益要求的婚姻效力加以否认,被宣告无效的婚姻被视为从未真正存在过,此种做法在欧洲多数国家一直延续到19世纪中叶,是终止婚姻的唯一途径。② 就此意义而言,个人在事实上并没有完全控制婚姻的效力,婚姻只要违背立法中的特定条款即会被宣告为无效。对于依赖婚姻关系的弱势家庭成员而言,此举无疑使其陷入不利的境地。随着儿童最大利益原则及保护妇女原则的兴起,无效婚姻制度在内容上实质与可撤销婚姻制度无异。虽然如此,此种形态仍不宜为我国立法所采纳,其中的主要原因在于,我国无效婚姻制度仍体现上述传统理论的内涵,在制度设置上表现出国家制裁主义,婚姻一旦被宣告无效以后,与婚姻关联的人身与财产关系将自始不复存在,这无助于意思表示瑕疵方个人利益及婚姻关系中弱势

---

① I.Nicolae.The Judicial Regime of Annulment of Marriage and the Effects of Marriage Annulment[J]. Agora International Journal of Juridical Sciences,2014,8(4):137.

② Brook H. Conjugal Rites[M].New York:Palgrave Macmillan,2007:41.

家庭成员利益的维护。

（三）一元可撤销形态

一元可撤销形态意味着，所有类型的意思表示瑕疵婚姻均为可撤销婚姻。在可撤销婚姻中，意思表示瑕疵方拥有决定婚姻关系存续与否的权利。这体现了国家对个人真实意愿的尊重，无疑具有进步意义。

《德国民法典》即其中的典型表现。事实上，《德国民法典》仅仅是规定了婚姻的可废止。但从婚姻废止的内容来看，其实质上与可撤销婚姻无异。依《德国民法典》第 1314 条规定，婚姻废止的情形包括了错误婚姻、欺诈婚姻、胁迫婚姻以及虚假婚姻，考虑到公平原则，婚姻废止后其效力一般不溯及既往。此前，该法典在 1900 年出台伊始，在意思表示瑕疵婚姻效力方面，其曾采纳无效婚姻及可撤销婚姻并列的二元效力形态，随着时间的推移，考虑到这两种婚姻制度在程序上没有实质上的差别，且由于婚姻具有事实在前的特点，为了尊重业已存在的婚姻，缓和婚姻被宣告无效后的法律后果，遂将两者合为一体加以规定。[①] 因此，在德国，所有类型的意思表示瑕疵婚姻均被视为可撤销婚姻，其中亦受到了加强对了女权利的保护以及维护婚姻家庭稳定思想的影响。[②]

与之相似的是，在我国澳门地区《民法典》第 1508 条至第 1509 条的规定中，亦规定了欠缺结婚意思的婚姻是可撤销婚姻，其中的欠缺结婚意思包括了错误结婚、胁迫结婚以及假装结婚。虽然法条并未规定欺诈情形，但正如前文所述，由于欺诈与错误的相同之处在于被欺骗人是基于错误而作出意思表示，

---

① 刘素琼.欺诈婚姻法律规制研究[D].重庆：西南政法大学，2014：11.

② [德]迪特尔·施瓦布.德国家庭法[M].王葆莳，译.北京：法律出版社，2010：4.

因此可以把欺诈视为引起错误的特殊情形。[①] 就此意义而言，在我国澳门地区，所有类型的意思表示瑕疵婚姻均被视为可撤销婚姻。这些情形的设置体现了澳门地区立法者对于婚姻合意的重视，即不仅要排除外在的干涉、胁迫，而且也非常重视结婚当事人内心意思表示的完全真实、自愿。[②] 同时，基于尊重已成婚姻的生活事实，稳定婚姻家庭关系的考量，立法并未将这些情形纳入无效婚姻制度中，且在一定程度上认可了法律效力的存在。[③]

相较于前两种效力形态而言，一元可撤销形态更具先进性，其彰显了立法对个人的关怀。从本质而言，一元可撤销形态最大化地体现了个人主义思想。但是，对个人主义的过分强调却可能引致社会公共利益的受损。例如，在虚假婚姻的情形中，当事人本无缔结婚姻的意思，然为了规避公共政策或为获得结婚的次要效果，两人自愿缔结婚姻，在可撤销婚姻制度下，双方均可以无结婚意思为由撤销婚姻。在可撤销婚姻不具有溯及力的情境下，该制度无疑间接帮助了虚假婚姻的当事人。具言之，虚假婚姻的当事人在不当目的实现以后，可用此撤销权来摆脱婚姻义务的束缚，这无疑在间接上消除了当事人虚假结婚的后顾之忧。在我国《宪法》强调公共利益和《民法典》强调社会主义核心价值观的语境下，此种效力形态尤不可取，其对社会公共利益和社会道德所产生的风险

---

① 冉克平.论婚姻缔结中的意思表示瑕疵及其效力[J].武汉大学学报(哲学社会科学版),2016,69(5):125.

② 刘雪飞.我国内地与澳门无效和可撤销婚姻制度比较研究[J].湖南省政法管理干部学院学报,2002,(4):86.

③ 李霞.港澳无效婚姻和可撤销婚姻制度比较研究[J].韶关学院学报,2013,34(5):78.

将不可估量。在社会资源有限的情境下,此种效力形态甚至会导致他人的利益受损。[①] 因此,我国在确定意思表示瑕疵婚姻的法律效力时,不宜采用一元可撤销形态。

二、二元效力形态

(一) 二元有效和无效并存形态

二元有效和无效并存表明,在意思表示瑕疵婚姻中,一部分类型的意思表示瑕疵婚姻将被视为有效婚姻,而余下类型的意思表示瑕疵婚姻则被视为无效婚姻。相比于一元无效形态而言,该形态不仅减少了国家权力在家庭领域中的介入,而且在一定程度上确保了婚姻家庭关系的稳定。值得一提的是,在多数国家(地区)的无效婚姻规定中,其表现实质上与可撤销婚姻无异。这是受到了儿童最大利益原则的影响。

《法国民法典》即此种形态的代表。在该法典中,对于不完全符合结婚要件的婚姻仅以无效婚姻制度来加以规制。该法第 180 条规定了意思表示瑕疵婚

① 如在北京某法院审理的"姜某与陈某婚姻无效纠纷案"中,被告姜某为获得北京户籍及房产,而与原告陈某虚假结婚。后陈某因为自己想和他人结婚问题而向法院起诉,要求确认该虚假婚姻无效。但法院并没有支持原告的请求,而是认为该婚姻为有效婚姻。就此来说,倘若认为该虚假婚姻为可撤销婚姻,那么原告陈某在不当目的实现以后,其便可解除婚姻,在此即便被告反对,原告也能如愿解除婚姻。就此意义而言,撤销权的存在消除了双方当事人虚假结婚的后顾之忧。在该案中,法院并没有让虚假婚姻当事人的不当目的得逞,而是将其视为有效婚姻,这样可以最大程度地减小虚假婚姻给他人带来的损害。若不如此,虚假婚姻将会在间接上使他人的利益受损。具言之,在北京,获得户籍和房产的名额有限,虚假婚姻当事人在实现自身不当目的的同时,将使其他婚姻当事人难以再获得户籍和房产,这无疑会导致他们的利益受损。参见 https://www.pkulaw.com/pfnl/a25051f3312b07f32805f1c2c93b93e4f3a3de0536168e4cbdfb.html? keyword=%E5%A7%9C%E6%9F%90%E4%B8%8E%E9%99%88%E6%9F%90%E5%A9%9A%E5%A7%BB%E6%97%A0%E6%95%88%E7%BA%A0%E7%BA%B7%E6%A1%88&way=listView.

姻的法律效力,其中的类型包括了错误婚姻、欺诈婚姻和胁迫婚姻,但未包含虚假婚姻,这实质上是法国婚姻自由最大化的体现。法国当代家庭法理论认为,个人完全有权按照自己的意思表示决定家庭形式和家庭内容,他们就家庭形式和家庭内容作出的意思表示很少因为公共秩序或者良好道德的原因而被认定为无效。① 在此之下,虚假婚姻即便会损害社会公共利益,其也不会被视为无效婚姻。

与之相似的是《西班牙民法典》,该法在第 73 条中规定了无效婚姻,其中仅包括了胁迫婚姻以及错误婚姻。对此,该国学者认为,家庭利益在其中起着重要的作用,即一个家庭包含了一群人的不同利益,是一个有机实体,婚姻的解除必然会影响其他成员的利益,因而在没有必要的情形下,不应轻易否认婚姻的效力。② 因此,在西班牙,意思表示瑕疵婚姻只有严重侵犯婚姻当事人的利益时,其才会被视为无效婚姻。但是,婚姻即便被宣告为无效,也不会影响子女及善意配偶从婚姻关系中取得的利益。③

除此以外,《墨西哥民法典》与前两者亦存在高度相似之处,该法将错误婚姻和胁迫婚姻视为无效婚姻,其中的主要原因在于,婚姻关涉社会利益,任意取消其效力将会给国家带来严重的社会问题,其后果的无效性并不一定意味着完全剥夺原有婚姻的影响。④ 正是基于此,在墨西哥,意思表示瑕疵婚姻被宣告无效以后,其一般不具有溯及力,这在一定程度上保障了婚姻关系中弱势家庭成

---

① 张民安.法国民法[M].北京:清华大学出版社,2015:207.

② Enrique Herrera Ceballos.The Concept of Family in Spanish Law[J]. International Journal of the Jurisprudence of the Family,2014,5:159.

③ 西班牙民法典[M].潘灯,马琴,译.北京:中国政法大学出版社,2013:38.

④ Jorge A.Vargas.Family Law in Mexico: A Detailed Look into Marriage and Divorce[J]. Southwestern Journal of Law&Trade in the Americas,2002,(5):63.

员的利益。

从某种程度而言,二元有效和无效并存形态有其进步意义,这在一定程度上体现了立法对个人自由的尊重。但是,其仍不宜用在我国意思表示瑕疵婚姻的规定中。具言之,在我国立法中,无效婚姻制度仍坚持传统理论,体现的是国家制裁主义。就此意义而言,将意思表示瑕疵婚姻视为无效婚姻的做法,在我国可能取得相反的效果,这不仅会使家庭成员处于不稳定的婚姻关系中,而且意思表示瑕疵方的个人意愿在此也难以得到表达。

(二)二元有效和可撤销并存形态

二元有效和可撤销并存意味着,在意思表示瑕疵婚姻中,一部分类型的意思表示瑕疵婚姻被视为有效婚姻,而余下类型的意思表示瑕疵婚姻则被视为可撤销婚姻。被誉为非洲民法典范的《埃塞俄比亚民法典》即此形态的代表。该法在第 617 条和第 618 条中规定了婚姻的解除,认为胁迫和错误认识是婚姻解除的原因。虽然该法没有明确规定可撤销婚姻制度,但是从婚姻解除的后果来看,婚姻解除制度实质上即可撤销婚姻制度。对于此种立法安排,该国亚的斯亚贝巴最高法院解释称,这些情形的存在导致婚姻要素的严重欠缺,故不可能像符合所有要件的婚姻产生效力。① 受法国推定配偶理论的影响,该国的立法者认为,婚姻即便被撤销,对于善意配偶及子女仍可产生婚姻的效力,善意配偶仍可主张相应的婚姻权利,倘若认为无效后的婚姻具有追溯效力,那么个人权利将陷入无限的危险之中。②

---

① Katherine O'Donovan. Void and Voidable Marriages in Ethiopian Law[J]. Journal of Ethiopian Law, 1972,8(2):454.

② 同上书:455.

与之相似的是我国台湾地区所谓“民法典”，其在第997条中规定了意思表示瑕疵婚姻效力的可撤销性，但在类型上仅包括了欺诈婚姻与胁迫婚姻。原本胁迫婚姻因所产生的损害重大，本应属无效，但为兼顾其子女之婚生性，故仍列入可撤销之范围。[①] 在台湾地区，有部分学者认为，未作规定的意思表示瑕疵婚姻效力应准用（台湾地区所谓“民法典”）总则之规定，在此之下，诸如虚假婚姻、错误婚姻应被视为无效婚姻。[②] 依此精神，台湾地区意思表示瑕疵婚姻效力将呈现多元形态。事实上，婚姻领域有其特殊性，上述观点仅为早期台湾学者所持观点。随着社会经济的发展，晚近的观点多认为，（台湾地区所谓“民法典”）总则与婚姻有关规定之间存在不同之处，故以（台湾地区所谓“民法典”）总则直接适用于婚姻的做法恐怕不妥，且其亦未对此予以明确，不宜对此扩大解释。[③] 从整体而言，此种形态与台湾地区近年来的改革有关，即公权力运用法律手段适当干预婚姻家庭事务，加大对婚姻家庭弱势群体利益的保护，在此过程中，政府在婚姻家庭领域内充当守夜人的角色，小心地看护弱者的权利。[④]

除此以外，在《英国婚姻诉讼法》中，此形态亦有所体现。具言之，该法第12条将欺诈婚姻、胁迫婚姻以及错误婚姻纳入可撤销婚姻制度中，但未规定虚假婚姻的可撤销性。对此，该国的学者认为，政府对婚姻制度十分重视，因为婚姻能给社会带来一种潜在的安定，同时会为孩子的健康成长创造一个最有利的环境，故政府总是尽可能地希望婚姻有效。[⑤] 在此之下，英国的可撤销婚姻具有

① 王礼仁.婚姻诉讼前沿理论与审判实务[M].北京：人民法院出版社，2009：108.

② 史尚宽.亲属法论[M].北京：中国政法大学出版社，2000：184-185.

③ 陈玉玲.台湾婚姻家庭制度理论与实务[M].北京：九州出版社，2015：68.

④ 同上书：32.

⑤ [英]凯特·斯丹德利.家庭法[M].屈广清，译.北京：中国政法大学出版社，2004：32.

时间限制。换言之,在英国的可撤销婚姻中,撤销权行使的期间为三年,若超过此期间,撤销权将不复存在,可撤销婚姻即转换为完全有效的婚姻。①

在美国《统一结婚离婚法》中,可撤销婚姻仅包括胁迫婚姻和欺诈婚姻。对于虚假婚姻的效力,该国学者认为,应以公共利益受损为由而否定其效力。② 在司法实践中,此种观点并没有完全被遵循,法院往往依据具体情形的不同而将虚假婚姻视为有效或者无效,对于一些与公共利益相关的虚假婚姻,其也可能具有效力。③ 出现此种局面的原因在于,婚姻具有巨大的功能,包括经济功能、社会保障功能等,因而不应轻易否认其效力,否则将给社会带来无尽的风险。④

事实上,我国《民法典》亦是此种形态的代表。在所有类型的意思表示瑕疵婚姻中,我国将胁迫和部分事由的欺诈婚姻视为可撤销婚姻。将胁迫婚姻视为可撤销婚姻系延续 2001 年《婚姻法》的做法。2001 年《婚姻法》首次将胁迫婚姻视为可撤销婚姻,同时正式在我国婚姻法律中确立可撤销婚姻制度。之所以如此,其中的主要原因在于,婚姻行为具有复杂性和特殊性,所以因欺诈、重大误解而缔结的婚姻中,受欺诈或发生重大误解的一方,从其内心来讲还是自愿结婚的,而是否受骗或误解是否足够重大,主要是当事人自身的感受,在实际操作中法官很难判断。⑤

在《民法典》编纂的过程中,不少学者认为可撤销婚姻制度仅包含胁迫婚姻

---

① 陈苇.外国婚姻家庭法比较研究[M].北京:群众出版社,2006:136.

② Brian Thomas. Prosecuting Sham Marriage under 18 U.S.C. Sec. 1546: Is Validity of Marriage Material [J]. Suffolk Journal of Trial and Appellate Advocacy,2006,11(1):201.

③ [美]哈里·D.格劳斯,[美]大卫·D.梅耶.美国家庭法精要[M].第 5 版.陈苇,译.北京:中国政法大学出版社,2005:37.

④ 同上书:24-25.

⑤ 姚秋英.婚姻效力研究[M].北京:中国政法大学出版社,2013:119.

并不妥当,其不能从根本上体现婚姻自由的原则。故在 2001 年《婚姻法》的基础上,在可撤销婚姻制度中增加了重大疾病事由的欺诈婚姻。此前,重大疾病事由的欺诈婚姻在我国被视为无效婚姻,在此意味着,婚姻关系的一方当事人即便愿意接受另一方当事人的重大疾病,法律也不允许其作出此项决定,这显然违背了婚姻自由的原则,因为接纳重大疾病与否,所关涉的是当事人的个人利益,与社会公共利益无关,以此而强让国家公权力以公共利益维护的名义介入,似乎“师出无名”,这是公权力对私领域的过度干涉,于此亦不符合民法的精神。正是基于此,一些学者认为,应当将疾病对婚姻产生影响的风险交由当事人自己决定,国家对此不应过多干预。① 在此之下,《民法典》在可撤销婚姻制度中增加了重大疾病事由的欺诈婚姻。应该说,在我国,此种形态有其优势所在,宜被用在确定意思表示瑕疵婚姻的法律效力中,其中的具体理由将在本书第四部分详加分析。

三、多元效力形态

多元效力形态意味着,所有类型意思表示瑕疵婚姻的法律效力将分属在有效、无效及可撤销制度中。无效婚姻与可撤销婚姻在适用上的差异是该形态存在的必要前提。总体而言,该形态有效地考虑了意思表示瑕疵婚姻的各种具体情形,其不仅尊重了婚姻当事人个人的真实意愿,而且亦考虑了社会公共利益,在一定程度上能确保婚姻家庭关系的稳定。

《韩国民法典》即该形态的代表。该法在第 815 条和第 816 条中分别规定

① 薛宁兰,谢鸿飞.民法典评注:婚姻家庭编[M].北京:中国法制出版社,2020:84.

了婚姻无效和可撤销的情形，其中可撤销情形包括了欺诈婚姻与胁迫婚姻。虽然在无效情形中并未明确规定意思表示瑕疵婚姻类型，但多数学者认为，第815条婚姻无效情形中的“婚姻当事人之间无合意”应包括没有结婚意思的情况，即虚假婚姻应是该条包含的情形。① 进言之，“婚姻当事人之间无合意”包括了不形成肉体关系的婚姻意思表示、为了其他便利而假装婚姻意思表示在内的虚假婚姻情形。② 然而，对于错误婚姻而言，该法并没有明确的规定。由此可以总结出，在韩国，意思表示瑕疵婚姻在效力上分属于三种不同的效力形态，即错误婚姻为有效婚姻，虚假婚姻为无效婚姻，而胁迫婚姻与欺诈婚姻为可撤销婚姻。此种立法格局是日本民法影响的结果。由于历史上的原因，现行《韩国民法典》并未完全摆脱日本民法思想的影响，以至于该国有些学者认为《韩国民法典》即《日本民法典》的翻版。③

有趣的是，从《日本民法典》相关规定来看，其与《韩国民法典》存在大同小异之处。在《日本民法典》中，欠缺结婚意思的虚假婚姻被视为无效婚姻④，而欺诈婚姻和胁迫婚姻则被视为可撤销婚姻，错误婚姻因未有规定而被视为有效婚姻。对此，该国学者认为，对于事实上已经成立的夫妻关系，基于持续性的身份事实，在法律上加以否认时应慎重行事，但既然婚姻也是契约，如果其成立存在瑕疵，对此效力也应予以否定，但民法的态度应有所限制，亲属法若无明文规定则不为无效。⑤

---

① 姜海顺.中韩家族法的比较研究[M].北京:法律出版社,2009:65.

② 方雪花.中韩无效婚姻制度比较研究[D].延边:延边大学,2009:15.

③ 韩国最新民法典[M].崔吉子,译.北京:北京大学出版社,2010:1.

④ 但为了子女利益而进行的虚假结婚仍被视为有效婚姻。

⑤ [日]我妻荣,[日]有泉亨.日本民法·亲属法[M].夏玉芝,译.北京:工商出版社,1996:51-52.

从某种程度上说,多元效力形态可以兼顾各方利益。但是,无效婚姻制度的存在,亦使该形态存在明显的不足。具言之,在无效婚姻制度和可撤销婚姻制度并存的情境下,无效婚姻制度的存在表明,公权力并未放弃对私领域的干涉。在此之下,婚姻当事人个人的真实意愿将难以得到尊重。换言之,无效婚姻与社会公共利益有关,只要婚姻符合无效事由,那么国家便可以否认婚姻的效力,即便婚姻当事人仍希望保持效力。[①] 在无效婚姻自始无效原理下,善意配偶因信赖婚姻关系而付出的时间、精力等将难以通过婚姻关系获得弥补,这不符合公平的精神。因此,在我国确定意思表示瑕疵婚姻的法律效力时,不宜采取此种效力形态。

四、我国意思表示瑕疵婚姻法律效力的形态

在综合比较各种效力形态的基础上,本书认为,在我国,意思表示瑕疵婚姻的法律效力应在有效和可撤销之间规定,即应采取上述的有效和可撤销并存形态。其中最为主要的原因在于,该形态与我国的实际情况相符。此前,在 2001 年《婚姻法》修订之时,我国曾出现无效婚姻单一论与无效婚姻和可撤销婚姻二元论,即对于不符合结婚条件的婚姻,到底是统一规定为无效婚姻,还是分别规定为无效婚姻和可撤销婚姻?对此,学术界存在较大的争议,认为仅在《婚姻法》中规定无效婚姻的学者认为,我国婚姻效力的产生源于国家的认可,在现实生活中,男女双方只有前往婚姻登记机关进行婚姻登记,双方的婚姻关系才能成立并生效。在婚姻登记过程中,工作人员会对男女双方的结婚条件进行审

---

① Keith Morgan. Essential Family Law(影印本)[M].武汉:武汉大学出版社,2004:1.

核,对于不符合结婚条件的男女双方,婚姻登记机关是不会进行登记的。婚姻登记机关是行政机关,所代表的是国家,既然婚姻效力是由国家赋予的,那么婚姻效力的解除也应由国家来进行。换言之,对于不符合结婚条件的男女双方来说,婚姻之所以能成立生效,无非是因为他们采取了弄虚作假、欺骗婚姻登记机关等不正当手段获得登记,既然如此,对于这些不符合条件的婚姻的解除理应由国家进行。在此之下,这些不符合结婚条件的婚姻均应被视为无效婚姻。①若是如此,违背结婚自愿的意思表示瑕疵婚姻无疑也将被视为无效婚姻。

但是,当时的立法者并未采纳无效婚姻单一论的观点,认为结婚行为是民事行为,故应当适用民事行为的规则,结婚中的违法行为很复杂,需要根据不同的情形作出不同的处理。违法行为虽然复杂,但大致可以分为两类:第一类是必须认定其无效的,第二类是撤销与否可交由当事人处理的。将侵犯当事人利益行为的撤销权交与当事人,是许多国家和地区的通行做法。考虑到一些婚姻在缔结时,虽然是违背了自己的意愿与他人缔结了婚姻关系,但有可能在和他人结婚后,组建了家庭,经过一段时间生活,与对方建立了一定的感情,婚姻关系良好。在这种情况下,一律将其视为无效婚姻并不一定适当。② 正是基于此种原因,我国在违法婚姻的规定上设置了无效婚姻和可撤销婚姻的两种情形,其中的可撤销婚姻主要与个人的利益有关,此种布局一直延续到《民法典》。从某种程度亦可以说,可撤销婚姻所关切的实质是意思表示瑕疵的婚姻。遗憾的是,在 2001 年《婚姻法》中,我国仅将胁迫婚姻视为可撤销婚姻,虽然在《民法典》中增加了重大疾病型的欺诈婚姻,但范围仍显狭隘,至于其中的规定是否合

① 黄薇.中华人民共和国民法典释义(下)[M].北京:法律出版社,2020:1965.
② 同上。

理，容在本书后面详细叙说。

在我国无效婚姻与可撤销婚姻二元分野的格局下，意思表示瑕疵婚姻之所以不宜被认定为无效婚姻，其中的具体原因还在于，从我国现行的立法精神来看，无效婚姻制度主要是指欠缺婚姻成立的法定条件而不发生法律效力的男女两性的结合。① 在此要义中，无效婚姻是欠缺婚姻成立要件的婚姻。意思表示瑕疵婚姻显然不属于此种情形。在身份行为理论中，意思表示属于行为的成立要件，只有意思表示不存在，行为才不会成立。然而，在意思表示瑕疵婚姻中，意思表示并非不存在，只不过其存在处于不完美状态而已。就此意义而言，将无效婚姻制度用于意思表示瑕疵婚姻中显然并不适合。此外，在我国，无效婚姻制度确立的目的在于规范公民结婚行为，制裁违法婚姻。② 这在一定程度上体现出国家制裁理念。在此之下，婚姻只要符合无效事由，就会被法院宣告为无效。这是一种依法实施的强制性司法行为，不适用调解程序，法院只能依法作出判决。③ 在此意思表示瑕疵婚姻当事人即便想维持原有的婚姻关系，法律也不允许。这对于个人的真实意愿而言，无疑是巨大的伤害。可见，在我国，意思表示瑕疵婚姻不宜被视为无效婚姻。

其次，在意思表示瑕疵婚姻中施行有效和可撤销并存形态符合我国的婚姻法价值。婚姻法是民法的一部分，婚姻法价值应与民法价值保持一致。事实上，从民法和婚姻法的发展历史来看，两者均经历了相同的价值发展路径。例如，《法国民法典》在出台伊始，在价值上主要强调个人本位，虽然在其婚姻法部

---

① 吴高盛.《中华人民共和国婚姻法》释义及实用指南[M].北京：中国民主法制出版社，2014：41.

② 吕春娟.无效婚姻制度之法理与实务研究[M].北京：经济科学出版社，2014：20.

③ 熊英.亲属法理论与实务[M].北京：法律出版社，2008：77.

分,仍存在与个人本位价值不相符的条文,但是在民法价值的影响下,《法国民法典》屡经修订,现已在婚姻法中摒弃与个人本位不符的条文。近年来,随着民法价值对社会利益的关注,婚姻法价值也在朝社会化的方向转变。[①] 此种社会利益的关注亦在我国民法价值和婚姻法价值中有所体现。[②] 具言之,在我国民法价值和婚姻法价值中,原来单一的个人本位视角加入了新的社会本位考量,法律开始在越来越多方面肯认对权利进行合理限制是正当的,借以保护社会利益。[③]

就此意义而言,在我国意思表示瑕疵婚姻法律效力的设置中,亦应体现此种个人兼及社会本位的价值理念。在此之下,有效和可撤销并存形态无疑是最好的选择。具言之,可撤销婚姻的要义在于,当某项婚姻关系存在撤销条件时,是否撤销取决于有撤销请求权的一方当事人的态度。[④] 相比于无效婚姻而言,在可撤销婚姻中,个人拥有更大的权利,其可以决定婚姻关系的存续与否,而国家对此并不干涉。就此来说,这无疑体现出个人本位的价值。由于婚姻不仅关系当事人双方及子女的切身利益,而且涉及社会公共利益,因此,对其效力判定应予谨慎。[⑤] 在此之下,对婚姻效力亦不应轻易否认,因为婚姻是社会的细胞和缩影,是社会关系的组成部分,与其他社会关系具有密切的联系,婚姻关系的解

---

① 夏吟兰,薛宁兰.民法典之婚姻家庭编立法研究[M].北京:北京大学出版社,2016:31.

② 在学理上,此种在个人本位价值中融入社会利益的做法一般被称为个人兼及社会本位理念,这在我国的民事立法中有所体现。例如,我国《民法典·总则编》在第143条关于民事法律行为效力的规定中,既明确了意思表示真实自愿,又规定了行为不得违反公共利益。又如,我国《民法典》婚姻家庭编第1046条在确认男女结婚自由的同时,亦基于公共利益的考量而在第1047条和第1048条中规定了婚姻缔结的禁止性条款。

③ 邓丽.论民法总则与婚姻法的协调立法:宏观涵摄与微观留白[J].北方法学,2015,9(4):67.

④ 熊英.亲属法理论与实务[M].北京:法律出版社,2008:78.

⑤ 陈苇.中国婚姻家庭法立法研究[M].北京:群众出版社,2010:50.

除必然会影响社会公共利益。[①] 就此意义而言,保持婚姻的效力无疑有助于维护社会利益,这实质上是社会本位价值的体现。从某种程度而言,将一部分类型的意思表示瑕疵婚姻视为有效婚姻正是对社会利益的维护。由此可见,有效和可撤销并存的形态既体现出了对社会利益的维护,又尊重了个人的真实意愿,以此无疑符合我国的婚姻法价值。

最后,有效和可撤销并存形态与我国立法的一贯安排相符。无论是 2001 年《婚姻法》,抑或是《民法典》,在意思表示瑕疵婚姻法律效力方面,立法所采取的均是有效与可撤销并存形态。立法之所以如此安排,主要的原因在于保障婚姻自由原则的实现。[②] 在此基础上,设立了可撤销婚姻制度。可撤销婚姻制度设立的目的在于,救济婚姻缔结中意思表示有欠缺或有瑕疵的当事人。[③] 在 2001 年《婚姻法》中,仅将胁迫婚姻视为可撤销婚姻,其中的原因在于,胁迫是一种严重违背当事人婚姻意愿的行为,而因欺诈、重大误解而缔结的婚姻,在司法实践中不好掌握,因此仅将胁迫婚姻纳入可撤销婚姻制度中。[④] 在《民法典》的可撤销婚姻制度中,除保持胁迫婚姻的规定以外,还增加了重大疾病型的欺诈婚姻,即将原本属于无效婚姻制度规定的内容纳入可撤销婚姻制度中。对此,立法者认为,结婚是人生的大事,结不结婚、和谁结婚应当由当事人自己决定,这涉及婚姻自由的问题,即使当事人一方患有严重疾病,另一方知情,但仍

① 夏吟兰.中华人民共和国婚姻法评注:总则[M].厦门:厦门大学出版社,2016:13.

② 吴高盛.《中华人民共和国婚姻法》释义及实用指南[M].北京:中国民主法制出版社,2014:48.

③ 余延满.亲属法原论[M].北京:法律出版社,2007:201.

④ 最高人民法院民事审判第一庭.婚姻法司法解释的理解与适用[M].北京:中国法制出版社,2002:44.

愿意结婚,如不许可结婚,似与婚姻自愿、婚姻自由原则相冲突。[①] 正是基于此,重大疾病的事由从无效婚姻制度中删除。该事由纳入可撤销婚姻制度也体现出立法对婚姻当事人的个人意愿更加尊重。可见,在事关当事人意愿表达的意思表示瑕疵婚姻中推行有效和可撤销并存的形态,符合我国立法的一贯安排,将其延续不仅体现出我国立法的一脉相承,而且也可以有效避免法律的过大变动而给有限的立法资源带来浪费。因此,即便是未来可能会对《民法典》进行修订,立法者仍应对该形态予以保留。

由上可知,在意思表示瑕疵婚姻法律效力的设置中,采有效和可撤销并存的形态是符合我国实际情况的。从我国《民法典》的规定来看,在有效和可撤销形态之间,胁迫婚姻和重大疾病型欺诈婚姻属于可撤销婚姻,而其余类型的意思表示瑕疵婚姻则属于有效婚姻。对于此种安排,我国不少学者提出了异议,认为此种安排并不合理,可撤销的意思表示瑕疵婚姻在范围上显得较为狭隘。[②] 在此基础上,有重新确定我国意思表示瑕疵婚姻效力的必要。从本质上说,重新确定意思表示瑕疵婚姻效力的过程,实质上是对意思表示瑕疵婚姻效力进行判定的过程,即对各类型的意思表示瑕疵婚姻进行具体分析,判定其法律效力是属于有效还是可撤销。对此,判定理念和判定标准在其中起着关键作用。

---

① 黄薇.中华人民共和国民法典释义(下)[M].北京:法律出版社,2020:1970.

② 参见王利明.中国民法典学者建议稿及立法理由:人格权编、婚姻家庭编、继承编[M].北京:法律出版社,2005:233;余延满.亲属法原论[M].北京:法律出版社,2007:203;姚秋英.婚姻效力研究[M].北京:中国政法大学出版社,2013:117;吕春娟.无效婚姻制度之法理与实务研究[M].北京:经济科学出版社,2014:103.

第四章　意思表示瑕疵婚姻法律效力的判定

第一节　意思表示瑕疵婚姻法律效力的判定理念

意思表示瑕疵婚姻效力判定理念与婚姻立法理念密切相关，即有什么样的婚姻立法理念，就会有什么样的意思表示瑕疵婚姻效力判定理念。这是由意思表示瑕疵婚姻属于婚姻法调整对象所决定的。从婚姻立法理念的发展历史来看，婚姻立法理念历经了家族本位、个人本位以及个人兼及社会本位的发展阶段。在不同理念下，立法主要维护的利益有所不同。这与民法立法理念的发展路径几近一致。对此，有学者坦言，民法与婚姻法的一体化使得婚姻法的价值导向深受民法精神和理念的影响，民法理念的演变引领婚姻法的价值导向。① 正是在不同立法理念的引导下，意思表示瑕疵婚姻法律效力才呈现出不同的形态。

---

① 夏吟兰，薛宁兰.民法典之婚姻家庭编立法研究[M].北京：北京大学出版社，2016：29.

一、家族本位理念

家族本位理念产生于封闭的自然经济中,以家族利益的维护为首要考量。在古代封建社会中,该理念被视为唯一的立法理念。在该理念下,家族被认为是政治、法律之基本单位,以家长或族长为每一单位之主权,而对国家负责。[①]家族本位形成的原因在于,传统自然经济模式下,生产力水平普遍不高,难有富余产品,产品的产出仅能基本自足,这在客观上阻碍了交易市场的形成与发展。在此之下,社会流动趋于封闭,人与人之间的交往并不密切。在人生存本能的驱使下,个人只能依附于群体以求得生存。由于社会体系的封闭性,个人难有机会接触其他群体,故在所依赖群体的选择上,接触较多的家族群体无疑是最佳选择。正是基于家族群体的重要性,家族利益自然成为立法的首要考量。[②]由于年长男性无论是在智慧、经验,抑或是在体力中,均较之于年幼男性与女性更具有优势,在维系生存动机的驱使下,年长男性自然成为一家之长。就此意义而言,家族本位又可以被称为父权本位。[③]

在家族本位理念下,婚姻立法自然以维护家族利益为重,家族被视为一个协调的决策单位,依附于家族的个人并没有独立的决策权。[④] 在此之下,婚姻被认为是男女双方两姓两家间交换的行为,与结婚者本人无关,未婚男女根本没有自主寻偶的自由,凡男女两性倾慕自然爱的行为都被斥为“淫奔”“私逃”。[⑤]

---

① 瞿同祖.中国法律与中国社会[M].北京:商务印书馆,2010:27.

② 蒋月.20 世纪婚姻家庭法:从传统到现代化[M].北京:中国社会科学出版社,2015:83.

③ 同①:18.

④ Shoshana Grossbard. The Marriage Motive:A Price Theory of Marriage[M].New York:Springer Science Business Media,2015:167.

⑤ 史凤仪.中国古代的家族与身分[M].北京:社会科学文献出版社,1999:135.

就此意义而言，婚姻缔结的男女双方并无结婚意思表示可言，在结婚问题上只能由代表家族利益的家长来决定。在此过程中，父亲的意志起决定作用，其可以决定婚姻的成立与撤销，以自己的意愿为子女许配。① 而子女的个人意志并不在考虑之内，结婚当事人的意思表示瑕疵并不会影响婚姻的效力。

家族本位理念在我国古代的几部法典中有所体现。例如，在《唐律》中，其有规定“凡是同居之内，必有尊长”。在此之下，卑幼的婚姻由父母做主，甚至可以强迫守寡的女儿改嫁，漠视子女的意志。② 又如，在宋朝无效婚姻的设置中，其仅包括有妻再娶妻（再婚）、同宗共姓及亲属相婚、男家或女家妄冒、知情而娶逃亡有夫之妇、良贱为婚等影响家族利益的婚姻行为。③ 而从国外法律的发展历史来看，家族本位亦在相应的法律中有所体现。例如，在古罗马，立法所秉承的理念也是家族本位理念。在此之下，家父被赋予家父权，借以维护家族的利益。在古罗马人看来，婚姻是生儿育女，保证家族祭祀不致断绝的一种方式。④ 就此意义而言，婚嫁子女完全是为了家族利益，为了家族繁衍，为了传宗接代，以免绝后。⑤ 由于只有家长才能代表家族利益，故在婚姻缔结行为中，子女并无缔结婚姻的自主意愿，其结婚完全由家父来决定，乃至于其“结婚系出于错误诈欺等原因，于婚姻之成立，并无影响”⑥。此种理念在中世纪的欧洲仍得以盛行，当时欧洲虽然处于教会统治之中，但男女双方缔结婚姻仍必须经过父母的同

---

① 瞿同祖.中国法律与中国社会[M].北京：商务印书馆，2010：18.
② 叶书瑞.家族主义对唐代法律及司法制度的影响[J].兰台世界，2014(15)：38.
③ 郭东旭.宋代法制研究[M].第2版.保定：河北大学出版社，2000：423.
④ 江平，米健.罗马法基础[M].北京：中国政法大学出版社，2004：159.
⑤ 王丽萍.亲子法研究[M].北京：法律出版社，2004：12.
⑥ 丘汉平.罗马法[M].北京：中国方正出版社，2004：84.

意。[①] 在19世纪棉兰老岛的巴戈博人中，做父母的也会替儿子去挑选新娘，商谈婚事，年轻人不得违背长辈的意愿，而在非洲的很多部落中，儿子的婚事也要由父母(尤其是父亲)来定。[②] 有学者对此总结道："由于婚姻会将两个陌生的家庭乃至两个更大的亲属群体联系在一起，或是在两个友好的家庭或亲属群体之间建立新的纽带，因此，双方的父母或亲属都要在婚事上发挥影响也就不足为奇了。"[③]在此之下，个人结婚的真实意愿并不被重视，而个人缔结婚姻的意思表示瑕疵根本不可能影响婚姻的效力。

由此可见，在家族本位理念之下，结婚的意义不在于个人，而在于两个家族的利益交换。由于家族的稳定不仅事关家族的长远发展，而且也事关国家社会秩序的稳定，故在婚姻法律制度的设置上，往往以婚姻家庭关系的稳定为原则。在此之下，随意解除婚姻效力的制度自然不被认可，现代意义上的可撤销婚姻制度或无效婚姻制度并无存在的空间，意思表示瑕疵婚姻从整体上被视为有效婚姻。换言之，婚姻一旦缔结，便具有完全的法律效力，若非因家族利益，婚姻便不得解除。

二、个人本位理念

随着商品经济的发展，市场交易渐次频繁，社会流动性进一步增加，市民社

---

① Silvana Seidel Menchi, Emlyn Eisenach. Marriage in Europe(1400—1800)[M]. Toronto: University of Toronto Press, 2016: 405.

② [芬兰]E.A.韦斯特马克.人类婚姻史(第1卷)[M].李彬，李毅夫，欧阳觉亚，等译.北京：商务印书馆，2009: 710.

③ 同上书：712.

会由此逐步形成,在此基础上,个人本位理念得以诞生。个人本位理念所强调的是个人自由的最大化发挥,其是生产力发展的必然产物。随着生产力的逐步提高,不仅富余产品日益增多,而且生产效率也日益提升,相同产品产出所需要的人力较之以前更少,为此,部分人便开始从事商品交易活动。商品交易的繁荣带来的是对更多商品的需求,为了满足市场需要,较大规模的工厂开始出现。为扩大产出,在欧洲甚至发生了“圈地运动”,个人完全可以不通过家庭而从工厂和市场中获得生活资料,在此之下,个人对家族的依赖性进一步降低。出于对劳动力的需要,工厂主极力倡导个人的重要性,以此推动劳动力的流转,适应扩大生产的需要。为此,19 世纪美国甚至爆发了内战,其在《解放黑人奴隶宣言》中所宣称的个人平等、自由,实质上是为了获得更多的劳动力。具体来说,在美国内战之前,南北方便已存在不同的经济样态,其中北方主要以资本主义经济为主,而南方则是以奴隶主种植园经济为主,这种经济形式的差异导致了双方在劳动力、原料、市场等方面的矛盾。① 随着时间的不断推移,北方经济规模不断扩大,但是由于南方奴隶制的存在,黑人无法自由流动,加之北方人口向西部的流失,导致北方无法获得更多的劳动力,以至于在北方市场,普通劳动力相对昂贵,工厂主苦不堪言。② 正是在此背景下,代表北方资产阶级利益的林肯被选为总统,并由此引发南北战争。在南北战争期间,北方政府发表《解放黑人奴隶宣言》,其中明确指出,南方诸州所有作为黑奴的人今后永远获得自由,政府将保证人们的自由,这些自由的人们,应当忠实地为合理的工资而劳动。“为

---

① Gerald Gunderson. The Origin of the American Civil War [J]. The Journal of Economic History, 1974, 34(4):915.

② Paul Collier, Anke Hoeffler. On Economic Causes of Civil War[J]. Oxford Economic Papers, 1998, (4):563.

合理的工资而劳动”，实质上暴露出北方资产阶级对劳动力的渴求，允许黑人自由流动，无疑会增加劳动力市场的供给，降低工厂主的生产成本。

对此，有学者指出，美国南部的奴隶制度与北部的资本主义制度在本质上是完全对立的两种社会制度，尽管在殖民地时期奴隶制度曾服务于资产阶级的利益，但是奴隶制度在根本上“鄙视自由人的生产劳动”，排斥资本主义的自由劳动制，终归要成为资本主义发展的障碍，因此它不可避免地会导致南部在经济上和政治上与北部发生尖锐的冲突，美国南北战争由此发生。①

正是由于生产力的发展，个人对家族的依附性逐步降低，对于社会发展起重要作用的是个人而非家族，由此导致家族主义逐渐瓦解，个人主义逐步兴起，引发一系列的社会变革。西方中世纪的文艺复兴运动，其核心目标是追求个人的解放，产生于这一时期的作品，无不体现出对个人主义的追求。例如，卢梭在《社会契约论》中谈到，个人自由是立法的核心目标之一，为什么要强调个人自由？因为个人自由对于国家的发展具有重要的意义，一个人如果依附于他人，那么国家就会失去这个人的力量。② 又如，孟德斯鸠在《论法的精神》中谈到，民主的国家应当强调自由，此种自由是一个人能够做他应当做的事，但是不能够被迫去做他不应当做的事。③

个人主义的勃兴促使个人本位理念的产生，推进法律制度的变革。个人本位理念最先在民法中产生，其后逐步普及于婚姻法领域，其以 1804 年《法国民法典》为代表。虽然在该法中，一些婚姻法规定仍体现家族本位理念，但这不过

① 中国美国史研究会.美国史论文集[M].北京：生活·读书·新知三联书店，1983：163.

② [法]卢梭.社会契约论[M].李平沤，译.北京：商务印书馆，2011：58.

③ [法]孟德斯鸠.论法的精神[M].彭盛，译.北京：当代世界出版社，2008：76.

是家庭伦理价值滞后于民法价值的发展，导致以此为基础的婚姻法价值滞后于民法价值发展的规律使然。① 其并不影响婚姻法理念与民法理念相同的发展路径。值得庆幸的是，在当时《法国民法典》中，结婚自由理念并没有滞后于法典个人本位理念的发展。该法在第146条中规定了婚姻合意的重要性，并同时在第180条中规定错误婚姻和欺诈婚姻为无效婚姻。当时的立法者认为，婚姻是法律制度的核心，对此有改革的必要，传统婚姻法律中漠视子女个人权利的现象应予消除，因为婚姻是一种微型的社会契约，结婚是个人自由的表现，在婚姻缔结中应充分尊重个人的真实意愿。② 1804年《法国民法典》乃个人主义发展的巅峰，其产生于个人主义如日方中的环境下，是个人主义理念的集大成者，后世凡模仿法国民法者，无不重视其个人主义，在此之下，遂有谓19世纪之民法，为个人主义之领域者。③ 不仅如此，个人主义思潮还波及以判例法为特色的英国，其不仅直接影响英国的司法裁判，④而且还推动了英国的婚姻法改革。⑤ 在非洲大陆地区，原本以家族利益维护为要旨的习惯法，也在殖民者带来的新经济模式下逐步瓦解。在殖民时期，非洲人的亲族纽带关系和责任感逐渐转淡，同时个人的权利得到扩展，人们开始注重个人的独立性，在不破坏社会和谐的情况下追求个人自由的最大化。⑥

---

① 张融.我国法定离婚理由之价值评析及立法建议[J].西南政法大学学报，2018，20(3)：79.

② Suzanne Desan. The Politics of Intimacy：Marriage and Citizenship in the French Revolution[M].London：Palgrave Macmillan，2005：631.

③ 何勤华.民国法学论文精萃(第3卷)：民商法律篇[M].北京：法律出版社，2004：27.

④ 如1875年英国法官约翰爵士在“印刷公司诉桑普森案”中认为，自愿缔结契约的自由是神圣的，公共秩序应以个人自由的维护为要旨。参见章礼强.民法本位论[D].重庆：西南政法大学，2004：27.

⑤ 受个人主义思潮的影响，20世纪英国的婚姻法律改革逐步消除配偶之间不平等的依附关系，不断提高女性的地位，使男女双方的个人权利都能得到充分的保障。参见 Thomson J.M. *The Reform of Family Law in England*[M].Springer：Dordrecht，1978：43-45.

⑥ 何勤华，洪永红.非洲法律发达史[M].北京：法律出版社，2006：215.

从我国的立法历史来看，自1840年起，我国资本主义经济逐渐兴起，个人权利亦在此环境下逐步得到重视。在此基础上，我国近代第一部民事法典《大清民律草案》融入了个人本位的思想。但不可忽视的是，当时的中国并没有完全实现市场经济，而是包括自然经济在内的各种经济模式并存，故该法在婚姻制度中仍不同程度地保留家族本位理念。对于意思表示瑕疵婚姻效力而言，其在规定上虽然体现个人本位理念，但结合其他条文的规定来看，其实质上仍为家族本位理念，这使该法呈现出落后与先进并存的局面。具体来说，《大清民律草案》在第1341条规定，当事人无结婚之意思的婚姻属于无效婚姻。同时在第1345条规定，因诈欺或胁迫而成的婚姻为可撤销婚姻，体现出个人本位的思想，但是在第1338条中却规定了结婚须由父母允许，同时在第二章的家制中明确规定家长制，认为家政统于家长，异居亲属入户籍者，应当要征得家长允许。子女欲立户籍者，则应当征得父母的允许，体现出浓厚的家族本位色彩。此种个人本位与家族本位理念并存的局面在北洋政府时期的《民国民律草案》中仍继续存在，但个人本位理念得以进一步凸显，例如，该法第1093条明确规定，父母或监护人定婚后反悔的，而当事人两相情愿结婚的，婚约仍应当履行。又如，该法在第1105条虽然规定了结婚仍需父母等亲属同意，但是在年龄满三十岁以后，当事人无须再征得同意。同时在第三章婚姻中的第二节明确规定了婚姻无效和撤销的情形，包括欺诈、胁迫等。

1929—1931年的《中华民国民法典》被认为是个人主义的产物，与1804年《法国民法典》相似的是，其在一定程度上保留了家族本位理念。对此，该法在立法理由中宣称："个人主义与家属主义之在今日，孰得孰失，固尚有研究之余地，而我国家庭制度，为数千年来社会组织之基础，一旦欲根本推翻之，恐窒碍难行,或影响社会太甚,在事实上似以保留此种组织为宜,在法律上自应承认家制之存在,并应设专章详定之。"①在意思表示瑕疵婚姻效力方面,该法秉承的是个人本位理念。具言之,该法不仅在第 972 条中规定婚约应由男女双方自行订立,而且还在第 997 条中规定了欺诈婚姻和胁迫婚姻为可撤销婚姻。从整体而言,《中华民国民法典》在立法理念上更加注重对个人权利的保护,是个人主义思想影响我国立法的典型体现。

个人本位理念是伴随着生产力的发展而出现的,其着重强调对个人的深切关怀。身处个人主义勃兴时期的法律史学家梅因,通过研究当时法律,提出"从身份到契约"的著名论断,即"所有进步社会在有一点上是一致的,在运动发展的过程中,其特点是家族依附性逐步消灭,个人义务逐步增长,个人不断代替了家族,成为民事法律所考虑的单位,此为从身份到契约的过程"②。在个人本位理念下,个人意愿得到前所未有的尊重,结婚以当事人的个人意愿为主,而无须再征得父母的同意,由此意思表示瑕疵婚姻效力制度得以产生。

三、个人兼及社会本位理念

随着第二次工业革命的到来,生产力发展水平得到前所未有的提升,全球经济处于迅猛发展状态。一部分具有技术优势的企业规模逐渐扩大,通过扩张、合并而处于无人能敌的地位,垄断经济由此产生。此时,对个人自由的过度强调将会造成强者更强、弱者更弱的两极分化局面。具言之,垄断经济使资本

---

① 许莉.家族本位还是个人本位:民国亲属法立法本位之争[J].华东政法学院学报,2006,(6):78.

② [英]梅因.古代法[M].沈景一,译.北京:商务印书馆,2009:96-97.

集中在一部分企业中，这在间接上造成了市场民事主体的实力差异。此时若仍过分强调个人自由，那么在主体实力差异的情境下，市场将出现劳动者受企业主支配，消费者受生产者支配，小股东受大股东支配的不平等局面。[①] 在此，民法所强调的个人关怀将沦为一句空话。

为此，19 世纪末，在德国首先出现了要求国家对个人自由予以必要限制的呼声，借以保护市场中弱者的利益。[②] 在此背景下，个人兼及社会本位的立法理念得以产生，并直接影响了 1900 年《德国民法典》的制定。该理念体现了国家对社会利益的兼及，一般表现为对弱者的保护和弱者权利的强化，避免其受契约自由滥用的侵害。[③] 在婚姻法领域，国家基于保护弱者的理念，依法介入家庭自治的范畴，对家庭关系中的弱势者依法给予必要之协助，以防卫不法侵害。[④] 从本质上说，个人兼及社会本位理念仍是为了维护个人的权利。换言之，社会利益在此实质上是弱者个人利益的体现，对社会利益兼及的最终目的在于帮助弱者实现个人权利。

一般而言，相对于家庭中身体健康、正值壮年的男性成员，妇女、儿童、老人和残疾人无疑属于弱者，这是由人类年龄、性别等自然差异造成的，对弱者应特别保护。[⑤] 在此基础上，我国《民法典》对妇女、儿童、老人和残疾人予以特别保护，这实质上是兼及社会利益的体现。[⑥] 在中华人民共和国成立之初，1950 年《婚姻法》在条文中亦强调对妇女和子女利益的保护，特别是在妇女利益的保护

① 林秀雄.夫妻财产制之研究[M].北京：中国政法大学出版社，2001：16.

② [德]迪特尔·施瓦布.民法导论[M].郑冲，译.北京：法律出版社，2006：53.

③ [日]星野英一.民法劝学[M].张立艳，译.北京：北京大学出版社，2006：98.

④ 夏吟兰，薛宁兰.民法典之婚姻家庭编立法研究[M].北京：北京大学出版社，2016：87.

⑤ 夏吟兰.中华人民共和国婚姻法评注：总则[M].厦门：厦门大学出版社，2016：273.

⑥ 如我国《民法典》即在第 1041 条明确提出“保护妇女、未成年人、老年人、残疾人的合法权益”。

上，1950 年《婚姻法》表现得特别明显。从整体上说，1950 年《婚姻法》是反封建的，基于封建婚姻对妇女的压迫，1950 年《婚姻法》便侧重于保护妇女的利益，以表示对封建制度的彻底宣战。1950 年《婚姻法》的起草主要由法律专业机构和妇女联合会主持，在制定条文过程中，赋予了妇女摆脱封建婚姻的自由权利，这主要体现在婚姻解除自由方面。在此之下，婚姻解除十分容易。在 1950 年《婚姻法》施行以后，很多案件仅凭当事人在法庭上的申诉即行判决解除婚姻。从某种程度来说，妇女解除婚姻自由是个人自由的一种体现，但是过度强调自由亦会在现实中带来一些问题。1950 年《婚姻法》生效后，我国发生了第一次离婚高潮，在实践中，在一些婚姻解除的后果上存在漠视妇女和子女合法利益的现象，特别是一些法院在判决中，侧重于对反封建制度、阶级斗争的强调，存在未对一些妇女和子女的生活作出保障性安排的现象。① 这导致一些妇女、儿童的利益未在现实中得到保护。

从根本上说，中华人民共和国成立初期的婚姻司法仍受个人本位理念的影响。虽然没有意思表示瑕疵婚姻效力制度，但在离婚极度自由的情境下，离婚在事实上与婚姻无效或可撤销的内涵无异。随着我国经济的进一步发展，此种局面才得以转变，对社会利益的兼顾在无效婚姻制度及可撤销婚姻制度中得以体现。

例如，我国《民法典》在可撤销婚姻制度中所规定的“重大疾病”撤销事由，是个人兼及社会本位理念的体现。具言之，相比于无效婚姻制度，可撤销婚姻制度更关注婚姻当事人的个人意愿，在可撤销婚姻中，意思表示瑕疵方如果愿

① 张培田.新中国婚姻改革和司法改革史料：西南地区档案选编[M].北京：北京大学出版社，2012：199-200.

意与对方在一起，那么婚姻是具有完全效力的。从某种程度来说，可撤销婚姻蕴含着一种“个人自由”的要素，这种个人自由，是婚姻自由原则的应有之义，是个人决定和“谁”结婚的自由，“谁”在此包含了个人对符合自身意愿配偶的期待。因此，对重大疾病的理解应从个人的真实意愿出发，即该疾病的存在，是否违背了一方当事人预设的理想配偶条件？若是违背，那么婚姻即可撤销。但是，这绝不意味着个人拥有绝对的撤销权利，“重大”在此实质上构成对个人撤销权利的限制，是不是真的属于“重大”，还需要结合实际情况予以认定。此种限制实际上是为了保护家庭关系中弱势群体的利益，其可以有效避免婚姻任意撤销所带来的不利后果。若是没有任何限制，那么婚姻家庭领域势必会沦为一个自私冷漠的地方，即如果无论该疾病在医学上是否轻微、是否可治愈，婚姻都可以被个人任意撤销，那么这将会导致婚姻更加容易解体，家庭关系中弱势群体的利益也更加容易受到损害，长此以往，容易在婚姻家庭领域形成只顾自己、不顾他人的不良导向，最终使婚姻家庭沦为一个自私冷漠的地方。对个人认定重大疾病自由的限制，意味着法院在认定重大疾病时，不应以意思表示瑕疵方的个人意愿作为唯一依据，而应考虑到婚姻家庭中弱势群体的利益，根据实际情况来认定意思表示瑕疵方所称的疾病“重大”，是否为真正意义上的“重大”。[①]

前述所言的《中华民国民法典》虽最初采用个人本位理念，但随着社会的发展，在后来该法典成为我国台湾地区所谓“民法典”以后的历次修改中，家族本位的封建残余思想影响也逐步消除，而男女平权理念不断增强，同时加大了对

---

① 张融.可撤销婚姻中重大疾病的认定研究[J].医学与社会，2023，36(12)：26-28.

子女利益、弱者利益保护之力度,以求实现身份法之现代化。①

在《德国民法典》中,基于保护弱者的考量,该法在可撤销的意思表示瑕疵婚姻后果设置上,将婚姻撤销后的失效仅面向未来产生,而不发生溯及力,对此一般平行适用离婚的有关规定,父母子女关系并不因此而受影响。② 作为个人主义集大成者的《法国民法典》,亦在近年来的立法修订中加强了对婚姻关系中弱者利益的保护。具言之,该法不仅消除了非婚生子女与婚生子女的待遇差别,认为父母的婚姻效力对子女并不产生任何影响,而且认为善意配偶在无效婚姻中并不会产生溯及力。③ 在英美家庭法中,由于受社会本位思潮的影响,其在关注个人自由的同时,也警醒地认识到儿童权益的脆弱,因此其法律理念逐步表现出维护家庭稳定,注重保护儿童权益的新趋势,从务实的角度来说,维护家庭稳定是为了更好地抚养和保护儿童。④

由此可见,对弱者利益进行维护正成为世界立法的主流。基于家庭的保障功能,社会利益的兼顾不仅要强调婚姻的稳定性,而且也要尽量减小婚姻失效对原有婚姻关系事实的影响。换言之,个人兼及社会本位理念,意味着个人利益与社会利益的兼顾,在个人利益的维护上,出于对个人真实意愿的尊重,部分类型的意思表示瑕疵婚姻将被视为可撤销婚姻。但即便如此,婚姻在撤销以后,其对过往婚姻关系并不产生溯及力,以便保护原有婚姻关系中弱势群体的既得利益。同时,由于家庭具有保障功能,因此,部分类型的意思表示瑕疵婚姻

---

① 陈玉玲.台湾婚姻家庭制度理论与实务[M].北京:九州出版社,2015:23.

② [德]迪特尔·施瓦布.德国家庭法[M].王葆莳,译.北京:法律出版社,2010:58.

③ 张民安.法国民法[M].北京:清华大学出版社,2015:207.

④ Patrick S.Nash.Sharia in England:The Marriage Law Solution[J]. Oxford Journal of Law and Religion, 2017,(6):529.

仍会被视为完全有效的婚姻。

四、我国意思表示瑕疵婚姻法律效力的判定理念

如前所述,一国(地区)的婚姻法律制度与本地的实际情况有关。正是由于各地实际情况的不同,婚姻法律制度才呈现出不同的内容。从某种程度而言,上述三种立法理念均有其合理之处。但是,从我国的现实情况来看,在意思表示瑕疵婚姻的效力判定中,更宜采纳个人兼及社会本位的理念。其中的原因有以下三点。

第一,个人兼及社会本位理念本身是我国现行立法的理念。1950 年《婚姻法》虽然赋予了个人极大的自由,但是其理念却体现出了兼及社会本位的思想。此种兼及社会本位的思想一直延续至今。在我国现行立法中,虽然没有对个人兼及社会本位的理念予以明确规定,但是在实在法的诸多规定中,无不体现个人兼及社会本位的理念。例如,我国《民法典》婚姻家庭编部分不仅明确了婚姻自由原则,而且亦强调了对妇女、儿童、老人和残疾人的特别保护,在此体现出了个人兼及社会本位的理念。具言之,婚姻自由是将男女双方的合意作为婚姻的有效要件,其是我国婚姻制度的基石,但是在当今社会人们的经济社会地位、个人能力和机会等存在不平等的情况,为了实现法律蕴含的公平、正义价值理念的内在要求,法律应对在权益享有和实现上有所差别的弱势人群予以区别对待。基于这一法理,我国民法对因性别、年龄等自然差异而在婚姻家庭中实际处于易受侵害境地的妇女、未成年人、老年人和残疾人给予特殊保护,非但不构成对其他家庭成员的不公平,反而是实现家庭内部实质上平等、公平、正义的必

要举措。[①]

《民法典》婚姻家庭编部分的个人兼及社会本位理念,实质上均来源于《宪法》的相关规定,其中的婚姻自由原则来源于《宪法》第 49 条所规定的“禁止破坏婚姻自由”。而对妇女、儿童、老人和残疾人的特别保护实质上亦来源于《宪法》第 49 条的规定。有学者对此也谈到,这主要是考虑到儿童、老人在身体、经济上处于弱势及男女在生理上的差异等原因,故在行使个人自由权利的同时,亦应注意对弱者利益的保护。[②] 从我国的法律体系来看,《宪法》处于根本法的地位,是其他法律制定的依据。在我国,《宪法》所秉承的主要是个人兼及社会本位的理念。具言之,我国《宪法》不仅是对一般公民个人权利的保障,而且也是对社会弱势群体个人权利的保障。[③]《宪法》在第二章不仅规定了公民个人的自由权利,而且特别强调了对老年人、残疾人等弱势群体利益的保护。在此之下,作为“子法”的《民法典》以及其他部门法不可能违背该理念而自成一体。就此意义而言,个人兼及社会本位理念应是意思表示瑕疵婚姻效力判定的首要选择。

第二,个人兼及社会本位理念是由我国的经济基础所决定的。依照统治阶级意志论,包括立法理念在内的上层建筑都是由经济基础所决定的,即有什么样的经济基础,就会有什么样的上层建筑。[④] 因此,在确定我国意思表示瑕疵婚姻效力的判定理念时,必须从我国的经济基础出发。当前,我国在经济发展模式上主要采取的是市场经济,但此种市场经济与资本主义社会的市场经济存在

① 薛宁兰,谢鸿飞.民法典评注:婚姻家庭编[M].北京:中国法制出版社,2020:11-17.
② 夏吟兰.中华人民共和国婚姻法评注:总则[M].厦门:厦门大学出版社,2016:262.
③ 杨明.由宪法修正案看中国宪法理念的变化[J].理论界,2006,(1):169.
④ 李步云,高全喜.马克思主义法学原理[M].北京:社会科学文献出版社,2014:482.

根本不同,这是一种国家宏观调控下的市场经济。我国作为社会主义国家,社会利益为国家决策的重要考量因素,而市场经济主要体现为个人本位经济,在其逐利的本质之下,放任不管可能会引致社会贫富差距的扩大,引发社会危机,这在资本主义国家有规律性的经济危机中业已得到证实。故在我国,虽然承认市场经济的主体地位,但基于社会利益的考量,国家仍会对其进行监管。与此同时,为了防范可能出现的经济社会危机,优化市场资源配置,国家仍会定期制定经济发展规划,借以保证社会的安定及经济的良性发展。依照经济基础决定上层建筑的原理,既然在经济基础中同时存在个人及社会本位的经济模式,那么在法律制度的设置中,个人兼及社会本位理念无疑才是唯一的选择。

第三,个人兼及社会本位理念符合法律理念的发展趋势,与我国先进的社会制度相匹配。从法律理念的发展历史来看,婚姻法理念历经了家族本位、个人本位以及个人兼及社会本位理念的发展,其本质是生产力的不断向前发展。可见,个人兼及社会本位理念是婚姻法理念中的最新事物。依据统治阶级意志论,人类社会处于不断的运动、变化和发展中,历史上依次更替的一切社会制度都是人类社会由低级到高级无穷发展过程中的暂时阶段,一切旧的事物都必将消亡。[①] 就此意义而言,作为旧事物的家族本位理念以及个人本位理念都将会在社会的发展中消亡。在社会制度的选择上,我国并没有选择必然消亡的旧制度,而是选择了最新的制度,即社会主义制度。在此之下,我国在婚姻法律制度的建构中没理由采用即将消亡的旧婚姻法理念,而是应采用最新的个人兼及社会本位理念,这样才能与我国所选择的最新社会制度相匹配。

---

① [德]卡尔·马克思,[德]弗里德里希·冯·恩格斯.马克思恩格斯选集第2卷[M].中共中央马克思恩格斯列宁斯大林著作编译局,编译.北京:人民出版社,1995:112.

综上可见,从我国的实际情况来看,在意思表示瑕疵婚姻的效力判定中,个人兼及社会本位理念才是最佳的选择。但有一点需注意的是,在个人兼及社会本位理念中,究竟哪种本位应被优先考虑?对此,本文认为,从该理念的发展历史和内涵来看,个人本位应被优先考虑。在我国,应理解为在意思表示瑕疵婚姻的效力判定中,个人利益应处于优先考虑地位。其中的原因有以下三点。

首先,我国是人民民主专政的社会主义国家,在《宪法》中即规定了一切权力属于人民。在此之下,我国法律制度的设置无不体现出对个人的关怀,即便在一些法律条文中强调社会公共利益的维护,其也是为了能让个人权利得以更好地实现。① 与此同时,在民法理论中,民法的终极价值是对个人的关怀。具言之,民法要充分保障公民的各项基本权利和利益,尊重和维护公民的人格独立与人格尊严,使其能够自由、富有尊严地生活。② 在民法中,即便存在限制个人自由的条款,也不过是为了让个人的权利得以更好地行使。③ 作为民法体系的一分子,婚姻法不可能脱离此价值而独立存在。就此意义而言,对个人权利的维护应为立法的首要考虑。

其次,从婚姻实践来看,婚姻最初由男女双方缔结而成,其后才衍生出各种身份关系。在缔结的过程中,个人意愿无疑起着决定作用。换言之,在缔结婚姻关系的过程中,意思表示起着决定作用,若无双方当事人意思表示的存在,那

---

① 例如,我国《反垄断法》虽然在第 1 条中明确规定了维护社会公共利益,但是从本质上仍是为了能让个人权利得以更好地实现。具言之,反垄断的目的在于避免经济活动给他人造成的消极外部影响,避免经济生活中的垄断、不正当竞争等损害消费者权益的行为发生。参见卢代富.经济法对社会整体利益的维护[J].现代法学,2013,(4):27.

② 王利明.民法的人文关怀[J].中国社会科学,2011,(4):152.

③ 例如,我国《合同法》第 3 条明确规定了个人合同自由的限度,即自由不得扰乱社会秩序和社会公共利益。从本质上说,这是为了维护合同关系以外的其他人的个人利益。参见王德山.合同效力研究[M].北京:中国政法大学出版社,2015:7.

么缔结婚姻关系便无从谈起。就此意义而言，对个人利益的强调真实反映了个人意愿在婚姻缔结中的地位。

最后，从个人兼及社会本位理念产生的背景来看，该理念出现的原因在于，近世由于个人自由的滥觞，导致弱者个人利益难以得到维护，为了实现实质正义，在此有限制个人自由的必要。[①] 正是基于此，社会本位理念得以融入个人本位理念中，这实际上是为了抑制个人的过分自由，借以保障弱者的个人权利。从本质上说，对社会利益兼及的目的在于保护个人权利，个人仍旧是法律上、政治上、经济社会上的独立单位，个人兼及社会本位的出发点仍是在个人。[②]

由上可见，在个人兼及社会本位理念中，个人应处于优先考虑的地位。但值得注意的是，个人优先被考虑并不意味着只要个人利益受损，那么法律即应首先为个人提供救济。事实上，由于婚姻关系不仅涉及个人利益，而且还牵涉众多他人利益，此时若不加区分地对个人利益实施救济，那么对于依赖婚姻关系保障的弱势成员而言，不免有失公正。因此，在意思表示瑕疵婚姻的效力判定中，对个人利益考量必须有程度之别。具言之，只有在个人真实意愿遭致严重侵犯的情形下，意思表示瑕疵婚姻才为可撤销婚姻，否则，立法不应轻易否认婚姻的效力。

---

① 林秀雄.夫妻财产制之研究[M].北京:中国政法大学出版社,2001:16.
② 郭文婧.民法社会本位观的新思考[J].兰州学刊,2005,(5):162.

第二节　意思表示瑕疵婚姻法律效力的判定标准

在法律行为理论与实践中，为了方便法律的理解与适用，在意思表示瑕疵法律行为的效力判定中存在不同的判定标准。学理上将其概括为三种标准，分别为意思主义标准、表示主义标准以及折中主义标准。不同标准背后所彰显的判定理念有所不同。换言之，正是由于不同判定理念所侧重保护的利益不同，三种不同标准下的意思表示瑕疵法律行为效力将会有所不同。在婚姻缔结行为理论中，对此判定标准暂未有较为系统的论述，然而婚姻缔结行为作为法律行为的一种类型，其不可避免地受此判定标准影响。事实上，从不少国家（地区）的立法实践来看，意思表示瑕疵婚姻的效力判定已然不自觉地体现了上述效力的判定标准。① 但令人遗憾的是，在我国《民法典》中，意思表示瑕疵婚姻的效力判定标准并没有完全体现出个人兼及社会本位理念。对此，立法有进一步修正的必要。具言之，立法应在意思主义标准、表示主义标准和折中主义标准中，重新选择一套最能反映个人兼及社会本位理念的判定标准。那么，在这三种标准中，何者更能客观地反映个人兼及社会本位的理念？容下文进行详细分析。

---

① 例如，我国《婚姻法》第 11 条关于胁迫婚姻的规定显然采纳的是意思主义标准，即便被胁迫人通过行为表示结婚，其也仍因不符合真意而被视为可撤销婚姻。此外，《朝鲜亲属法》在立法精神上体现的是表示主义标准，即只要予以婚姻登记，那么婚姻关系即被认为成立生效，其后并不会因意思表示瑕疵而被撤销。《瑞士民法典》第 124 条至第 126 条和我国澳门地区《民法典》第 1509 条至第 1510 条体现的则是意思主义标准。此种立法规定不胜枚举。

一、意思主义标准

意思主义标准源于文艺复兴时期对个人主义的倡导。启蒙运动后,随着个人主义引发的私人自治理念日渐深入人心,欧洲私法制度普遍接受了意思主义的观念。① 而较为系统的意思主义理论产生于19世纪,最初由德国著名法学家萨维尼提出,其强调意思在行为效力中的重要性,认为"只能将当事人的意思作为唯一重要和有效的东西,即使它是内在的和看不到的,我们也需要通过某种标志来确认它"②。其后法国著名的法学家惹尼亦认为,意思是法律行为的鼓吹者,是最高的主人。③ 在意思主义的标准下,个人意思被提到了前所未有的高度。在此之下,但凡与行为人个人真实意愿相违背的行为,均被视为无效。对此,有学者总结为:"若无意思之存在,则表示则为无源之水,无本之木,原则上必须排除该表示的效力。"④意思主义标准最初在《德国民法典》(第一草案)中得以体现。对此,当时的立法理由认为,近期各项立法基于交易安全存在对善意信赖实施保护的倾向,此种不考虑表意人因素的信赖原则如果被绝对适用,那么将会带来显著的不平衡。⑤

意思主义标准虽然产生于财产法领域,但是在法律行为的框架下,其对于意思表示瑕疵婚姻效力的判定具有重要意义。作为法律行为效力的判定标准,

① 朱庆育.意思表示解释理论:精神科学视域中的私法推理理论[M].北京:中国政法大学出版社,2004:253.

② 冉克平.意思表示瑕疵:学说与规范[M].北京:法律出版社,2018:17.

③ 梅伟.意思表示错误制度研究[M].北京:法律出版社,2012:119.

④ 同②。

⑤ 顾祝轩.民法概念史·总则[M].北京:法律出版社,2014:145.

意思主义标准所追求的目标在于,在探求表意人真意的情境下去发现行为的效力。就婚姻缔结行为而言,倘若表意人的真意与其结婚行为不符,那么婚姻缔结行为应被认定为无效。前述所言的单一无效形态,实质上是意思主义标准的典型体现。意思主义标准确立的基础在于,行为人的自我决定权以及私法自治原则。① 在此基础上,意思具有至高无上的地位,行为人的意思是权利义务关系确立的唯一基础,其可以决定与何人在何时建立关系。在此之下,若无真实意思的存在,那么所建立的关系自应被视为自始不存在。可见,意思主义判定标准的要义在于,行为人的意思是否为真实意思,若非真实意思,那么行为将不会产生效力。②

不可否认的是,意思主义标准为意思表示瑕疵婚姻效力的判定提供了一套直接简单的标准。在此不仅可以减少法律适用的困境,而且对个人利益的维护亦具有重要意义。为此,有学者认为,在身份法律关系中,如结婚、收养等,应当更加尊重表意者的真意,以意思主义为主。③ 虽然如此,但其并不符合个人兼及社会本位理念,故在此不宜用在我国意思表示瑕疵婚姻的效力判定中。

从本质上说,意思主义标准是个人本位理念的体现,其对个人真实意愿的过分强调,将会产生难以解决的问题。由于个人意思一般仅存在于人的内心,是抽象而难以捉摸的。对一些表现并不明显的意思表示瑕疵状态,事实上司法裁判者是不可能探知表意人内心真意的,这在间接上又使裁判陷入无标准可依的境地。

---

① [日]山本敬三.民法讲义:总则[M].解亘,译.北京:北京大学出版社,2012:97.
② [德]维尔纳·弗卢梅.法律行为论[M].迟颖,译.北京:法律出版社,2013:63.
③ 冉克平.意思表示瑕疵:学说与规范[M].北京:法律出版社,2018:76.

从另一方面来说，内心意思的抽象性赋予婚姻关系当事人极大的婚姻撤销权，这使婚姻处于随时可能被撤销的不稳定状态中，以此无疑将使儿童、妇女等弱势群体置于不稳定的婚姻关系或无婚姻关系保障的状态中，这显然是极端个人主义的体现。具体来说，从整体而言，婚姻关系的稳定更有助于保障弱势家庭成员的利益，特别是对于女性和儿童来说，完整的婚姻关系更有助于其利益的保障。

首先，我国依然存在“男主外，女主内”的家庭分工格局，对主内的女性来说，其为婚姻付出了时间和精力，也牺牲了自己的事业。对此，有学者坦言，家庭内部的劳动分工显著地影响女性的职业晋升。家务劳动和照顾时间越长，女性职业晋升的可能性越低。从某种程度上说，这反映出家庭与工作的冲突始终是制约女性职业发展的重要因素。① 女性主内时间的增多，将直接导致其收入的降低。在婚姻关系存续期间，夫妻共同财产制的存在使女性主内的价值得以彰显，即便女性因主内而使收入降低，其也可以通过丈夫的收入予以弥补。但若是以意思主义为标准，导致婚姻关系处于随时被撤销的不稳定状态中，那么女性的利益显然得不到保障。一旦婚姻被撤销，那么主内女性的生活将极有可能陷入困境。

其次，对儿童来说，完整的婚姻关系显然更有助于其健康成长。相关研究表明，完整的婚姻家庭对于儿童的成长具有重要的意义。缺失了父亲或者母亲的陪伴，将会使儿童产生情绪情感障碍、适应性差、性格缺陷等诸多问题，其中的主要原因在于，夫妻分离使得家庭解体，从而使儿童不得不生活在一个破裂

① 段婷婷.丈夫如何影响女性职业地位上升：基于 CFPS 中国家庭追踪调查的分析[J].社会学评论，2019，7(3)：69.

的不完整的单亲家庭里,家庭缺损必定带来家庭教育的缺损,由此使儿童的成长出现诸多问题。[①] 在此若以意思主义为判定标准,进而赋予所有意思表示瑕疵婚姻瑕疵方任意的撤销权,那么无疑会导致儿童更易陷入单亲家庭的境地。虽然离婚也会带来单亲家庭的后果,但是离婚与可撤销婚姻有所不同,离婚立法所秉承的思想是“保障离婚自由,反对轻率离婚”。因此,在登记离婚中存在“离婚冷静期”制度,在诉讼离婚中,法官亦会谨慎判决离婚。这就使通过离婚解除婚姻的概率要低于以意思主义为标准解除婚姻的概率。从某种程度来说,其对儿童成长产生的不利影响更小。由此可见,以意思主义为标准来判定意思表示瑕疵婚姻的效力显然没有顾及社会本位理念,其无助于维护婚姻关系中弱者的利益。就此意义而言,在我国意思表示瑕疵婚姻的效力判定中,意思主义标准应被抛弃。

二、表示主义标准

个人主义的过分强调容易引发社会危机,基于此,表示主义标准得以产生。从本质上说,表示主义标准的产生与社会本位理念的出现有关。具言之,时值国家干预思潮抬头,在维护社会正义的名义下,以个人主义为基础的自由主义遭到广泛质疑,面临前所未有的生存危机。[②] 在此情境下,表示主义标准逐渐成为法律行为效力的判定标准。对此,德国著名法学家贝尔认为,在缔约过程中,

① 丁芳.离异家庭子女心理问题产生的家庭影响因素及其教育对策[J].理论与现代化,2008,(3):121-122.

② 朱庆育.意思表示解释理论:精神科学视域中的私法推理理论[M].北京:中国政法大学出版社,2004:259.

如果一方当事人因可归责于自己的意思表示于外，那么，当善意的对方当事人信赖或者有理由信赖自己因此而获得某项权利时，表意人必须对自己对外所作出的意思表示像自己的真实意思表示那样承担责任。①

事实上，表示主义标准并非近代的产物，早在强调家族本位的古代社会，表示主义标准即已成为行为效力的判定标准。具言之，在家族本位的主导下，立法者重视行为的外在形式，对于当事人的内心真意较少关注，因此，原始的法律选择的是表示主义，直至私法自治理念被人们所接受，并形成私法领域里的意思自治原则，过于注重形式主义和外在现象的表示主义才逐渐失去其合理性。②表示主义标准对意思表示外在形式的重视，无疑有助于维持既成的法律关系，这对于社会秩序的稳定而言，具有极其重要的意义。

出于对社会利益的考虑，表示主义标准认为，当事人的内心意思并非意思表示的成立要件，外部表示的意思即足认其成立。③ 在此之下，即便行为与内心真实意愿相违背，其也应被视为有效。在个人主义日益凸显其局限性的背景下，表示主义标准得以复兴，并在 20 世纪初发展到顶峰。表示主义标准对于稳定市场交易秩序、促进商品交易的发展无疑具有重要意义，从某种程度来说，其出现与当时的经济环境有关。当时，世界资本经济进入垄断时期，基于追逐利益的目的，垄断资本家不断扩大生产规模，这直接导致了商品数量的增多，以此在间接上要求商品交易的简便高效。在此之下，交易秩序的稳定自然成为立法的重要考量，但凡不危及交易秩序的行为一般被视为有效。

---

① [德]维尔纳·弗卢梅.法律行为论[M].迟颖，译.北京：法律出版社，2013：63.
② 冉克平.意思表示瑕疵：学说与规范[M].北京：法律出版社，2018：67.
③ 秦伟，刘宝玉.论意思表示效力规则[J].河北法学，2000，(2)：130.

表示主义标准虽然产生于财产法领域,但是在法律行为的框架下,该标准还是对婚姻缔结行为的效力判定产生了重要影响。在表示主义标准下,意思表示瑕疵婚姻一般被视为有效婚姻。换言之,即便当事人在内心意愿上存在瑕疵,其所缔结的婚姻关系仍为有效,当事人只能通过离婚来解除婚姻关系。前述所言的单一有效形态,实质上是表示主义标准的典型体现。在我国2001年《婚姻法》施行以前,表示主义标准即为我国意思表示瑕疵婚姻的效力判定所采纳,因为婚姻不仅仅是男女个人的私事,而且是涉及对他人、对社会责任的重要法律行为,故男女双方一旦去婚姻登记机关进行登记,那么婚姻就产生法律效力。① 可见,在婚姻法领域,表示主义标准之所以关注外在形式,主要是基于社会利益的考虑,这亦是近现代民法固有的、内在的需求。②

较之于意思主义标准,表示主义标准更有助于婚姻关系的稳定。从上面的论述中可以得知,婚姻关系稳定对弱势家庭成员利益的维护具有重要的意义。在此之下,以表示主义作为判定意思表示瑕疵婚姻效力的标准无疑将极大地维护社会利益。在实践中,表示主义标准亦能为法官提供一套简单明了的裁判标准。事实上,在表示主义标准下,所有类型的意思表示瑕疵婚姻均被视为完全有效的婚姻,在裁判中并不会产生意思表示瑕疵婚姻有效或者无效的难题,而可撤销婚姻制度在此也无存在的余地。就此来看,表示主义标准显然与个人兼及社会本位理念不符。

具体来说,表示主义标准过于强调社会利益的维护,认为行为只要符合特定的形式要件,便能成立生效。然而,该标准却忽略了在法律行为中,法律关系

---

① 丁琨.试论婚姻无效[J].法学杂志,1986,(6):25.

② 冉克平.意思表示瑕疵:学说与规范[M].北京:法律出版社,2018:19-20.

的建立,主要是行为人之意思自为决定的结果。[①] 若无此个人意思,那法律关系的建立便无从谈起。由于婚姻缔结行为属于法律行为的一种类型,因而个人意思对婚姻关系的建立亦起着决定作用。[②] 但是,表示主义标准并没有体现出对此种重要的个人意思的尊重,其实质上是通过所谓的社会利益合法实现,来否定个人的正当主张,[③]这势将踏上以整体利益之名否弃私人自治之路。[④] 个人兼及社会本位理念在此仅剩下了社会本位理念,这不符合我国意思表示瑕疵婚姻效力的判定理念。就此来看,在我国意思表示瑕疵婚姻的效力判定中,表示主义标准并不可取。

三、折中主义标准

正是基于意思主义标准和表示主义标准的不足,折中主义标准才得以提出。从整体来看,折中主义标准糅合了意思主义标准和表示主义标准的精髓,其既不过分强调意思在行为中的作用,也不过分强调表示在行为中的作用。其一般将意思与表示视为一体,认为在意思表示之外不存在超然独立的意思,在意思之外也无空白的表示。[⑤] 在该标准之下,表意人真意之探求,须顾及相对人的信赖,以受领者的立场作为出发点,受领者依诚实信用原则亦应尽其必要注

① 黄立.民法总则[M].北京:中国政法大学出版社,2002:262.

② 冉克平.论婚姻缔结中的意思表示瑕疵及其效力[J].武汉大学学报(哲学社会科学版),2016,69(5):120.

③ 朱庆育.意思表示解释理论:精神科学视域中的私法推理理论[M].北京:中国政法大学出版社,2004:263.

④ 朱庆育.民法总论[M].第2版.北京:北京大学出版社,2016:223.

⑤ 同③:268.

意,考量其所可得而知的情况,探究表意人真意之所在。[①] 就此意义而言,意思表示瑕疵法律行为的效力判定应结合表意人和相对人的意思与表示进行。折中主义标准出现的最初目的在于,在市场交易中既要充分保护表意人的合法权益,又要维护交易的安全和正常的市场经济秩序。[②] 依意思与表示的侧重不同,折中主义标准又可分为以意思主义为主、表示主义为辅,以及以表示主义为主、意思主义为辅的两种标准。从某种程度而言,折中主义标准是温和的意思主义标准或是温和的表示主义标准。

虽然折中主义标准产生于财产法领域,但是在法律行为的框架下,折中主义标准对意思表示瑕疵婚姻的效力判定具有重要影响。事实上,前述所言的非单一效力形态的立法,即折中主义标准的典型体现。在这些国家(地区)的立法中,意思表示瑕疵婚姻将会因情形的不同而存在不同的效力形态。从某种程度而言,我国现行立法亦体现了折中主义标准。具言之,在我国现行立法中,依据具体情形的不同,意思表示瑕疵婚姻的效力判定或以意思主义标准为主,或以表示主义标准为主。在此之下,所有类型的意思表示瑕疵婚姻才呈现出有效和可撤销并存的效力形态。

相较于单独的意思主义标准或表示主义标准,该标准下的意思表示瑕疵婚姻效力判定既不刻意强调表意人的内心意思,亦不过于偏袒社会利益,其可以灵活地处理意思表示瑕疵婚姻的各种情形,有效地兼顾了当事人的真实意愿与社会利益。从本质上说,折中主义标准确立的基础在于对不同群体利益的协调

---

① 王泽鉴.王泽鉴法学全集(第11卷):民法总则[M].北京:中国政法大学出版社,2003:421.

② 刘新熙.论意思表示的构成要素[J].南昌大学学报(人文社会科学版),2006,(5):36.

与平衡,即在不同价值的评判中,倘使仅以表意人所认为的为准,表意人真正认为的到底是什么,相对人是不可能知道的;亦不宜以相对人所理解的为准,这样将会使利益维护失之偏颇。[①] 就此意义而言,折中主义标准无疑与个人兼及社会本位的理念相符。在此基础上,在我国对意思表示瑕疵婚姻效力的判定中,该标准无疑是最适合的。

四、我国意思表示瑕疵婚姻法律效力的判定标准

由上可见,在我国意思表示瑕疵婚姻效力判定采用个人兼及社会本位的理念下,折中主义标准无疑是效力判定的首选标准。但是,在折中主义标准中,存在以意思主义为主、表示主义为辅的标准,以及以表示主义为主、意思主义为辅的标准。对这两种标准应如何作出取舍,是一个亟待解决的问题。对此,本书认为,在我国现有语境下,意思表示瑕疵婚姻的效力判定更宜采纳以意思主义为主、表示主义为辅的标准。理由有如下三点。

第一,以意思主义为主、表示主义为辅的标准更符合个人兼及社会本位理念。如前所述,在个人兼及社会本位理念中,个人应被优先考虑,社会本位实质上仍是为了维护个人利益。在此之下,主要体现个人本位的意思主义理应被置于优先考虑地位。这并非个人独裁的表现,而是私人自治的应有之义。法律行为理论自近代诞生以来,私法自治便是其中的精髓,法律行为是个人基于自由意志而建立法律关系的行为,出于对个人的尊重,以个人意愿为基础而形成的

① [德]迪特尔·施瓦布.民法导论[M].郑冲,译.北京:法律出版社,2006:401.

法律关系自然能得到法律效力的承认,这是近世倡导个人解放运动的必然结果。[①] 婚姻缔结行为作为法律行为的一种类型,其亦在运动中获得解放,个人在婚姻关系中取得了前所未有的至高地位。就此意义而言,对个人真实意愿的尊重实质上是顺应历史发展潮流的表现,是对个人解放运动成果的确认。

第二,从婚姻缔结的过程来看,个人意愿在婚姻成立中起决定作用。换言之,在婚姻缔结中,若无个人的同意,那么婚姻关系是不可能建立的。正是基于个人意愿的重要性,在西方法学理论中甚至出现了婚姻是一种契约的观点。此种观点认为,婚姻的本质是两个符合法定条件的成年人通过个人意愿达成的协议。[②] 就此意义而言,在婚姻缔结行为的效力判定上,理应首先考虑个人的真实意愿,而这本身也是在个人兼及社会本位理念中优先考虑个人的原因所在。

第三,在个人兼及社会本位理念中,社会利益也应予以兼顾,这要求表示主义标准也应同时存在。具言之,婚姻家庭具有生活保障的功能,完整的婚姻关系对于子女的健康成长以及家庭弱势成员利益的保障具有重要意义。[③] 因此,在强调婚姻缔结中个人真实意愿的同时,亦不能忽视对家庭中弱势成员利益的维护。弱势家庭成员利益实质上是社会利益的体现,这要求法律不能过分强调内心意思,不能在假定双方地位平等的基础上进行利益衡量,而应考虑到意思表示双方的身份差异,给予弱者特殊的保护。[④] 在此之下,以社会利益维护为要

---

① 朱庆育.民法总论[M].第 2 版.北京:北京大学出版社,2016:106.

② [英]安东尼·W·丹尼斯,[英]罗伯特·罗森.结婚与离婚的法经济学分析[M].王世贤,译.北京:法律出版社,2005:12.

③ 夏吟兰.中华人民共和国婚姻法评注:总则[M].厦门:厦门大学出版社,2016:26-27.

④ 吴逸越.弱势群体保护视野下的意思表示解释规则:以《德国民法典》为视角[J].长春理工大学学报(社会科学版),2013,26(3):35.

旨的表示主义标准亦应被考虑在内。但是,由于婚姻关系的建立主要与个人意愿有关,因此,对社会利益的考虑只能次于对个人利益的考虑。

综上可见,在个人兼及社会本位理念下,我国在意思表示瑕疵婚姻效力判定方面,宜采用以意思主义为主、表示主义为辅的折中主义标准。该标准实质上是被限制的意思主义标准,其中的限制因素一般为婚姻关系中的弱势家庭成员利益。在该标准下,意思表示瑕疵婚姻将依据不同情形而分别被判定为可撤销婚姻或者有效婚姻。就此意义而言,在我国所有类型的意思表示瑕疵婚姻中,每一种类型的意思表示瑕疵婚姻在进行效力判定时,究竟应适用折中主义标准内的何种标准问题,事实上仍应结合具体情况来确定。

第三节　不同类型意思表示瑕疵婚姻法律效力的判定

前已述及,在意思表示瑕疵婚姻的效力判定中,宜采用以意思主义为主、表示主义为辅的折中主义标准。意思主义为主即意味着,在所有类型的意思表示瑕疵婚姻的效力判定中,理应侧重于维护婚姻当事人的个人意愿。表示主义为辅则意味着,对于一些撤销婚姻会严重伤及弱势群体利益的情形,理应否认当事人的撤销权,承认婚姻的效力。至于如何将以意思主义为主、表示主义为辅的标准纳进意思表示瑕疵婚姻的效力判定中,立法并未有明确的规定。但从目前的立法规定来看,我国在意思表示瑕疵婚姻的效力判定中,所体现的主要为以表示主义为主、意思主义为辅的格局,此与个人兼及社会本位理念存在一定的冲突。

从某种程度来说，在意思表示瑕疵婚姻效力的判定中，涉及利益的衡量问题，即在意思表示瑕疵方的个人利益与婚姻关系之间，究竟如何取舍？对此，本书认为，此项取舍涉及不同利益的平衡问题。在意思表示瑕疵婚姻的效力判定中，理应首先关注相关当事人结婚的个人真实意愿。在此之下，但凡在婚姻缔结过程中存在意思表示瑕疵的情形，理应适用意思主义标准而将其撤销。但是，婚姻关系所涉利益复杂，婚姻的成立与解除大有“牵一发而动全身”之势。因此，在意思表示瑕疵婚姻的效力判定中，不能仅关注婚姻当事人的个人利益，亦要兼顾婚姻关系其他主体的利益。在个人兼及社会本位的理念下，此处的其他主体应是指婚姻关系中的弱势群体。因此，假使存在因婚姻被撤销而严重伤害到婚姻关系中弱势家庭成员利益的情形，那么此时利益的天平显然是失衡的，此刻唯有保持婚姻的效力，方能使失衡的天平恢复平衡，这也体现出立法对弱势家庭成员利益的兼顾。至于何种情形的婚姻撤销会严重伤害到弱势家庭成员利益，仍需具体问题具体分析，这涉及不同利益之间的权衡。故此，在错误婚姻、虚假婚姻、欺诈婚姻、胁迫婚姻等意思表示瑕疵婚姻类型中，仍需要通过利益衡量的方法来确定该类型婚姻的具体效力。

一、错误婚姻的法律效力

从我国现行法来看，在无效婚姻制度和可撤销婚姻制度中，错误婚姻并未被明确规定。就此意义而言，在我国错误婚姻的效力判定上，立法所采用的是表示主义标准，认为此种婚姻为有效婚姻。然而，此种做法在学术界却引起了不少异议。有学者认为,婚姻法作为民法体系的一部分,应与民法规定保持一致,将错误婚姻也视为可撤销婚姻。[①] 有学者则认为,错误婚姻违背了我国婚姻立法关于结婚自愿的规定,故应将其视为可撤销婚姻。[②] 也有学者从比较法的角度出发,认为错误婚姻为可撤销婚姻已经在诸多国家(地区)的立法中有所规定,我国不应落后。[③] 在此基础上,亦有学者在"私家"立法建议稿中将错误婚姻纳入可撤销婚姻制度中。[④]

从世界立法实践来看,在一些国家(地区)的立法中,错误婚姻被视为可撤销婚姻的一种情形。例如,《法国民法典》在第 180 条中规定了错误婚姻为相对无效的婚姻,[⑤]其中的原因在于,当事人作出错误的意思表示违反了婚姻需要合意的条件。[⑥] 又如,《英国婚姻诉讼法》在第 12 条中规定了错误婚姻为可撤销婚姻,其中的原因在于,错误严重减损了同意结婚的效力。[⑦] 而在我国澳门地区《民法典》第 1508 条和第 1509 条的规定中,错误婚姻亦为可撤销婚姻,其中的原因在于,错误婚姻违反了婚姻合意的要求。[⑧]

诚然,错误婚姻的存在即表明,在婚姻缔结中,存在当事人意思与表示不一

---

① 参见张俺元.我国可撤销婚姻制度的启示[J].沧州师范专科学校学报,2002,(1):68;吴国平.论无效与可撤销婚姻制度的立法完善[J].商洛学院学报,2010,24(1):21.

② 冉克平.意思表示瑕疵:学说与规范[M].北京:法律出版社,2018:186.

③ 参见陈苇.论我国婚姻无效与撤销制度的完善[J].甘肃政法学院学报,2003,(4):15;胡文华.论我国无效及可撤销婚姻制度[J].法治论丛,2004,(4):70.

④ 如徐国栋教授主持的《绿色民法典草案》中,在第 40 条中规定了错误婚姻的可撤销性,其情形包括了身份、品性等方面的认识错误。这实质上囊括了错误婚姻的所有情形。

⑤ 在法国,仅有无效婚姻制度,而无可撤销婚姻制度。但是,在无效婚姻制度中,存在绝对无效婚姻和相对无效婚姻。就两种婚姻的内容来看,相对无效婚姻实质上即可撤销婚姻。

⑥ 张民安.法国民法[M].北京:清华大学出版社,2015:214.

⑦ [英]凯特·斯丹德利.家庭法[M].屈广清,译.北京:中国政法大学出版社,2004:44.

⑧ 刘雪飞.我国内地与澳门无效和可撤销婚姻制度比较研究[J].湖南省政法管理干部学院学报,2002,(4):86.

致的情形,以此无疑与婚姻合意相背离。就此意义而言,将错误婚姻完全纳入可撤销婚姻的做法彰显了对个人真实意愿的充分尊重,这在一定程度上保证了婚姻当事人能与"如意娘子(郎君)"相结合。但是,在个人意愿的强调之下,该做法的不足亦较为明显,从而不宜为我国可撤销婚姻制度所规定。换言之,错误婚姻不宜被视为可撤销婚姻,错误婚姻应为有效婚姻。

虽然婚姻法是民法的一部分,但是正如前所述,婚姻有其特殊性,故民法中的理论不可能完全适用于婚姻领域。[①] 就此意义而言,将民法中有关错误行为的规定完全照搬在婚姻法领域的做法并不可取。错误婚姻是否为可撤销婚姻的关键在于两点:其一,赋予错误婚姻当事人撤销婚姻的权利是否会严重伤及婚姻关系中弱者的利益,进而导致不同主体之间的利益天平失衡?其二,承认错误婚姻为可撤销婚姻在实践中是否具有可操作性?对此,应从实际情况出发去分析错误婚姻的效力。

如前所述,错误婚姻的具体情形包括了"人的身份认识错误"和"人的性质认识错误"。从理论上说,我国《民法典》在第 1046 条中规定了婚姻自由原则,该原则的核心是,男女双方是否结婚,与谁结婚,应当由当事人本人决定。[②] "谁"在此包含了两个方面的内容,即结婚对象的身份和品质(性质)。就此意义而言,所有情形的错误婚姻似乎均应纳入可撤销婚姻制度中。

然而,就"人的身份认识错误"而言,其在婚姻家庭领域出现的概率微乎其微,虽然有学者指出,在婚姻关系中,一方当事人对另一方当事人的身份认识错误,是对错误认识方同意结婚具有决定影响的错误,因而应将其归入可撤销婚

① 史尚宽.亲属法论[M].北京:中国政法大学出版社,2000:255.
② 吴高盛.《中华人民共和国婚姻法》释义及实用指南[M].北京:中国民主法制出版社,2014:25.

姻制度中。[①] 但是在实践中，极少出现因“人的身份认识错误”而缔结婚姻的情形。其中的原因在于，人的身份认识错误总会很快被知悉，因为人与人之间总归要交流，在交流中，势必会出现两种可能：一种可能是通过交流，一方知道对方并非自己所欲结婚的对象；另一种可能是当事人一方知道自己在身份上并非对方所欲结婚的对象，但并不告知对方，导致对方一直处于身份上的认识错误中。对于前者，如果原认识错误方依旧决定与相对方结婚，那么这并不构成意思表示瑕疵婚姻，婚姻的撤销也就无从谈起。对于后者，虽然意思表示瑕疵方的认识错误最初源于自身，但是另一方在知悉自己并非对方所欲结婚对象的那一刻起，另一方基于诚信原则，便负有将事实真相告知认识错误方的义务，此时未告知，便构成了沉默型的欺诈行为。具言之，沉默是否构成欺诈，取决于沉默者是否有告知或提醒义务，这种义务可能是法律明确规定的，但并不多见，更多常见于基于诚实信用原则或交易习惯而认定当事人具有此种义务。一般认为，鉴于某些因素对表意人的决策具有重要意义，如果表意人依诚实信用原则与法律交往的一般观念在个案中可以期待相对人向其告知这些因素，即可认为相对人负有告知义务，相对人沉默不告知的，便构成了沉默型欺诈行为。[②] 对于此种情形，其显然属于欺诈婚姻的范畴，而非错误婚姻。

从我国的司法实践来看，结婚身份错误情形的出现，当事人至少一方存在主观上的故意，主要体现为冒用他人身份缔结婚姻，此种行为已经构成了欺诈，

① 法国民法典[M].罗结珍，译.北京：法律出版社，2005：63.
② 杨代雄.法律行为论[M].北京大学出版社，2021：317.

实践中此类问题一般通过行政诉讼加以解决。[①] 可以说,在实践中,“人的身份认识错误”型错误婚姻出现的概率微乎其微,就此单独确立一项法律条文,进而认定其为可撤销婚姻,显然构成了对立法资源的浪费,此举将会导致立法的科学性遭受质疑,因为其没有很好地回应社会现实的需要。

就“人的性质认识错误”而言,其亦不宜被纳入可撤销婚姻制度中。在《民法典》编纂过程中,曾有学者建议,从借鉴比较法上的立法来看,若在缔结婚姻时一方对另一方的基本情况产生认识错误,以至于其真正了解对方的基本情况就不会达成结婚合意,则该婚姻可撤销,基本情况的错误具体包括主体认识错误、身体健康状况认识错误、婚姻状况认识错误及名誉认识错误(如另一方有犯罪、卖淫等经历)等。[②] 但最终立法并未将“人的性质认识错误”型的错误婚姻纳入可撤销婚姻制度的范畴,此举并无不妥,因为从实践的角度而言,“人的性质认识错误”是难以认定的,盖因当事人内心意思的抽象性及隐秘性,外界一般难以察觉。在我国实行结婚登记主义的情境下,双方当事人在进行婚姻登记时,至少表明双方在外表上对彼此的条件是相互认可的。就此意义而言,即便在此过程中存在对对方当事人的品质(性质)认识错误,其也不过是一个“量”的问题。由于在错误婚姻中,错误认识产生的原因并不在外部,因此,“人的性质认识错误”实质上是婚姻缔结所伴随的风险。这是因为个人在婚姻缔结中并没有义务完全将所有的信息均告知对方,更何况在“人的性质认识错误”的错误

---

① 参见湖北省监利县人民法院(2014)鄂监利行初字第00018号行政判决书、湖南省武冈市人民法院(2017)湘0581行初4号行政判决书。

② 冉克平.论婚姻缔结中的意思表示瑕疵及其效力[J].武汉大学学报(哲学社会科学版),2016,69(5):124.

婚姻中,相对方并不知错误认识方所要了解的信息是什么。[①]

事实上,不少夫妻是在长期的相处中才发现彼此的缺点,即发现对方的品性并不符合自身的条件要求,[②]倘若以此而赋予错误认识方撤销权,那么错误认识方将可以根据自己的意愿来决定婚姻关系的存废,这无疑使婚姻关系处于极其不稳定状态,在其中深受其害的,无疑是依赖婚姻关系保障的家庭成员。就此意义而言,将“人的性质认识错误”视为可撤销婚姻情形,会使社会利益完全被忽视。这实质上是极端个人主义的体现,个人兼及社会本位理念在此形同虚设。正是基于此,有学者坦言,倘若将婚姻当事人“人之性质的错误”视为可撤销婚姻,那么这将会导致婚姻关系的极度不稳定,这无助于保障婚姻关系中弱势群体的利益。[③] 因此,“人的性质认识错误”不宜被纳入可撤销婚姻情形中。但在此需注意的是,在可撤销婚姻中排除“人的性质认识错误”,并非意味着该错误不应受关注。对于此种情形的错误婚姻,可以通过离婚手段来加以解决。

综上所言,错误婚姻不宜被视为可撤销婚姻。其中的原因可以归结为,“人的身份认识错误”情形虽然背离了当事人的个人真实意愿,但该情形在实践中出现的概率微乎其微,因而无须在立法中予以明确规定。而在“人的性质认识错误”情形中,由于每个人对理想配偶条件的设定不同,因而试图统一确定错误认识的个人情况显然是不现实的。在此之下,倘若以抽象的个人情况认识错误

① 由于每个人的价值观不同,因而对配偶的期待条件必然会有所差异。就此意义而言,试图在立法中列举有关个人情况的情形是不现实的,因为立法者不可能知道每个人所希望了解的配偶个人情况。

② 参见云南省潞西市人民法院(2000)潞民一初判字第79号民事判决书、北京市第二中级人民法院(2015)二中民终字第01898号民事判决书、湖南省长沙市中级人民法院(2016)湘01民终3664号民事判决书、安徽省庐江县人民法院(2017)皖0124民初4819号民事判决书。

③ 王礼仁.婚姻诉讼前沿理论与审判实务[M].北京:人民法院出版社,2009:107.

为由而赋予错误认识方撤销权，那么这无疑使婚姻处于极其不稳定的状态中，这将会给家庭及社会带来一系列的负面影响。①就此意义而言，《民法典》将错误婚姻排除于可撤销婚姻制度的做法，是科学合理的。对此，亦有学者坦言，错误制度并不适用于婚姻缔结行为，因为对于身份认识错误而言，陷入错误的一方实际上也是被欺诈方，其可以通过主张受欺诈来撤销婚姻，从而获得救济。而对于性质认识错误而言，其与一般的导致离婚的感情破裂的情形很难区分，在实践中难以操作，无专门规定的必要。②

二、虚假婚姻的法律效力

在日常生活中，虚假婚姻一般被称为“假结婚”，其主要目的在于规避公共政策以及获得婚姻的次要效果，这种现象在现实中并不罕见。③ 当前，我国《民法典》并未对虚假婚姻效力作出明确规定，对于虚假婚姻的效力，有学者指出，从民法典体系化的视角来看，通谋虚伪表示婚姻的效力判定可以参照总则法律行为的效力规则，在此之下，对于虚假婚姻的法律效力，原则上应当认定无效。④但也有学者认为，因为婚姻关系的缔结与解除必须顾及而不能无视当事人的意思，婚姻合意才成为婚姻行为的要件之一，通谋虚伪表示等婚姻合意的瑕疵，应

① 最高人民法院民事审判第一庭.最高人民法院婚姻法司法解释(三)理解与适用[M].北京:人民法院出版社,2011:38.

② 李昊,王文娜.婚姻缔结行为的效力瑕疵:兼评民法典婚姻家庭编草案的相关规定[J].法学研究,2019,41(4):116.

③ 在现实生活中,“假结婚”在我国业已形成产业链,不少中介以此为业,牵线不具备结婚合意的双方当事人通过结婚套利、钻政策空子而获得婚姻的次要效果。参见嵇石,梁耀丹.“假结婚”形成产业链[N].上海法治报,2017-05-15(B06).

④ 韩富鹏.论通谋虚伪结婚的法律效力[J].西部法学评论,2020,(5):50-51.

当在考虑婚姻关系特殊性的基础上,类推适用《民法典》第 1052 条至第 1053 条而可撤销。① 总而言之,虽然《民法典》未对虚假婚姻的效力作出明确的规定,但是从体系化的视角,或是从制度的精神出发,可推定虚假婚姻为无效婚姻或者为可撤销婚姻。

对于此类观点,本书不敢苟同。因为从立法规定可以推知,《民法典》中的婚姻效力规则是封闭性的,这意味着《民法典》婚姻家庭编中若无意思表示瑕疵婚姻的效力规定,那么该婚姻即被视为有效婚姻,而不能参照总则或可撤销婚姻制度类推适用。具言之,最高人民法院在《关于适用〈中华人民共和国民法典〉婚姻家庭编的解释(一)》第 17 条明确指出,当事人以民法典第 1051 条规定的三种无效婚姻以外的情形请求确认婚姻无效的,人民法院应当判决驳回当事人的诉讼请求。从该条规定中可以得知,无效婚姻的判定是封闭性的,即除非婚姻家庭编明确规定该婚姻为无效婚姻的事由,否则司法机关不能径直认定该婚姻为无效婚姻,这就断绝了司法机关参照适用总则规定的可能性。虽然其仅仅涉及无效婚姻的规定,但是从体系逻辑的角度出发,仍可以推知可撤销婚姻制度亦为封闭式的规定,即该婚姻若不存在可撤销婚姻的事由,司法机关即不得将其认定为可撤销婚姻。若任意扩大可撤销婚姻的范围,将会造成无效婚姻规定封闭和可撤销婚姻规定开放的割裂局面,严重破坏婚姻效力体系的统一。

此点在最高人民法院《关于适用〈中华人民共和国民法典〉婚姻家庭编的解释(二)》第 2 条亦得到证实,该条对虚假离婚的问题作出规定,即夫妻登记离婚后,一方以双方意思表示虚假为由请求确认离婚无效的,人民法院不予支持。

---

① 贺剑.意思自治在假结婚、假离婚中能走多远?:一个公私法交叉研究[J].华东政法大学学报,2022,25(5):35.

结婚与离婚同属身份行为，既然虚假离婚行为是有效的，那么同属一体的虚假结婚行为亦应是有效的，如此才符合逻辑上的要求。正是基于此，对于虚假婚姻的效力判定，不宜通过参照适用的方式径直认定其为无效或可撤销婚姻。

可撤销婚姻规定的封闭性是我国的一贯做法，此前，在《最高人民法院关于适用〈中华人民共和国婚姻法〉若干问题的解释（三）》制定时，便有观点指出，立法并未规定“假结婚”的法律效力，以此而扩大适用范围有违无效（可撤销）婚姻制度设立的初衷。① 在我国的司法实践中，虚假婚姻的效力判定一般采用表示主义标准，而将其视为有效婚姻。②

在司法实践的基础上，《关于适用〈中华人民共和国民法典〉婚姻家庭编的解释（二）》明确将具有身份变动效力的虚假离婚行为视为有效行为，再次明确了可撤销婚姻规定的封闭性。不过值得注意的是，在夫妻财产行为中，因意思表示瑕疵所发生的财产变动行为是可以参照总则相关规定的。具言之，该司法解释第 20 条明确规定，离婚后，一方有证据证明签订离婚协议时存在欺诈、胁迫等情形，请求撤销该约定的，人民法院依法予以支持。此前，在征求意见稿期间，不仅是欺诈、胁迫等情形被视为可予撤销财产行为的情形，同时虚假的意思表示亦被明确规定，即一方有证据证明双方意思表示虚假，请求确认离婚协议中有关财产及债务处理条款无效，并主张重新分割夫妻共同财产的，人民法院应依法予以支持。上述规定与《民法典》总则有关财产行为的规定相一致，从中可以进一步反映出，在涉及身份关系变动方面，其效力体系是封闭的，不能参照

① 最高人民法院民事审判第一庭.最高人民法院婚姻法司法解释（三）理解与适用[M].北京：人民法院出版社，2011：37.

② 王林清，杨心忠，赵蕾.婚姻家庭纠纷裁判精要与规则适用[M].北京：北京大学出版社，2014：1.

《民法典》总则规定认定意思表示瑕疵婚姻的效力，但是在涉及财产关系变动方面，其效力体系却是开放的，可以参照《民法典》总则规定认定其效力。

之所以如此，是因为财产法以权利为核心，个人权利在法律上被表达为利益的正当性评价。个人权利不仅是对个人正当利益的确认，更是个人追求正当利益的自由。相应地，家庭以婚姻关系为核心，以情感关系为基础，具有伦理性和利他性，夫妻双方表现的是全方位的人格投入，这就导致二者之间天然存在巨大张力。“理性人”作为通常所描述的“民法中的人”的典型形象，大体上等同于财产法上的“经济人”，其从事民事活动的目的是追求自身利益的最大化。婚姻家庭法背后并不存在“个人主义的自由契约”所构成的人类图景，相反，其被理解为一种超个人主义式的生活图景。[①]正是因为两者的差异，在身份行为的效力判定中，一般不宜参照财产色彩浓厚的《民法典》总则规定，否则会引起婚姻家庭关系的不稳定，损害婚姻家庭关系中弱者的利益，有违社会本位理念。对此，也有学者指出，《民法典》婚姻家庭编中关于婚姻效力瑕疵的规定应该解释为具有封闭性，没有规定的瑕疵类型并非“遗漏”，而是本就不该影响婚姻的效力。[②]

诚然，在虚假婚姻中，夫妻双方并没有共同生活的意图，这与婚姻的本质并不相符，对此似乎有否定其效力之必要。而从国外的相关立法或司法实践来看，虚假婚姻亦因情形的不同而被视为可撤销婚姻或者无效婚姻，例如，在德国，法律为了阻止对婚姻自由的滥用，虚假婚姻被视为可撤销婚姻。[③] 又如，在

① 陈宜芳，王丹.民法典婚姻家庭编法律适用中的价值理念和思维方法：以《民法典婚姻家庭编解释（二）》为视角[J].法律适用，2025(1)：29.

② 龙俊.《民法典》中婚姻效力瑕疵的封闭性[J].社会科学辑刊，2022，(4)：78.

③ [德]迪特尔·施瓦布.德国家庭法[M].王葆莳，译.北京：法律出版社，2010：51.

美国，有法院认为，婚姻的有效性与否应从是否具有生活的共同性来进行理解，通过假结婚来获取公民资格的行为因不具有共同生活的意图，故在此情形下虚假婚姻应被视为无效婚姻。① 即便如此，我国仍不宜在立法中作出改变，将虚假婚姻视为效力瑕疵的婚姻。

首先，将虚假婚姻视为效力瑕疵的婚姻徒增法律适用的难度。具言之，由于人内心的真实意愿具有抽象性，在双方当事人均是自由表达的情境下，事实上是难以认定一方当事人的表示行为是否与其内心的真实意愿相符的，故大多数国家(地区)在结婚问题上多以婚姻公示来确认婚姻的效力，这有助于维护婚姻关系的稳定。倘若认为虚假婚姻具有可撤销性，那么无疑赋予了虚假婚姻当事人双方极大的婚姻决定权，以此将使婚姻关系处于极其不稳定的状态中，这无助于维护婚姻关系中弱势群体的利益。与此同时，由于内心意思的抽象性，第三人是难以探求真意的。正如有学者所言："在婚姻关系上，即使是最进步的法律，只要当事人在形式上证明是自愿的，也就十分满足了，至于法律幕后的现实生活是怎样的，这种自愿是怎样造成的，关于这些，法律都可以置之不问。"② 在国外的一些司法实践中，由于内心意愿过于抽象，故在对虚假婚姻的效力进行判定时，这些国家(地区)的法院仅将形式要件作为婚姻有效与否的判断依据。③

其次，将虚假婚姻视为效力瑕疵的婚姻不符合社会主义核心价值观的要

① Brian Thomas. Prosecuting Sham Marriage under 18 U.S.C. Sec. 1546: Is Validity of Marriage Material [J]. Suffolk Journal of Trial and Appellate Advocacy, 2006, 11(1): 201.

② 王礼仁.婚姻诉讼前沿理论与审判实务[M].北京:人民法院出版社,2009:106.

③ Deborah Posel. Marriage at the Drop of a Hat: Housing and Partnership in South Africa's Urban African Townships, 1920s-1960s[J]. History Workshop Journal, 2006, 61(1): 57-58.

求。具言之,当前,社会主义核心价值观已经充分融入《民法典》,并且作为一项基本原则存在,在此对于法价值的引领具有重要的意义。《民法典》是以社会主义核心价值观为指引编纂的,不仅引导人们增进对社会主义核心价值观的认知认同,也向社会和公民表明各自的行为准则,并通过惩恶扬善来强化示范带头作用,引导人们把社会主义核心价值观作为自己的价值坐标和行为准则。[①] 通过此,良好的社会风气得以塑造。正是在社会主义核心价值观的指引下,《民法典》增设了多项制度。如在社会主义核心价值观之诚信价值观的指引下,《民法典》在可撤销婚姻制度中增加了重大疾病事由的欺诈婚姻,这有效保障了婚姻双方对婚姻的知情权。在该制度之下,对重大疾病予以隐瞒的婚姻当事人将会遭致撤销婚姻的不利后果,以此将有助于树立婚姻当事人正确的婚姻诚信观。从整体上来说,这在一定程度上避免了婚前对重大疾病的隐瞒行为。

虽然在《民法典》中并未明确规定虚假婚姻,但是在社会主义核心价值观的引领之下,承认虚假婚姻的效力反而有助于减少此种婚姻的发生,进而有助于在婚姻当事人之中树立正确的婚姻观。具体来说,倘若以意思主义标准为主,而认为虚假婚姻为可撤销婚姻,那么这将会产生诸多弊端。在虚假婚姻中,双方当事人在缔结婚姻时是处于自由环境中的,缔结虚假婚姻主要是为了规避公共政策或获得婚姻的次要效果,而非在两人之间建立婚姻关系。一般而言,虚假婚姻的双方当事人在目的达成以后,虚假婚姻即应按原有协议解除。就此意义而言,虚假婚姻存在的风险是,在目的达成以后一方当事人不愿按原有协议解除婚姻。由于虚假婚姻是双方当事人意思与表示的不一致,因此,将虚假婚

① 谢天长,叶琛.社会主义核心价值观与《民法典》编纂[J].福建论坛·人文社会科学版,2020(9):78.

姻视为可撤销婚姻意味着，虚假婚姻的双方当事人将具有撤销婚姻的权利。就此来看，撤销权的存在无疑消除了虚假婚姻中婚姻不解除的风险，在此无疑使虚假婚姻当事人无后顾之忧。从某种程度而言，此举将对虚假婚姻产生某种激励作用。这对法律的严肃性和权威性来说，造成了极其严重的损害，法律制度在此成为当事人牟利的工具。从这一方面来看，将虚假婚姻视为可撤销婚姻正迎合了婚姻当事人的意愿，让其可以安心地通过缔结虚假婚姻来谋取不当利益，这显然不利于社会主义核心价值观的贯彻和良好社会风气的塑造。而承认虚假婚姻的效力反而有助于减少此类婚姻的发生，其中存在的后果可以让虚假婚姻的当事人在缔结虚假婚姻时有所忌惮，不敢轻易与对方缔结虚假婚姻，这在间接上有助于树立婚姻当事人正确的价值观，减少虚假婚姻现象的发生。

在司法实践中，对于此类虚假缔结婚姻的行为，有法官指出，在婚姻关系成立中，只要双方领证登记，在法律上就确认为结婚状态。双方在结婚状态中所作的约定，只要不违反法律和公序良俗，不是在胁迫、欺诈等状态下签署，便具有法律效力。而法律对结婚的动机并不追究，无论双方动机如何，即使是所谓的假结婚，其婚姻状态也会得到法律认可。因此，婚姻当事人对于所谓的假结婚行为要有足够的警醒，不能因利益而将婚姻视为儿戏，导致自己蒙受损失，人财两空。[①] 事实上，在现实生活中，业已出现不少因虚假婚姻而导致人身或财产权益受损的情形。如在北京曾发生一起刑事案件，被害人家属李某（北京人）为获得 20 万元，与欲在北京买房的曹某虚假结婚，没想到竟招致意想不到的灾难，曹某为泄愤而把李某无辜的妹妹杀害。事后，李某对于与曹某的虚假婚姻

① 环球网."假结婚"获北京户口未果 男子起诉配偶被驳[DB/OL].(2018-01-20)[2020-08-10]. https://baijiahao.baidu.com/s? id=1590067382736667930.

懊悔不已。[①] 无独有偶，在上海曾发生一起案件，该案当事人陈先生为了帮詹女士的忙，而与其缔结虚假婚姻，不料在虚假婚姻存续期间，陈先生突发疾病去世，其名下的96万遗产在分割时引起了极大的争议，虚假婚姻的当事人詹女士认为，其作为配偶享有分割财产的权利，但陈先生的弟弟、妹妹等近亲属却不同意。此案闹至法院，法院最终依据《中华人民共和国继承法》的相关规定裁判由詹女士继承其中的25万余元，其余遗产60.8万余元由陈先生的4位近亲属继承。[②] 可见，虚假婚姻虽然可以给当事人带来收益，但是其伴随着比收益更大的风险，此时唯有在立法中承认虚假婚姻的效力，同时加大对虚假婚姻危害的宣传，才能减少甚至消除男女双方缔结虚假婚姻的动机，进而从整体上减少乃至消除虚假婚姻的现象，在男女之间树立正确的婚姻观。

最后，在资源有限性的情境下，若是将虚假婚姻视为可撤销婚姻，那么虚假婚姻当事人可以不断地利用婚姻占用有限的社会资源，进而造成新的社会分配不公，引致社会资源的紧张，最终将会导致社会的不稳定。正是基于此，有学者呼吁，婚姻缔结之公然行为，不能因私的密约而左右其效力。[③] 事实上，将虚假婚姻视为有效婚姻并不违背个人兼及社会本位的理念。在虚假婚姻中，双方当事人所作的婚姻决定实际上是在完全自由的环境下进行的，在此其自由表达的权利并未受到任何侵犯，对于与相对方缔结婚姻的意义，行为人是明知的。从某种程度上说，婚姻缔结行为并未完全违背当事人的个人意愿，结婚亦是虚假方所欲达成的目标之一，只不过相比于最终目的，结婚只是手段而已。在虚假

① 继胜.无辜妹妹被害，祸起贪婪姐姐假结婚[J].分忧，2020，(11)：24-26.

② 佳木.假结婚引96万遗产纠纷[J].新天地，2017，(3)：20-21.

③ [日]栗生武夫.婚姻法之近代化[M].胡长清，译.北京：中国政法大学出版社，2003：59.

婚姻中，当事人的个人利益并未受到任何损害，既无损害，何来救济？然而，对于婚姻关系的弱势群体来说，婚姻关系的不稳定将使其利益难以得到保障，特别是对于未成年子女而言，完整的婚姻对其健康成长意义重大。就此意义而言，虚假婚姻的效力判定应突出社会利益的保障，盖因个人并无任何损害之故。综上所言，虚假婚姻应被视为有效婚姻。

三、欺诈婚姻的法律效力

我国《民法典》在欺诈婚姻的效力判定上，所采取的是折中主义的标准，即对于重大疾病的欺诈事由来说，其效力判定所采的是意思主义标准；对于其他欺诈事由来说，其效力判定所采的是表示主义标准。此前，在 2001 年《婚姻法》中，对于欺诈婚姻所采取的均为表示主义标准，即认为其是一种完全有效的婚姻。之所以如此，其中的主要原因在于维护婚姻关系的稳定。具言之，如果允许所有婚前被隐瞒过真实情况的一方都有权请求宣告婚姻无效，那么将会造成婚姻的不稳定和婚姻的随意性，婚姻不再是神圣的结合。[①] 当时虽然采取此种标准，但在司法实践中，对于一些欺诈情形较为严重的婚姻，司法机关仍会认为此种婚姻无效，这在我国《最高人民法院关于适用〈中华人民共和国婚姻法〉若干问题的解释（三）》中有所体现。依据该解释第 1 条规定的精神，可提起行政诉讼来撤销婚姻的结婚登记瑕疵包括一方伪造相关材料对对方进行欺骗结婚的行为。[②] 在此欺诈婚姻被视为行政法问题，但是从法律后果来看，此种情形的

① 陈苇.结婚与婚姻无效纠纷的处置[M].北京:法律出版社,2001:61.

② 最高人民法院民事审判第一庭.最高人民法院婚姻法司法解释(三)理解与适用[M].北京:人民法院出版社,2011:46.

欺诈婚姻与可撤销婚姻无异。之所以在该解释中确立此条规定，其中的原因在于，此种欺诈行为实际上是对行政机关的欺骗，其致使行政机关作出重大的瑕疵行为，明显不符合《婚姻登记条例》的有关规定，是一种无效的行政行为。[①]可见，该条规定实际上是基于规范行政管理的需要，而非保护个人的真实意愿，即便个人真实意愿在撤销行为中得到维护，其也不过是行政管理中的附带性保护而已，这与个人兼及社会本位理念中优先考虑个人的要求并不相符。[②] 此条规定为我国 2020 年出台的《最高人民法院关于适用〈中华人民共和国民法典〉婚姻家庭编的解释（一）》第 17 条所沿用。

《民法典》一改 2001 年《婚姻法》中关于婚姻效力瑕疵规定，在可撤销婚姻中增设“重大疾病型”欺诈婚姻的规定。其中的原因在于，结婚是人生大事，结不结婚、和谁结婚应由当事人自己决定，也涉及婚姻自愿、婚姻自由的问题。即使当事人一方患有严重疾病，另一方知情，但仍愿意结婚，如不许可结婚，似与婚姻自愿、婚姻自由的原则相冲突。如果当事人明知对方患病而仍愿意结婚，应当尊重当事人自己的意愿，尊重当事人的婚姻自主权。因此，对于患有医学上认为不宜结婚疾病的人，是否结婚的决定权属于双方当事人，即在相互知晓对方身体健康状况的情况下自主决定。但患病的一方如果不如实告知患有重大疾病，那么其将构成婚姻欺诈，对方有权请求人民法院撤销其婚姻。[③] 此项规

---

① 最高人民法院民事审判第一庭.最高人民法院婚姻法司法解释（三）理解与适用［M］.北京：人民法院出版社，2011：46.

② 由于行政法的主要目的是规范行政管理、维护行政秩序，故在欺诈婚姻的效力认定上，其往往以行政秩序的维护为出发点，在此受欺诈方的个人利益并不被重视，其不过是依附于行政利益的一种不足为道的利益。当行政秩序未被破坏时，那么在婚姻中即便存在与个人真实意愿相违背的欺诈情形，受欺诈方也不得主张撤销婚姻。就此意义而言，此种做法显然不符合个人兼及社会本位理念中优先考虑个人的要求。

③ 黄薇.中华人民共和国民法典释义（下）［M］.北京：法律出版社，2020：1970.

定来源于 2001 年《婚姻法》有关的无效婚姻规定,《民法典》将其置于可撤销婚姻制度中,凸显了民法对个人的关怀,也更体现出立法的科学性,即对于有违结婚意愿的婚姻,不应由国家来代替婚姻当事人宣告其无效,而理应将该权利交由婚姻当事人。

对于其中的“重大疾病”,立法者并未予以明确,其中的原因主要是考虑到技术在进步,医疗水平在提高,在不同的历史时期,认定重大疾病可能是不同的。重大疾病具体是什么病,或者某种疾病是不是重大疾病,需要司法机关和有关部门、单位在司法实践中进行认定。① 此种做法直接造成了实践中对重大疾病理解的分歧,以不孕不育症为例,在司法实践中,有法院认为,不孕不育症是《民法典》第 1053 条所称的重大疾病,因为该疾病足以影响另一方当事人决定结婚的自由意志,以及对双方婚后生活造成重大影响。② 有法院则认为,不孕不育症不是《民法典》第 1053 条所称的重大疾病,因为其不符合《母婴保健法》所规定的具体情形。③ 类似的分歧还出现在对精神分裂症、抑郁症等疾病的认定中。④ 在学术界,不同学者对重大疾病的理解亦产生分歧。有学者认为,重大疾病是指医治花费巨大且较长一段时间内严重影响患者及其家庭的正常工作

---

① 黄薇.中华人民共和国民法典释义(下)[M].北京:法律出版社,2020:1971.

② 参见四川省剑阁县人民法院(2021)川 0823 民初 2139 号民事判决书。

③ 参见北京市朝阳区人民法院(2021)京 0105 民初 42418 号民事判决书。

④ 例如,在对精神分裂症的认定中,有法院援引《母婴保健法》的规定,认为其是《民法典》第 1053 条所称的重大疾病,参见北京市西城区人民法院(2021)京 0102 民初 27762 号民事判决书;有法院则认为该疾病不算重大疾病,因为“精神分裂症”不足以影响一方对“是否撤销婚姻”的判断,参见河南省濮阳市华龙区人民法院(2021)豫 0902 民初 5680 号民事判决书。又如,在对抑郁症的认定中,有法院认为该疾病属于重大疾病,参见河南省周口市川汇区人民法院(2021)豫 1602 民初 540 号民事判决书;有法院则认为其不算重大疾病,因为该疾病并没有严重危害共同生活的人员或者其后代的健康,并没有足以危及婚姻本质,参见浙江省金华市婺城区人民法院(2021)浙 0702 民初 1387 号民事判决书。在《民法典》未明确规定重大疾病类别的语境下,类似的分歧在实践中尚存在不少,限于篇幅,本文不再一一列举。

和生活的疾病。[①] 有学者认为，对于重大疾病的认定，应以具体案件中被隐瞒配偶的主观感受为判断标准，即“重大疾病”应理解为会对未患病方的结婚意愿产生重大影响的疾病，同时需结合该疾病是否会影响婚姻的功能来具体认定。[②] 有学者认为，可参考《母婴保健法》及国家卫生健康委关于不宜结婚或暂缓结婚疾病的相关规定进行判定。[③] 有学者则认为，可参照保险行业认定重大疾病的标准来具体认定。[④]

对此，本书认为，对欺诈婚姻中重大疾病的理解，仍应从立法本意出发。从立法的历史来看，重大疾病条款的立法价值理念经历了从公共利益到个人利益的过程。具体来说，重大疾病条款的“前世”是 2001 年《婚姻法》中无效婚姻疾病事由的规定，此次《民法典》将原无效婚姻事由调整到可撤销婚姻制度中，凸显了对婚姻当事人个人意愿的尊重。对重大疾病的理解，应结合可撤销婚姻的目的，从个人意愿的视角去理解重大疾病，此为婚姻自由原则的应有之义。前已述及，婚姻自由原则中的“与谁结婚”，是个人决定和“谁”结婚的自由，“谁”在此包含了个人对符合自身意愿配偶的期待。在此语境下，某种疾病是否属于重大疾病，应取决于一方疾病的存在是否违背了另一方预期的配偶条件，若未违背，那么婚姻不属于可撤销的婚姻，反之，则婚姻可撤销。对此，有学者亦指出，《民法典》第 1053 条并非为了体现国家对一方患有重大疾病的婚姻的管制，而是为了保护受欺诈的另一方缔结婚姻的自由。一方故意隐瞒与婚姻的缔结

① 薛宁兰，谢鸿飞.民法典评注：婚姻家庭编[M].北京：中国法制出版社，2020：92.

② 郝晶晶.《民法典》对弱势群体婚姻权利的保障及限度：以疾病婚姻效力修订为切入点[J].广西社会科学，2021，(10)：34.

③ 夏吟兰.婚姻家庭编的创新和发展[J].中国法学，2020，(4)：75.

④ 吴晓芳.对民法典婚姻家庭编新增和修改条文的解读[J].人民司法，2020，(19)：30.

有重大利害关系的信息,致使相对方陷入错误认识而结婚的,是对相对方婚姻自由的严重侵害。①

需要注意的是,“重大”在此意味着,此种对个人意愿的违背,应是严重背离了另一方预期的配偶条件。至于如何认定是否属于严重背离,还需要在个人兼及社会本位的理念之下结合实际情况展开。这里涉及对个人认定重大疾病自由的限制,此种限制实际上是为了保护家庭关系中弱势群体的利益,其可以有效避免婚姻被任意撤销所带来的不利后果。若是没有任何限制,那么婚姻家庭领域势必会沦为一个自私冷漠的地方。换言之,在没有任何限制的情形下,只要意思表示瑕疵方认为疾病对自己而言是“重大”的,而无论该疾病在医学上是否轻微、是否可治愈,婚姻都必须被撤销,如此将会导致婚姻更加容易解体,家庭关系中弱势群体的利益也更加容易受到损害,长此以往,容易在婚姻家庭领域形成只顾自己、不顾他人的不良导向,最终使婚姻家庭沦为一个自私冷漠的地方。对个人认定重大疾病自由的限制,意味着法院在认定重大疾病时,不应以意思表示瑕疵方的个人意愿作为唯一依据,而应考虑到婚姻家庭中弱势群体的利益,根据实际情况来认定意思表示瑕疵方所称的疾病“重大”,是否为真正意义上的“重大”?是否真的对其构成了重大影响?如果确实对其构成了重大影响,那么法院就应当判决撤销婚姻,而不能为了维护婚姻家庭中弱势群体的利益而继续维持这段婚姻。

由于婚姻效力体系是封闭性的,立法仅规定“重大疾病型”欺诈婚姻,意味着除了重大疾病事由的欺诈婚姻以外,其他的欺诈婚姻均被视为有效婚姻。对

---

① 冉克平.“身份关系协议”准用《民法典》合同编的体系化释论[J].法制与社会发展,2021,27(4):79.

此,有学者表示认同,认为这从根本上体现了婚姻法的特殊性。[①] 事实上,在欺诈婚姻中,不仅可以通过离婚来解决,而且有些欺诈事由诸如隐瞒未达到法定婚龄等与无效婚姻事由重叠,对此亦可依无效婚姻来处理。[②] 故没有必要将欺诈婚姻视为可撤销婚姻。但也有学者指出,当前欺诈婚姻行为适用的当务之急是扩大行为内容,而非局限于“重大疾病未告知”一种情形。从现有立法看,重大疾病未告知实际上仍属于婚姻管理秩序,出于对下一代质量的社会利益考量,仍有忽略意思表示之嫌。基于此,应扩大欺诈婚姻事由的范围。[③]

至于是否应扩大欺诈婚姻的事由,本书认为,此问题仍应从婚姻法的基本原则出发,去探究在扩大欺诈婚姻事由时,是否会造成婚姻当事人的个人利益与婚姻关系弱势群体利益的失衡。具体来说,意思表示瑕疵婚姻涉及婚姻自由原则,而婚姻自由的要义在于,婚姻当事人有权按照法律的规定自主自愿地决定自己婚姻问题的自由,排除任何人的强制与干预。[④] 此种干预无论采取什么形式,也不论干预人与当事人的关系如何,均应被排除。[⑤] 在欺诈婚姻中,受欺诈方之所以缔结婚姻,根本原因在于欺诈方欺诈行为的存在,致使其表意自由受到不当干扰,以至于作出缔结婚姻的行为。简而言之,若无此欺诈行为,受欺诈方根本不会结婚。就此意义而言,结婚是违背受欺诈方个人真实意愿的,此种真实意愿的违背实质上是受欺诈方受到外部干扰的结果,受欺诈方的婚姻自

① 王礼仁.婚姻诉讼前沿理论与审判实务[M].北京:人民法院出版社,2009:109.

② 沈旭红.论可撤销婚姻制度的完善[J].江苏工业学院学报(社会科学版),2007(4):23.

③ 李瀚琰.《民法典》欺诈婚姻的理解与适用:以民事法律行为为中心[J].中华女子学院学报,2021,33(2):55.

④ 陈苇.婚姻家庭继承法学[M].北京:中国政法大学出版社,2011:49.

⑤ 夏吟兰.中华人民共和国婚姻法评注:总则[M].厦门:厦门大学出版社,2016:186.

由权在此受到了侵犯。此时若仍认为欺诈婚姻是有效婚姻,那么这显然与个人兼及社会本位理念中优先考虑个人的要求不符。

虽然欺诈婚姻与错误婚姻在具体情形上存在相同之处,即欺诈婚姻亦包含了“人的身份认识错误”和“人的性质认识错误”。而在前述错误婚姻的效力判定中,错误婚姻被视为有效婚姻。但是,欺诈婚姻在此并不能与错误婚姻等同,原因在于,在错误婚姻中,行为人的表意自由未受到侵犯,而在欺诈婚姻中,行为人的表意自由受到了严重侵犯。就此意义而言,个人利益在欺诈婚姻中受到的损害多于在错误婚姻中受到的损害。在个人兼及社会本位的理念下,当个人利益遭到严重侵害时,立法首先要保护的只能是个人利益。在此之下,欺诈婚姻在效力判定上宜采用意思主义标准,而应被视为可撤销婚姻。值得一提的是,在胁迫婚姻中,被胁迫方的婚姻自由权亦受到了严重侵害,然而在我国现行法中,所有事由的胁迫婚姻却被视为可撤销婚姻。就此意义而言,既然所有事由的胁迫婚姻被纳入可撤销婚姻制度中,那何以将同为婚姻自由权受侵犯的部分欺诈婚姻排除于外?

当前,在我国司法实践中,欺诈婚姻并不鲜见。对于该问题的解决,《民法典》出台以前,实践中除了前述的行政法解决方式以外①,还存在另外一种解决方式,即民事法解决方式②。具言之,在民事法解决方式中,欺诈婚姻被视为一种有效婚姻或是符合法定无效事由的无效婚姻,在此基础上,通过离婚或无效

① 参见山东省阳谷县人民法院(2015)阳行初字第36号行政判决书、湖南省涟源市人民法院(2011)涟行初字第63号行政判决书、福建省泉州市中级人民法院(2016)闽05行终206号行政裁定书、甘肃省酒泉市中级人民法院(2016)甘09行终20号行政裁定书。

② 参见江苏省邳州市人民法院(2016)苏0382民初1397号民事判决书、北京市第三中级人民法院(2016)京03民终8068号民事判决书、湖北省高级人民法院(2017)鄂民申872号民事裁定书、河北省涿州市人民法院(2017)冀0681民初1813号民事判决书。

婚姻的方式来加以解决。在《民法典》出台以后,则增加了可撤销婚姻的解决方式。从表面上看,欺诈婚姻问题可以在现行法的框架下得以解决,对此似无再扩大可撤销婚姻制度范围的必要。但从实质而言,无论是在设立目的上抑或是在内容上,可撤销婚姻制度均与现存民事法解决方式有所差异。对此,立法不应将两者等同。就离婚方式而言,其与可撤销婚姻的最大不同之处在于,离婚在程序适用上更为烦琐,这也意味着,通过离婚方式来解除婚姻的时间更长,付出的成本更高①,这无疑增加了受欺诈方处于不自愿婚姻状态的痛苦时间,在实践中,此种痛苦甚至会导致受欺诈方自杀②。而就无效婚姻方式而言,由于其体现的是国家权力对私领域的干涉,目的是维护国家确立的秩序,因此婚姻只要符合无效事由即应被宣告为无效。在此即便当事人想维持婚姻的效力,也不会被允许。从本质上说,个人意愿在此亦未得到应有的尊重,此与将欺诈婚姻视为有效婚姻的做法又有何区别? 这不过是从一个极端走向另一个极端而已。虽然现有可撤销婚姻方式可以在一定程度上维护受欺诈方的个人利益,但是其中的事由仅限于重大疾病,导致其适用空间严重受限,使得对受欺诈方个人利益的维护大打折扣,不利于从根本上实现个人本位理念。由此可见,在现有的解决方式下,受欺诈方的个人利益实难得到维护,这无助于社会公平正义的彰显。对此,立法必须予以改变,而将所有事由的欺诈婚姻视为可撤销婚姻。

---

① Margaret F. Brinig, Michael V. Alexeev. Fraud in Courtship: Annulment and Divorce [J]. European Journal of Law and Economics, 1995, (2): 52.

② 在此方面较为著名的系"四川大学教师罗洪玲跳楼自杀"一案。在该案中,四川大学教师罗洪玲从一座公寓13楼坠楼自杀身亡,自杀原因是丈夫程某隐瞒自己男性同性恋倾向进行骗婚,引发两人间激烈的矛盾冲突。在自杀前的一段时间,罗洪玲也曾提出过离婚事宜,但终究是难以离成,在此过程中,罗洪玲斥责老公程某:"有那么多机会可以放我一条生路,为什么一定要拖我进泥潭?"最后在极度失望之下,罗洪玲选择了结束自己的生命。参见 http://news.163.com/12/0718/12/86MPJUIT00011229.html.

值得一提的是，无论是在我国近代几部民法典中，抑或是在民法典的学者建议稿中，所有事由的欺诈婚姻均被视为可撤销婚姻。例如，1911 年的《大清民律草案》即在第 1345 条中规定了欺诈婚姻为可撤销婚姻，1929—1931 年的《中华民国民法典》则在第 997 条中规定了欺诈婚姻为可撤销婚姻，其中的理由均在于，婚姻自主的权利遭到侵犯，以至于婚姻的合意未达成。① 又如，在民法典的学者建议稿中，由梁慧星教授主持的《中国民法典草案建议稿》即认为欺诈婚姻应为可撤销婚姻，其中的主要原因在于，2001 年《婚姻法》只将胁迫作为婚姻撤销的事由，范围过于狭窄，在缺乏结婚的合意而构成婚姻撤销事由方面，欺诈应与胁迫相并列。② 而王利明教授主持的《中国民法典学者建议稿》亦明确地将欺诈婚姻视为可撤销婚姻，其中的理由在于，2001 年《婚姻法》只将胁迫作为撤销的原因，而未将欺诈作为撤销的原因，显然是顾此失彼，构成法律漏洞，理应加以修正。③ 从这些建议可以看出，在欺诈婚姻的事由上，不应仅限于重大疾病的事由，但凡违背结婚合意的欺诈婚姻，均应被视为可撤销婚姻。在我国 2001 年《婚姻法》修订的过程中，也曾有不少学者提出，应将欺诈作为可撤销婚姻的事由，这样可以使家庭这个基本单位更加稳定，也能及时有效地维护受害人的利益。④ 虽然通过广大学者的努力，《民法典》将欺诈婚姻视为可撤销婚姻，但遗憾的是，其中所涉及的欺诈事由仅包括重大疾病。

既然欺诈婚姻与胁迫婚姻同为严重侵犯婚姻当事人婚姻自由权的意思表

---

① 蒋月.20 世纪婚姻家庭法：从传统到现代化[M].北京：中国社会科学出版社，2015：208.

② 梁慧星.中国民法典草案建议稿附理由：亲属编[M].北京：法律出版社，2013：67-68.

③ 王利明.中国民法典学者建议稿及立法理由：人格权编、婚姻家庭编、继承编[M].北京：法律出版社，2005：233.

④ 王胜明，孙礼海.《中华人民共和国婚姻法》修改立法资料选[M].北京：法律出版社，2001：33.

示瑕疵婚姻，那么立法无理由将欺诈婚姻与胁迫婚姻差别对待，扩大欺诈婚姻事由有其正当性所在。虽然扩大欺诈婚姻事由会导致婚姻更为容易撤销，在一定程度上会对婚姻关系的弱势家庭成员利益产生影响，但是相比于欺诈婚姻中个人婚姻自由权的损害，对婚姻关系弱势家庭成员利益的影响是较小的。何况在婚姻撤销时，尚存在相应制度对弱势家庭成员利益进行保障，此种制度容下一章节再详细讨论。

虽然扩大欺诈婚姻事由对于婚姻关系弱势家庭成员利益的影响较小，但对此亦要兼顾，否则会造成利益天平的严重失衡。此种兼顾除了撤销时的制度设计以外，还体现在扩大欺诈婚姻事由时的限制。换言之，为了避免欺诈婚姻处于极端的不稳定状态，立法应对欺诈婚姻的撤销有所限制，即唯有欺诈婚姻系由欺诈事由所引起时，该欺诈婚姻才属于可撤销的婚姻。若是在婚姻缔结中虽然存在欺诈，但是当事人之所以缔结该婚姻，其原因并非基于该欺诈事由时，那么该婚姻便不属于可撤销的婚姻。简而言之，若欺诈与缔结婚姻并无因果关系，那么该婚姻便不属于可撤销的欺诈婚姻。

扩大欺诈婚姻的事由不仅是婚姻自由原则的应有之义，也是社会主义核心价值观的必然之举。如前所言，《民法典》在总则部分确立了社会主义核心价值观，其具有通过惩恶扬善来强化示范带头的作用，有引导人们把社会主义核心价值观作为自己的价值坐标和行为准则的重要意义。扩大欺诈婚姻的事由，将有助于社会主义核心价值观中诚信价值观的贯彻。具言之，将欺诈婚姻视为可撤销婚姻，有助于在婚姻当事人之间树立正确的婚姻诚信观，减少欺诈婚姻的发生。因为对于实施欺诈的一方来说，婚姻并不会像其所希望的那般完全发生效力，一旦撤销权人行使撤销权，那么其所期盼通过欺诈婚姻获得的利益将完全消失，这对他来说是十分不利的。基于此，可以在社会中形成一种良性的婚姻观念，即通过欺骗获得的婚姻将会给欺骗方带来不利后果，在趋利避害的本性趋势下，婚姻当事人将会谨慎避免欺骗，由此在间接上便能树立起正确的婚姻诚信观。

可见，在我国，在可撤销婚姻中扩大欺诈婚姻的事由有着坚实的基础。《民法典》仅对重大疾病的欺诈事由视为可撤销婚姻，以此在范围上略显狭隘，这显然无助于体现民事立法对个人的关怀。从某种程度来说，这与《民法典》的立法精神不完全相符。因此，该法典在未来的修订中，仍有进一步完善的必要。

四、胁迫婚姻的法律效力

相比于其他类型的意思表示瑕疵婚姻，胁迫婚姻是在婚姻立法中较早被明确规定的意思表示瑕疵婚姻类型。早在 2001 年《婚姻法》修订时，立法者便明确将胁迫婚姻视为可撤销婚姻，该《婚姻法》第 11 条规定，因胁迫而缔结的婚姻是可撤销婚姻。之所以仅将胁迫婚姻纳入可撤销婚姻制度，主要原因在于，胁迫是一种严重违背当事人婚姻意愿的行为，而诸如虚假、欺诈等类型的意思表示瑕疵婚姻，在司法实践中不好认定。[①] 由此可见，当时之所以仅将胁迫婚姻视为可撤销婚姻，其中最为主要的原因在于，相比于其他类型的意思表示瑕疵婚姻，胁迫婚姻对当事人真实意愿的背离程度更深。

《民法典》继续沿用了 2001 年《婚姻法》的规定，对此，编纂《民法典》的立

① 最高人民法院民事审判第一庭.婚姻法司法解释的理解与适用[M].北京：中国法制出版社，2002：45.

法者亦指出，之所以沿用2001年《婚姻法》的规定，主要原因在于，胁迫婚姻违反了结婚须男女双方完全自愿的原则，是违法婚姻，考虑到被胁迫的一方，在结婚时，虽然是违背了自己的意愿与他人缔结了婚姻关系，但有可能在和他人结婚后，组建了家庭，经过一段时间生活，与对方建立了一定的感情，婚姻关系良好，特别是在有了孩子的情况下，与对方、与孩子更有一种难以割舍的关系，在这种情况下，法律明确规定胁迫婚姻为无效婚姻，不一定适当，所以将因胁迫而缔结的婚姻，继续规定为可撤销婚姻。①

立法者之所以强调其为可撤销婚姻，另外一个原因还在于，在立法修订过程中，有学者建议将胁迫婚姻视为无效婚姻。此种观点不仅出现在《民法典》编纂过程中，亦出现在2001年《婚姻法》修订过程中。因为胁迫婚姻从某种程度上说严重侵犯了我国《宪法》所规定的婚姻自由原则，是损害社会公共利益的表现。② 同时，我国实行的是结婚登记制度，要求结婚的男女在符合婚姻法规定的结婚应当具备的实质条件的情况下，还应当到婚姻登记机关履行结婚登记手续，由此体现出结婚的国家主义，故在效力的认定上，理应由国家而非当事人出面来确定。将胁迫婚姻视为可撤销婚姻与法理相悖，恋爱虽然是当事人的私事，但是结婚登记却是一种行政法律行为，在行政法律行为中，是不存在可撤销制度的。③ 也正是基于此，才有观点提出，应将胁迫婚姻视为无效婚姻而非可撤销婚姻。④

对此，本书较为认同立法者的观点，认为胁迫婚姻理应为可撤销婚姻而非

---

① 黄薇.中华人民共和国民法典释义(下)[M].北京:法律出版社,2020:1966.
② 李蓓.略论可撤销婚姻[J].湖南财经高等专科学校学报,2002,(1):33.
③ 同①:1965.
④ 贺丹青.婚姻无效制度核心问题研究[J].中央政法管理干部学院学报,2000,(4):12.

无效婚姻。其中最为主要的原因在于,胁迫婚姻所违背的是婚姻自由原则,其与婚姻当事人的结婚意愿密切相关。从本质上说,其所损害的是被胁迫方的个人利益,与公共利益无涉。在可撤销婚姻与无效婚姻二元分野的格局下,可撤销婚姻所关注的主要是个人利益,而无效婚姻更多的是关注公共利益。既然胁迫婚姻并未伤及公共利益,那缘何要将胁迫婚姻视为无效婚姻?若是将胁迫婚姻视为无效婚姻,那么包括欺诈婚姻在内的意思表示瑕疵婚姻均应被视为无效婚姻,以此将从根本上改变我国当前的制度设计体系,由此所带来的后果不仅是立法成本的增加,而且也严重压缩个人的自由权利。这显然与民法的个人关怀理念不符。纵观世界各国(地区)的立法,虽然在部分国家(如意大利、罗马尼亚)将胁迫婚姻视为无效婚姻,但是从其后果来看,其无效婚姻实质上与我国的可撤销婚姻无异。可见,将胁迫婚姻视为无效婚姻的做法并不可取,其不仅有违法理,而且不符合我国的实际情况,从世界的发展趋势来看,将胁迫婚姻视为传统的无效婚姻显然是滞后的做法,在伤及当事人个人利益的语境下强调国家主义,有违民法的精神。就此意义而言,胁迫婚姻应被视为可撤销婚姻。

而从婚姻当事人个人利益与婚姻关系弱势家庭成员的比较来看,将胁迫婚姻视为可撤销婚姻并没有造成两者的利益天平失衡。胁迫婚姻造成的最大危害在于,个人的婚姻自由被严重侵犯,从而导致个人真实意愿的严重背离。具言之,在胁迫婚姻中,胁迫行为对于受胁迫方作出结婚表示具有决定性的影响,即若无此胁迫行为,受胁迫方是不可能作出结婚表示的。从本质上说,受胁迫方的表意自由在此遭致严重侵害,其不能自主选择、自主行为,而只能依从于胁迫方的意志。[①] 在此情况下,受胁迫方同意结婚的意思表示是不真实的。[②] 在我国司法实践中,一些法官也认为,胁迫婚姻是妨碍婚姻当事人结婚自由权的情形,受胁迫方作出同意结婚的意思表示不是当事人真实的意思表示,这与婚姻的本质相悖。[③] 正是基于胁迫对个人婚姻自由的严重侵犯,在国外,甚至有学者认为,胁迫婚姻是一种伴侣之间的暴力行为,[④]是一种严重侵犯人权的行为。[⑤]

在个人兼及社会本位理念下,当个人利益遭到严重侵害时,法律制度首先要考虑的无疑是对个人的保护。此时,个人本位应处于优先考虑地位。就此意义而言,在胁迫婚姻的效力判定中,立法理应以保护个人利益的意思主义标准为主,将胁迫婚姻视为可撤销婚姻。这正是对胁迫行为侵害个人利益的回应,本质上是个人兼及社会本位理念的体现。虽然胁迫婚姻的撤销亦会给婚姻关系的弱势家庭成员利益带来一定的影响,但相比于受胁迫方利益的损害,此种影响是微乎其微的。胁迫婚姻是所有类型意思表示瑕疵婚姻中对当事人影响最大的婚姻,其影响主要体现在当事人的人身权利方面,严重时甚至会影响受胁迫方的生命。例如,在重庆市高级人民法院公布的一起案件中,被告李某为与原告易某(女)结婚,不惜对易某采取多种人身自由控制措施,且将易某的手

---

① 覃英.把因胁迫而结婚作为可撤销婚姻的功能[J].绥化学院学报,2008,(1):33.

② 杨大文,曹诗权.婚姻家庭法[M].北京:中国人民大学出版社,2015:122.

③ 吴庆宝.婚姻家庭纠纷裁判标准规范[M].北京:人民法院出版社,2009:85.

④ Sonia M. Frías. Family and Partner Violence Against Women: Forced Marriage in Mexican Indigenous Communities[J]. International Journal of Law, Policy and the Family,2017,31(1):75.

⑤ Mary Welstead.Forced Marriage: Bifurcated Values in the UK[J]. The Denning Law Journal,2009,21(1):55.

机、身份证、户口本等重要物件扣押,并先后多次威胁易某生命安全。[1] 由此可见,胁迫婚姻对受胁迫方个人利益的影响是巨大的。在此之中除非受胁迫方愿意与胁迫方共同生活,否则此种影响将会伴随胁迫婚姻的始终。此种影响的存在,决定了婚姻即便存在,也是不和谐、充满危机的,因此即便是维持,也不利于对弱势家庭成员利益的维护,特别是对于儿童来说,此种胁迫婚姻的存在,并不能为其提供一个健康的成长环境。就此来看,将胁迫婚姻视为可撤销婚姻是可取的。为此,未来立法无论作何种修订,此规定仍应予以保留。

综上所言,在个人兼及社会本位的理念下,以意思主义为主、表示主义为辅的折中效力判定标准在我国应如此运用:欺诈婚姻以及胁迫婚姻由于存在侵犯个人利益的情形,故这两类婚姻在效力判定中宜以保护个人利益的意思主义标准为主,在此之下,这两类婚姻将被视为可撤销婚姻;错误婚姻以及虚假婚姻由于不存在明显侵犯个人利益的情形,故这两类婚姻在效力判定中宜以保护社会利益的表示主义标准为主,在此之下,这两类婚姻将被视为有效婚姻。在此需注意的是,由于婚姻有其特殊性,故在意思表示瑕疵婚姻效力判定以后,其效力所涉范围将可能与法律行为理论中的效力范围不同,对此,应有独立探讨的必要。对于有效的意思表示瑕疵婚姻类型而言,其效力所涉范围与一般完全有效的婚姻无异,对此并无多大争议。然而,对于可撤销的意思表示瑕疵婚姻类型而言,其效力所涉范围在学术界却存在着极大的争议,而这涉及社会利益的兼顾问题。

---

① 北大法宝.重庆高院发布维护妇女权益典型案例之五:原告易某与被告李某撤销婚姻纠纷案——因受胁迫而登记结婚的,受胁迫一方可以请求撤销婚姻关系[DB/OL].http://www.pkulaw.cn/case/pfnl_c05aeed05a57db0a13d981fd6058fb19209536f5df721c59bdfb.html? keywords=%E8%83%81%E8%BF%AB%E5%A9%9A%E5%A7%BB&match=Exact,2021-03-08/2021-06-10.

第五章　意思表示瑕疵婚姻法律效力的范围

在意思表示瑕疵婚姻的效力判定中,对于完全有效的婚姻而言,其效力产生于婚姻缔结公示之时自无疑义,在效力产生时,婚姻关系当事人将受法律规定的权利义务约束。而对于可撤销的婚姻而言,其被撤销以后将会影响婚姻关系当事人原有的身份关系及财产关系,这对于依赖婚姻关系保障的弱势家庭成员来说,无疑是巨大的伤害。如前所言,在可撤销的意思表示瑕疵婚姻中,其主要是为了避免不同群体利益的严重失衡,而首先考虑婚姻当事人个人利益的维护。但是,婚姻的撤销不可避免地会对依赖婚姻关系保障的弱势家庭成员的利益产生影响。为了尽量减少此种影响,在可撤销的意思表示瑕疵婚姻效力判定侧重于个人利益保护的情境下,撤销后的意思表示瑕疵婚姻效力范围即应关注婚姻关系中弱势家庭成员的利益,这样才能使利益的天平尽可能地平衡,也能凸显个人兼及社会本位的价值理念。就此意义而言,在可撤销的意思表示瑕疵婚姻中,其效力范围的确定对于婚姻关系中弱势家庭成员来说显得意义重大,这实质上关涉个人兼及社会本位理念是否得以完全实现。因此,对意思表示瑕疵婚姻效力范围进行探讨显得尤为必要。本书认为,在意思表示瑕疵婚姻的效力范围中,其包含了时间效力、人身效力、财产效力以及体系效力。

第一节 意思表示瑕疵婚姻的时间效力

一、意思表示瑕疵婚姻效力的产生时间

在意思表示瑕疵婚姻中,由于人的内心意思具有抽象性和隐秘性,故试图让有关机构在当事人缔结婚姻之时即确认其内心真意是不现实的。正是基于此,在世界各国(地区),一般不在婚姻缔结的条件审查中对婚姻当事人的意思表示作过于苛刻的要求。只要缔结婚姻的双方当事人一起到有关机构进行条件审查,那么国家即默认双方当事人的意思表示是真实的,婚姻在条件审查通过以后即成立并产生效力。在我国,此种情形一般表现为,婚姻双方当事人亲自到婚姻登记机关进行结婚登记以后,婚姻即成立并产生效力。① 就此意义而言,无论是何种类型的意思表示瑕疵婚姻,其在结婚登记以后便会产生婚姻效力,这实质上亦是为了婚姻关系的和睦和稳定。② 对于完全有效的意思表示瑕疵婚姻而言,其效力产生以后即与一般完全有效的婚姻无异,因此,其效力产生于结婚登记之时自无疑义。然而,对于可撤销的意思表示瑕疵婚姻来说,虽然其效力亦产生于结婚登记之时,但撤销权的存在使此种效力处于极其不稳定的状态,这无助于婚姻关系中弱势家庭成员利益的保障。基于此,在不少国家(地

① 姚秋英.婚姻效力研究[M].北京:中国政法大学出版社,2013:72.

② 最高人民法院民事审判第一庭.婚姻法司法解释的理解与适用[M].北京:中国法制出版社,2002:22.

区）的立法中，意思表示瑕疵婚姻的可撤销状态并不会一直无限期存在。当撤销权人在一定期限内不行使撤销权时，可撤销婚姻将会转为完全有效的婚姻。①

从某种程度而言，当可撤销的意思表示瑕疵婚姻转为完全有效的婚姻时，可撤销的意思表示瑕疵婚姻在效力上获得了一次新生。② 对于此种“新生”具体时间的确定，在学术界及立法实践中仍存在分歧。例如，有学者认为，此种“新生”的具体时间宜确定在婚姻登记六个月后，即在可撤销的意思表示瑕疵婚姻中，撤销权人在婚姻登记后的六个月内不行使撤销权的，可撤销婚姻即转换为完全有效的婚姻。其理由在于，婚姻可撤销事由的违法性比较轻微，同时时间较短有助于婚姻关系的稳定。③ 有学者则认为，此种“新生”的具体时间宜确定在婚姻登记一年后，因为这样才可以有效避免婚姻关系长期处于不稳定状态中。④ 从立法实践来看，各国（地区）的立法规定并不完全相同，此种“新生”时间确定最短的甚至只有三十日，⑤多数立法则集中在三个月、六个月以及一年的时间中。在我国，“新生”时间一般确定为撤销权能行使而不行使的一年后。对此，我国立法机关认为，为了避免可撤销婚姻的效力长期处于不稳定状态，也为

① 我国《民法典》即规定撤销权的行使应在一年内提出。设置此期限的理由在于，撤销权的行使将干预他人的利益，为保护相对人的利益，法律规定撤销权的行使应受相应的限制，以避免置相对人和法律关系于不确定之状态，就婚姻关系而言，主要是为了促使当事人及时行使请求权，以避免其婚姻关系长期处于不稳定状态。在他国（地区）的立法实践中，亦有类似的规定存在，其中的理由无外乎在于维护婚姻关系的安定，如在《德国民法典》中，意思表示瑕疵婚姻规定了一年的撤销时间，其中的原因在于对婚姻稳定性的考量。在我国台湾地区，意思表示瑕疵婚姻的撤销权行使被限制在六个月以内，其中的原因在于，得撤销之婚姻非必常在不安定之状态，如当事人于知欺诈、错误或胁迫原因后六个月内不行使撤销权，那么可撤销婚姻则不得再撤销。

② 即从效力不稳定的可撤销状态进入效力较为稳定的完全有效状态。

③ 王利明．中国民法典学者建议稿及立法理由：人格权编、婚姻家庭编、继承编[M]．北京：法律出版社，2005：234．

④ 熊英．亲属法理论与实务[M]．北京：法律出版社，2008：79．

⑤ 如《阿根廷民法典》第220条规定。

了让婚姻登记机关或者人民法院在判断是否撤销当事人婚姻的效力时作出正确的判断,因而在可撤销婚姻撤销权的行使上,必须确定一年的时间限制。①

可见,在可撤销意思表示瑕疵婚姻效力的"新生"时间确定上,虽然在学术界或立法实践中存在观点分歧,但是在这些分歧观点的背后却存在着共通之处。具言之,这些观点均认为,其所提出的时间足以避免可撤销婚姻长期处于不稳定状态中。

就我国的实际情况而言,在可撤销的意思表示瑕疵婚姻效力"新生"时间确定上,本书认为,具体时间的确定应以体系的统一性及立法精神的传承性为出发点,在此基础上,该时间以撤销权利能行使而不行使的一年后为宜。事实上,无论是2001年《婚姻法》,抑或是《民法典》,对于可撤销婚姻撤销权的行使时间均规定为一年。虽然在立法修订中有学者提出改变撤销权行使时间的观点,但其并未深入论证缘何不是一年更为合理。事实上,从现有的研究成果来看,对于具体时间的确定并没有相关的时间数据论证,而多是以《法国民法典》或《德国民法典》为范本,其理由均在于,自己所提出的时间期限足以维护婚姻关系的稳定。就此来看,在未有相关数据调研论证的情况下,与其照搬他国(地区)的做法,不如立足于我国立法的实际情况,将效力"新生"的具体时间保持在原有立法规定中的撤销权利能行使而不行使的一年以后。

《民法典》根据具体情形的不同,对撤销权行使的起算点作出了不同的规定。此相比于2001年的《婚姻法》,无疑更加合理。2001年《婚姻法》将撤销权行使时间的起算点定在婚姻登记之日,特殊情形下为恢复人身自由之日。对

① 黄薇.中华人民共和国民法典释义(下)[M].北京:法律出版社,2020:1967.

此,曾有学者认为,以婚姻登记之日为起算点并不科学,因为意思表示瑕疵婚姻所涉情形复杂,立法应根据不同的情形,对撤销请求权行使期限的起算点分别作出规定。[①]《民法典》在编纂时,充分吸收各界的意见,对可撤销婚姻的起算点分别作出规定。对于胁迫婚姻而言,起算点为胁迫行为终止之日起或恢复人身自由之日起,较之于2001年《婚姻法》,此规定更加合理。具言之,2001年《婚姻法》以结婚登记作为起算点,容易导致撤销权利的设置形同虚设,因为当事人在受到胁迫行为影响的情境下是不敢亲自前往法院行使撤销权利的,倘若此时以婚姻登记为起算点,那么将很容易使效力瑕疵的胁迫婚姻获得“新生”,这将使可撤销婚姻制度形同虚设,个人利益在此并未得到有效保护。此外,在以结婚登记为起算点的语境下,婚姻撤销权并不会对胁迫方造成任何影响,但胁迫方却可以通过胁迫限制而使可撤销婚姻转为完全有效的婚姻。在此过程中,胁迫方始终处于绝对优势地位,就此意义而言,利益的天平严重失衡,立法所欲平衡各方利益的初衷在此根本不可能得到实现,婚姻登记的起算点,本身就是在“帮助”具有优势地位的胁迫方。对此,有学者坦言,如果受胁迫方不可能主张其权利的情况下就剥夺其权利,显然有悖于立法宗旨。[②] 正是基于此,《民法典》对胁迫婚姻撤销权利行使的起算点作出了改变,其目的就是让受胁迫方的个人权益能得到更好的保护。在胁迫婚姻效力判定侧重于维护个人利益的语境下,此种做法是合理的。

与此同时,对于重大疾病型的欺诈婚姻,《民法典》也规定从知道或者应当

---

① 吴国平.论民法典中无效与可撤销婚姻制度的立法构建:以台湾地区相关立法为借鉴[J].海峡法学,2017,19(3):10.

② 余延满.亲属法原论[M].北京:法律出版社,2007:206.

知道撤销事由的时间起算。其中的原因是考虑到了该类型欺诈婚姻的特殊性,即在实践中,在一方当事人不主动告知并刻意隐瞒的情况下,另一方当事人是比较难以知悉相关情况的,处于不知情的状态中,直到患病一方当事人进行检查或者病症十分明显时其才获悉,故被隐瞒的一方当事人应自知道另一方当事人患病事实之日起一年内提出撤销婚姻的请求。[①] 从某种程度上说,此条规定最大化地维护了受欺诈方的合法权益,体现了个人本位主义。但有一个尚需解决的问题是,实践中,当受欺诈方知道或者应当知道欺诈方患有重大疾病时,欺诈方的重大疾病业已治愈,那么受欺诈方是否还能请求撤销婚姻?

对于此问题的解决,仍需立足于立法理念。本书认为,如果受欺诈方在提起婚姻撤销之诉时,原患病方已经康复,那么法院不宜以重大疾病为由撤销婚姻。换言之,此时受欺诈方不再享有撤销权,原欺诈婚姻获得了效力上的"新生"。之所以如此,其中的原因在于,意思表示瑕疵婚姻效力制度主要是为了保护意思表示瑕疵方的真实意愿,确保其配偶是符合其预期条件的。《民法典》第1053条所称的重大疾病,需要达到一定的标准,即受欺诈方如果知道疾病事项,就一定不会结婚。[②] 就此意义而言,疾病构成了受欺诈方结婚的阻碍,致使相对方并不符合其预设的结婚条件。基于维护受欺诈方的真实意愿,立法赋予其撤销权,以确保其能找到符合预期条件的配偶。在个人兼及社会本位的理念下,当个人利益遭受严重损害时,立法应优先保护个人利益,因此,当受欺诈方选择理想配偶的权利受到侵害时,赋予其撤销权具有正当性。但是,在原患病方已

① 最高人民法院民法典贯彻实施工作领导小组.中华人民共和国民法典婚姻家庭编继承编理解与适用[M].北京:人民法院出版社,2020:101.

② 黄薇.中华人民共和国民法典释义(下)[M].北京:法律出版社,2020:1971.

经康复的情境下,影响受欺诈方意愿的疾病阻碍显然已经不存在。换言之,此时的原患病方,是符合受欺诈方所设定的理想配偶条件的,婚姻违背受欺诈方真实意愿无从谈起。在个人兼及社会本位的理念下,若无个人利益的损害,那么立法应更多关注婚姻关系的稳定,就此意义而言,撤销婚姻显然不具有充分的理由。

值得一提的是,在我国无效婚姻制度中,如果当事人请求确认婚姻无效时,法定的无效婚姻情形在提起诉讼时已经消失的,人民法院将不予宣告婚姻无效。这意味着无效婚姻事实上获得了效力上的"新生",转换为具有完全效力的婚姻。对此,该规则的制定者指出,缔结婚姻是男女双方间的民事法律行为,不仅涉及当事人双方的利益,而且涉及子女及其他亲属的利益和社会公共利益,因此,立法在禁止和惩戒违法违规行为之余,也能够为在法律程序和实体方面欠缺有效要件的行为及时提供补救,创造一定的可能性。① 可见,由于婚姻有"牵一发而动全身"的影响,因此在无效婚姻制度中,立法者对于婚姻效力的态度是,只要结婚行为对公共利益的破坏已经消除,那么该婚姻则与一般婚姻无异,在效力上获得了"新生",其间接达到了维护婚姻家庭关系弱者利益的目的。在公共利益高于个人利益的语境下,既然侵犯程度较为严重的无效婚姻都可以因行为消除而获得效力"新生",那么侵犯程度较轻的可撤销婚姻又有何理由"独善其身"? 这实质上亦是维护立法体系统一的应有之义,对此,仍需司法解释作出具体明确的规定。

诚如上文所言,依据意思表示瑕疵婚姻效力判定的原理,所有类型的欺诈

---

① 最高人民法院民事审判第一庭.最高人民法院民法典婚姻家庭编司法解释(一)理解与适用[M].北京:人民法院出版社,2021:104-105.

婚姻均应被判定为可撤销婚姻，其中包括了“人的身份认识错误”和“人的性质认识错误”。当前，立法所规定的“重大疾病型”欺诈婚姻，实质上是“人的性质认识错误”。若未来立法将所有类型的欺诈婚姻均视为可撤销婚姻，那么其撤销权行使的起算点应如何界定？对此，本书认为，从立法成本与体系一致性的角度考虑，撤销权行使起算点以知道或者应当知道撤销事由的时间起算，这不仅有助于维护受欺诈方的真实意愿，而且也与总则和现有的婚姻家庭编规定保持一致，因此无必要再立新规。当然，基于维护婚姻家庭关系稳定的需要，倘若欺诈情形已消失，那么该可撤销婚姻即可获得效力上的“新生”，转为完全有效的婚姻。

最后需要提及的是，此种时间期限从性质上说，为除斥期间，即该时间期限不适用诉讼中止、中断或者延长的规定。① 这在我国学术界和立法实践中业已达成共识。从某种程度上说，这是时间期限确立目的的应有之义。具言之，时间期限确立的目的在于，尽早结束婚姻可撤销的不稳定状态，以使可撤销婚姻在效力上重获“新生”，从而能更有效地保障婚姻关系中弱势家庭成员的利益。由于除斥期间的主要精神在于维持继续存在的原秩序，因此，除斥期间经过，权利当然消灭，并无中断、中止或延长的可能。② 就此来看，以原有秩序维持为要旨的除斥期间，无疑是可撤销婚姻时间期限性质认定的最好选择，其有助于促使婚姻尽早结束可撤销的不稳定状态，从而使原有的婚姻关系得到真正维持。正是基于此，在我国现行法中，可撤销婚姻的时间期限才被视为除斥期间。对

① 贺丹青.无效婚姻法律规范的冲突与协调：新《婚姻法》《婚姻登记条例》以及最高法院相关解释的理解与适用[J].河北法学，2008，(7)：143.

② 王泽鉴.民法概要[M].第2版.北京：北京大学出版社，2011：115.

此,有观点认为,此为基于法律秩序的安定性考量,使婚姻效力不确定或者悬而未决的不安定状态及早结束。①

从时间期限性质所蕴含的理念可以推知,可撤销婚姻中的撤销权是可以放弃的,权利人放弃撤销权以后,可撤销婚姻即可获得效力上的“新生”。具言之,虽然我国《民法典》婚姻家庭编未明确规定撤销权是否可以放弃,但是从时间期限性质所蕴含的理念可以推知,撤销权是可以放弃的。承认撤销权可以放弃,其目的与将时间期限视为除斥期间的目的是一致的。就此意义而言,其并不违反立法精神。与此同时,《民法典》在总则的民事法律行为部分,明确规定了当事人知道撤销事由后明确表示或者以自己的行为表明放弃撤销权,那么撤销权即可消灭。从法典体系统一的角度考虑,承认可撤销婚姻撤销权的放弃更能凸显总则“提取公因式”的地位,让《民法典》呈现出更加科学合理的状态。而从权利的原理来看,权利是可以被放弃的。因此,承认撤销婚姻权利的放弃并无不妥。但在此需要注意的是,此种放弃必须是基于意思表示瑕疵方真实意愿所作的放弃,若非如此,则放弃无效,这也是保护意思表示瑕疵方真实意愿的应有之义。

综上可见,基于我国现实情况的考量,在意思表示瑕疵婚姻法律效力的产生时间上,所有类型的意思表示瑕疵婚姻效力均产生于婚姻登记之时。然而,对于可撤销的意思表示瑕疵婚姻而言,撤销权的存在将使婚姻关系处于不稳定的状态中,这无助于保障婚姻关系中弱势家庭成员的利益。对此,针对撤销权的行使,有设置时间期限的必要。此种时间期限一般为能行使撤销权利之日起

① 吴庆宝.婚姻家庭纠纷裁判标准规范[M].北京:人民法院出版社,2009:86.

一年内,且不得中止、中断或者延长。一般来说,在撤销权利人不行使撤销权的情境下,经过一年时间,可撤销婚姻将转换为完全有效的婚姻。同时,为了更好地维护婚姻家庭关系中的弱者利益,当欺诈婚姻中受欺诈方个人意愿受损情形不复存在、意思表示瑕疵方明确表示放弃撤销权等情形出现时,可撤销婚姻即可转变为完全有效的婚姻。从某种程度上说,这是可撤销意思表示瑕疵婚姻效力的“新生”。

二、意思表示瑕疵婚姻效力的丧失时间

就完全有效的意思表示瑕疵婚姻而言,其效力范围与一般完全有效婚姻的效力范围无异。此种婚姻效力的消除,往往只能通过离婚的手段。[①] 这在各界已达成共识,对此并不存在争议。在此之下,此种类型的意思表示瑕疵婚姻效力丧失时间一般在离婚实现之时。在我国语境下,其一般在婚姻登记机关准予离婚之时或人民法院离婚判决生效之时丧失。自婚姻关系解除时起,原意思表示瑕疵婚姻不再具有效力。而对于可撤销的意思表示瑕疵婚姻而言,由于婚姻的撤销将会使婚姻关系中的身份关系及财产关系突然发生变动,这不可避免地会对原本依赖婚姻关系保障的弱势家庭成员利益产生影响,因此,对可撤销的意思表示瑕疵婚姻效力的丧失时间进行精准界定显得尤为重要。换言之,在婚姻关系对弱势家庭成员利益具有重要意义的情境下,应尽可能地减少婚姻撤销

---

① 诚然,除了离婚手段以外,在不少国家(地区)的立法中,配偶一方不存在亦是婚姻关系解除的理由。但此种情形属于较为特殊的情形。无论是何种类型的婚姻,倘若配偶一方不存在,那么婚姻关系即会被解除。事实上,这是一个常识性的观点,因为婚姻关系由双方当事人共同构成,既然一方当事人已经不存在,那婚姻关系何以存在?正是基于此,本文在婚姻效力的探讨中,均假设婚姻关系存在双方当事人。事实上,正是由于双方当事人的存在,婚姻的解除才会产生诸多问题。

对原有婚姻关系的影响,而这本身涉及原有婚姻关系的效力能在多大范围内保留。从本质上说,这是意思表示瑕疵婚姻被撤销后是否具有溯及力的问题。在具有溯及力的情境下,原有婚姻关系的效力将丧失于婚姻缔结之时,在此之下,婚姻关系将被视为自始不存在;而在不具有溯及力的情境下,原有婚姻关系的效力将丧失于婚姻撤销之时,在此之下,曾经存在的婚姻关系仍被视为有效存在。①

从世界各地的立法情况来看,在可撤销的意思表示瑕疵婚姻溯及力问题上,存在三种不同的模式:其一为撤销后的婚姻具有溯及力,采用此种模式的国家有英国、美国等;②其二为依婚姻当事人善意与否来区分溯及力,在当事人是善意的情境下,撤销后的婚姻对其不具有溯及力,采用此种模式的国家有法国、意大利、俄罗斯等;③其三为撤销后的婚姻不具有溯及力,原有的婚姻关系仍被视为有效存在,采用此种模式的国家有德国、瑞士等。④

在学理上,存在与上述立法实践不同的两种模式:一种模式为欺诈、胁迫二元模式,在该模式下,欺诈因其主观恶性大,撤销产生自始无效的效果,而因胁迫成立的婚姻,撤销仅向后发生效力,即法律效果如同解除;⑤另一种模式为身份、财产二元模式,在该模式下,无论当事人善意与否,身份关系均不具有溯及力,而财产关系则溯及消灭,夫妻不得不相互返还因婚姻所得利益之全部。⑥

---

① Jenny DiPlacidi, Karl Leydecker. After Marriage in the Long Eighteenth Century: Literature, Law and Society[M]. Cham: Palgrave Macmillan, 2018:22.

② 参见美国《统一结婚离婚法》第 208 条、英国《婚姻诉讼法》第 12 条。

③ 参见《法国民法典》第 201 条至第 202 条、《意大利民法典》第 128 条至第 129 条、《俄罗斯家庭法典》第 30 条。

④ 参见《德国民法典》第 1318 条、《瑞士民法典》第 132 条、《日本民法典》第 748 条。

⑤ 甄增水.我国婚姻法中的婚姻无效与撤销制度研究[J].保定学院学报,2016,29(5):22.

⑥ [日]栗生武夫.婚姻法之近代化[M].胡长清,译.北京:中国政法大学出版社,2003:70.

从我国《民法典》的规定来看，在可撤销的意思表示瑕疵婚姻中，婚姻一旦被撤销，那么其将自始不产生效力。此项规定延续了 2001 年《婚姻法》的规定，当时立法者之所以溯及既往，是因为《婚姻法》规定的夫妻权利义务的前提是合法婚姻，是有效婚姻，由于无效婚姻、可撤销婚姻欠缺婚姻成立的法定条件，是违法婚姻，婚姻关系无效或者被撤销之后，婚姻关系自始无效，当事人之间也就不具有相应的夫妻关系，因此也不具备夫妻之间的权利和义务。[1] 可见，当时立法认为可撤销婚姻具有溯及力的根本原因在于，婚姻被撤销以后，婚姻关系即不存在，以其作为前提的婚姻权利义务自无存在的空间。对此做法，我国有学者认为，这实质上是吸收了《民法通则》的立法精神，即在民法理论中，民事法律行为的无效与可撤销，其法律后果都是自始无效，将撤销后婚姻的效力视为自始无效，与民事法律行为的相关规定一脉相承。[2] 也有学者认为，由于在中国很多地方仍然存在对再婚妇女的歧视，有婚史的妇女再嫁不易，“自始无效”的规定对恢复善意一方当事人的未婚身份，使其在婚姻被撤销后重新择偶似乎更加有利。[3] 在《民法典》编纂的过程中，曾有观点提出理应改变可撤销婚姻行为具有溯及力的做法，其中的原因在于，如果无视婚姻关系的特殊性而使其撤销具有溯及力，则不仅对婚姻关系被撤销前所发生的身份实施不可能恢复原状，而且对双方所为之财产赠与、家事劳动的提供等财产事实强制恢复原状，将显然不利于对当事人及其子女合法权益的保护，因此，域外一些国家如德国、日本、瑞士等均规定撤销婚姻不具有溯及力。但立法者并没有采纳此种观点，而是认

① 吴高盛.《中华人民共和国婚姻法》释义及实用指南[M].北京：中国民主法制出版社，2014：53.
② 田韶华.民法典编纂中身份行为的体系化建构[J].法学，2018，(5)：94.
③ 马忆南.民法典视野下婚姻的无效和撤销：兼论结婚要件[J].妇女研究论丛，2018，(3)：32.

为在征求意见的过程中,公众对婚姻法有关可撤销婚姻自始无效的规定并无异议,所以就仍然坚持了2001年《婚姻法》的规定。①

对于我国立法的此种做法,本书并不认同。其中最主要的原因在于,这不利于保护婚姻关系中弱势家庭成员的利益。事实上,将自始无效原则运用于婚姻法领域的做法并没有考虑到婚姻的特殊性。具言之,婚姻关系与财产关系不同,其是男女两性结合的持续性关系。对财产关系而言,因其有瑕疵而无效或者撤销后,当事人之间相互返还原物,使财产恢复原状是可能的,而男女身心上的结合以及结合期间所生子女的身份事实,是不可能恢复原状的。② 从婚姻缔结伊始,因婚姻关系缔结而同时建立起来的是法律业已规定的其他身份关系,其中包括父母子女关系、姻亲关系等。随着时间的推移,家庭成员共同生活的事实不断增多,其是客观存在的事物,即便撤销具有溯及力,在婚姻关系存续期间产生的生活事实也不可能被抹杀。从本质上说,自始无效实际上是通过主观意念来否认客观业已存在的生活事实,这不仅不科学,而且也无助于保护婚姻关系中弱势家庭成员的利益。事实上,业已形成的身份关系事实往往与弱势家庭成员的生活保障有关。例如,在夫妻的扶助义务中,丈夫必须对没有生活来源的妻子进行扶养。又如,在父母对子女的抚养义务中,父母必须对无生活来源的子女进行抚养。倘若在此将自始无效原理完全运用于婚姻关系中,那么身份关系事实将被主观否认。在此之下,依附于身份关系的扶养义务或抚养义务自无存在空间,这也意味着,无生活来源的家庭成员通过原婚姻关系获得的利益不得不返还给原所有人。此举无疑会导致原婚姻关系中的弱势家庭成员陷

---

① 黄薇.中华人民共和国民法典释义(下)[M].北京:法律出版社,2020:1972.

② 王礼仁.婚姻诉讼前沿理论与审判实务[M].北京:人民法院出版社,2009:134.

入生活更加难以为继的境地，这将造成不公的现象。因此，一些国家虽然立法仍规定婚姻撤销后自始无效，但是从实践中的一些裁判来看，法庭多基于公正的理由，作出了无溯及力的判决，改变了传统法上的固有原则，可撤销婚姻因此而取得了与离婚相似的后果。①

奇怪的是，在我国可撤销的意思表示瑕疵婚姻中，虽然立法强调婚姻撤销后自始无效，但是在撤销后果的规定上，立法却部分否认了婚姻撤销的自始无效，这使立法条文之间陷入自相矛盾的境地。具言之，我国《民法典》第 1054 条明确规定，婚姻撤销以后，当事人所生的子女仍属于父母子女关系。此条规定延续了 2001 年《婚姻法》的规定，当时之所以作此规定，主要原因在于，在可撤销婚姻制度中，法律所要惩罚的是有过错的当事人，而子女是无辜的，牵连到子女是没有任何意义的。② 在《民法典》编纂的过程中，立法者亦采用相同的理由。就此意义而言，无生活来源的子女得到法律的特别关照，这是儿童最大利益原则的体现，此亦显示出了立法对社会利益的兼顾。然而，婚姻关系中的弱势家庭成员不仅包括子女，而且还包括妇女和老人。③ 我国立法仅注意到子女利益的保护，却忽视了其他弱势家庭成员利益的保护，显得顾此失彼。这使我国立法中的可撤销婚姻规定呈现出既不完全否认撤销婚姻的效力，又不完全兼顾弱势家庭成员利益的怪象，从而造成了条文间的逻辑矛盾。

除身份关系以外，在财产关系中亦存在相似的现象。具体来说，最高人民法院在《关于适用〈中华人民共和国民法典〉婚姻家庭编的解释（一）》第 22 条

---

① Standley K. Family Law[M].London:Palgrave Macmillan,2003:24-25.

② 姚秋英.婚姻效力研究[M].北京:中国政法大学出版社,2013:124.

③ 董纯朴.中国家暴犯罪防控研究[J].犯罪研究,2016,(3):17.

明确指出，被确认无效或者被撤销的婚姻，当事人同居期间所得的财产，除有证据证明为当事人一方所有的以外，按共同共有处理。此处"共同共有"的表述，实质上在一定程度上否认了婚姻被撤销后自始无效的后果，因为按照《民法典》第308条的规定，共有人对共有的不动产或者动产没有约定为按份共有或者共同共有，或者约定不明确的，除共有人具有家庭关系等情况外，视为按份共有。"共同共有"应当以共有人存在家庭关系为前提，若是严格从自始无效的原理来看，婚姻被撤销以后，原婚姻的夫妻关系转变为普通的男女关系，其不可能存在家庭关系，此时在婚姻关系存续期间的共有也被视为按份共有。对此，最高人民法院在相关资料中指出，确定"共同共有"，主要是为了照顾无过错方的利益。若是按照按份共有分割当事人同居期间所得财产，那么收入多的一方分得的财产必定比另一方多，而另一方虽然收入少，但在抚育子女、照料老人等家务上付出了大量的劳动，有的还协助另一方工作，并承担了较多的义务。因此，在分割当事人同居期间所得财产时，不能按照按份共有的原则分割，否则不利于保护妇女、儿童和老年人的合法权益。[①] 可见，在财产处理的实践做法中否认婚姻自始无效，本质上亦是为了保护弱势家庭成员利益，不过在法律强调自始无效的语境下，在财产关系中予以变通的做法亦会带来条文间的逻辑矛盾。当然，此问题并非不可解决，而问题解决的关键在于，立法应从前述两种"不完全"情形中择其一而完全推行。换言之，立法要么在婚姻领域严格推行自始无效的规则，对撤销婚姻中原有的婚姻关系全部溯及无效；要么在婚姻领域摒弃自始无效的规则，承认撤销婚姻后原有婚姻关系的效力。

---

① 最高人民法院民事审判第一庭.最高人民法院民法典婚姻家庭编司法解释(一)理解与适用[M].北京:人民法院出版社,2021:205.

对此，本书认为，在我国个人兼及社会本位的理念下，立法应选择在婚姻领域摒弃自始无效的规则，而承认婚姻撤销以前原有婚姻关系的效力。其中最主要的原因在于，婚姻关系对于弱势家庭成员而言具有保护功能。① 就此意义而言，保持原有婚姻关系在撤销以前的效力是减少婚姻撤销不利影响的最佳方式。当前，我国立法与其遮遮掩掩部分地否认可撤销婚姻的溯及力，不如光明正大地承认可撤销婚姻并无溯及力。在此不仅可以消除条文间的逻辑矛盾，而且也能使婚姻关系中弱势家庭成员的利益得到最大化保护。②

就此意义而言，学理中对欺诈与胁迫、身份与财产进行溯及力区分的做法并不可取。因为这两种模式均部分承认了可撤销婚姻的溯及力。而溯及力的存在即表明，婚姻关系中弱势家庭成员的利益并不能得到最大化保护，这无疑难以从根本上实现个人兼及社会本位的理念。同时，对于身份、财产二元模式而言，其在司法实践中并不具有可操作性。因为在婚姻关系中，人身关系决定财产关系，财产关系从属于人身关系，财产关系随着人身关系的产生而产生，变化而变化，消灭而消灭。③ 在此之下，不可能单独认为身份关系不具有溯及力，而财产关系具有溯及力。事实上，在婚姻关系中，财产关系往往以身份关系为前提，而身份关系早已与财产关系融为一体。就此来说，对婚姻关系的溯及力

① 夏吟兰.中华人民共和国婚姻法评注：总则[M].厦门：厦门大学出版社，2016：285.

② 对于学理中认为婚姻撤销后的自始无效有助于消除女性已婚身份的观点，本书不敢苟同。事实上，这不过是夸大了已婚身份对婚姻缔结的不利影响。随着社会观念的不断发展，已婚身份并没有成为婚姻缔结的桎梏。从腾讯公司发布的一份《2017 年中国人婚恋观调查报告》来看，男性的择偶条件排在前五位的分别为性格脾气好、真心待我、生活习惯好、三观一致、颜值高，而可能包含对妇女已婚身份考虑的“其他事由”选项仅占 2%。（参见 http://zj.qq.com/cross/20170829/80Ipm4y2.html.）因此并不能说明在当今观念开放的社会，已婚身份依旧是妇女结婚的桎梏。事实上，已婚身份的存在并不会危及妇女的婚姻利益。就此意义而言，否认可撤销婚姻自始无效的做法，可以最大化地保护婚姻关系中包括妇女在内的其他弱势家庭成员的利益。

③ 陈苇.结婚与婚姻无效纠纷的处置[M].北京：法律出版社，2001：198.

只能整体认定。正是基于这两种模式的局限,其才不宜被纳入我国的立法中。

除此以外,一些国家立法中以主观善恶来认定溯及力的做法,在我国亦不可取。因为可撤销婚姻溯及力的存在即表明,婚姻关系中弱势家庭成员的利益并未得到最大化维护,个人兼及社会本位理念难以从根本上实现。此种做法以当事人的主观善恶作为溯及力的区分标准,一旦当事人具有主观恶意,那么婚姻撤销后即对其产生溯及力的后果。① 就此意义而言,当主观过错方为家庭弱势成员时,那么其个人意愿不仅不会被维护,而且在婚姻利益上也将溯及消灭,在此无疑对其过于苛刻,这使效力判定完全沦为了维护个人利益的工具。事实上,意思表示瑕疵婚姻仅仅是违法程度最轻微的婚姻,对善意方受损的利益可以通过民事责任的方式来加以救济,而没必要在溯及力问题上对过错方过于苛求。何况以主观善恶对溯及力进行区分的做法,在司法实践中也难以操作。因为业已发生的生活事实,是不可能恢复原状的。②

综上可见,在完全有效的意思表示瑕疵婚姻中,婚姻只有在婚姻登记机关准予离婚之时或人民法院离婚判决生效之时才会失去效力。而在可撤销的意思表示瑕疵婚姻中,基于对婚姻关系中弱势家庭成员利益的保护,婚姻在撤销后不应具有溯及力。就此意义而言,可撤销的意思表示瑕疵婚姻效力的丧失时间应为撤销婚姻宣告之时。在此之前,业已存在的婚姻关系将仍被视为有效婚姻。由于婚姻关系包含了身份关系和财产关系,故此种有效性应体现在身份关系及财产关系中。就此来看,现有立法对可撤销婚姻效力丧失的规定并不合理,

---

① 余延满.亲属法原论[M].北京:法律出版社,2007:211.

② 夏吟兰,蒋月,薛宁兰.21世纪婚姻家庭关系新规制:新婚姻法解说与研究[M].北京:中国检察出版社,2001:231.

在未来立法修订时有改变的必要。

第二节　意思表示瑕疵婚姻的身份效力

在婚姻身份关系中,并非所有的亲属身份关系均会在所有家庭中出现。例如,在女方为独生子女的情形下,其所生子女便不会存在舅舅等身份关系。唯一必然存在的身份关系是夫妻间的身份关系,此为婚姻关系的核心。其他亲属身份关系,不过是夫妻身份关系的衍生关系而已。在所衍生的身份关系中,又以父母子女身份关系最为重要。其中的原因在于,婚姻具有生育功能。换言之,对多数家庭来说,选择婚姻的一个重要目的是孕育培养下一代,在我国传统文化中,婚姻的生育功能更为凸显,从某种程度上说甚至是唯一功能,故俗语有云:“婚姻者,上以事宗庙,下以继后世。”①就此意义而言,在婚姻身份关系中,父母、子女身份关系是仅次于夫妻身份关系的重要身份关系。正是基于此,《民法典》在第 1045 条中将配偶、父母和子女视为核心亲属。因此,本节对身份关系效力的探讨主要集中于夫妻和父母、子女的身份关系上。

一、夫妻身份效力

前已述及,本书认为在可撤销的意思表示瑕疵婚姻中,撤销应不具有溯及

① 葛飞锦.我国古代“家族法”文化及其合理性初探[J].黑龙江省政法管理干部学院学报,2018,(5):2.

既往的效力，在此之下，撤销以前的婚姻关系将被视为完全有效的婚姻。就此意义而言，在可撤销的意思表示瑕疵婚姻中，撤销以前的婚姻关系将与完全有效的意思表示瑕疵婚姻无异。这也意味着，无论何种类型的意思表示瑕疵婚姻，只要具有法律效力，那么该婚姻关系即可适用我国《民法典》中有效婚姻的规定。在此之下，夫妻身份关系的内容将由法律确定。在我国，夫妻身份关系的内容包括了夫妻姓名权、夫妻人身自由权、夫妻婚姻住所共同决定权、夫妻日常家务互为代理权、夫妻财产互相继承权、夫妻忠实义务、夫妻扶养义务、夫妻同居义务等①，这些内容的设置是以我国社会、经济和婚姻家庭关系的需要为出发点，为的是巩固和维护平等、文明的夫妻人身关系。② 就此意义而言，意思表示瑕疵婚姻的夫妻身份效力范围应局限于上述内容。在我国，自婚姻登记之日起，当事人之间便产生法定的夫妻权利义务关系。③ 这即意味着，上述夫妻身份关系内容将在婚姻登记之日起产生法律拘束力。由于身份关系内容具有特殊性，故在其产生效力以后，又要溯及既往消灭此种效力的想法根本不现实。这容易引发诸多问题。

首先，溯及既往消灭效力的做法将损害婚姻关系中弱势配偶的利益。具言之，在我国，夫妻身份关系内容包括了身份义务。由于个人在义务履行方面没有选择的自由④，因此，自婚姻登记之日起，夫妻之间必须履行法律规定的身份义务。在此之下，夫妻双方因履行身份义务必然有所付出。例如，为了履行扶养义务所支出的金钱、时间等。倘若以一纸法令而断然否认这些婚姻事实的效

① 程维荣，袁奇钧.婚姻家庭法律制度比较研究[M].北京：法律出版社，2011：88-90.
② 姚秋英.婚姻效力研究[M].北京：中国政法大学出版社，2013：130.
③ 余延满.亲属法原论[M].北京：法律出版社，2007：159.
④ 饶龙飞.宪法可以选择适用吗：与张千帆教授商榷[J].政治与法律，2014，(10)：103.

力,那么这不仅难以操作,而且也容易伤及弱势配偶的利益。婚姻溯及既往失去效力意味着,婚姻当事人自婚姻登记时起便不具有配偶关系,原婚姻当事人之间不适用《民法典》第1059条、第1060条和第1061条关于夫妻人身关系的规定,在监护、代理、收养等问题上,不适用以配偶关系为基础的法律关系的规定。[①] 就此意义而言,前述所言的付出将不会被立法承认。

这对于婚姻关系中的弱势配偶而言,无疑是巨大的伤害。具言之,在婚姻关系中,弱势配偶往往是其劳动价值难以用金钱估量的一方。正是由于此种价值难以估量,溯及既往地消灭婚姻效力将使其陷入不利的境地。在我国现有语境下,弱势配偶方一般指在家庭中付出较多的妻子。其中的原因在于:其一,在我国,家务劳动主要由妻子承担,这些家务劳动极大地占用了其进行生产经营的时间,但其却不能从家务劳动中获得报酬;[②]其二,男女两性存在生理差异,这决定了妻子将把大量的时间花在生儿育女的活动上,而投入社会活动的时间将会减少,这势必会影响其社会收入。[③]

正是基于男女两性的不同分工,在履行身份义务上,男方往往是提供物质利益的一方,而女方往往是提供非物质利益的一方。在溯及既往消灭婚姻效力的语境下,男女双方因履行身份义务所付出的利益必须各自返还。对于有形的物质利益而言,相互返还在现实中是可以操作的。然而,这对于女方来说,返还物质利益无疑将使其陷入难以为继的境地。因为婚姻关系中的物质利益往往由男方提供,返还物质利益的做法仅会让男方在财产上"锦上添花",而这对于

---

① 杨大文.亲属法[M].第5版.北京:法律出版社,2012:97.
② 黄宇.婚姻家庭法之女性主义分析[M].北京:群众出版社,2012:216.
③ 夏吟兰.中华人民共和国婚姻法评注:总则[M].厦门:厦门大学出版社,2016:265.

女方的财产利益而言，只能是“雪上加霜”。[①] 事实上，女方在家庭劳动中所提供的非物质利益是难以用金钱来衡量的，试图让此利益“物归原主”不过是理论上的乌托邦，在现实中难以操作。就此意义而言，男方实际上要返还的利益显然要比女方少得多，女方在家庭生活中的付出难以得到弥补，这无疑会在男女间造成利益失衡，在此深受其害的往往是经济依赖于男方的女方。[②] 在可撤销的意思表示瑕疵婚姻中，倘若撤销权利人是女方，那么这无疑会使其怯于行使撤销权。换言之，其宁愿处于非自愿婚姻的精神痛苦之中，也不愿撤销婚姻，因为撤销婚姻只能让其生活陷入更难的境地。在此之下，以维护个人利益为要旨的可撤销婚姻制度将形同虚设。

其次，溯及既往消灭效力的做法将有损法律的权威。法律义务的存在，表明法律关系主体必须依法作出某行为或抑制某行为，否则将受到法律的制裁。[③] 在此之下，我国在其他部门法中规定了违反夫妻身份义务所应受到的制裁。[④] 然而，在婚姻效力溯及既往消灭的语境下，当事人之间将自始不具备相应的夫妻关系，也不应具备夫妻之间的权利和义务。[⑤] 就此意义而言，一切以夫妻身份权利义务关系为前提的法律关系都将溯及消灭。这对于法律的权威来说，无疑是巨大的损害。例如，《中华人民共和国刑法》第 261 条规定的遗弃罪，其成立

---

① 由于女方将大量时间花在了家庭生活中，这势必会影响其社会收入，使男女双方在财产收入上存在差距，男方在家庭中成为主要提供物质利益的一方。就此意义而言，倘若要求物质利益相互返还，那么女方所返还的物质利益将多于男方，这对于收入并没有男方高的女方而言，无疑是“雪上加霜”。

② Rosemary Auchmuty.Law and the Power of Feminism：How Marriage Lost its Power to Oppress Women [J]. Feminist Legal Studies，2012，20(2)：84.

③ 周永坤.法理学：全球视野[M].第 3 版.北京：法律出版社，2010：218.

④ 《中华人民共和国刑法》第 258 条和第 261 条分别规定了重婚罪和遗弃罪，分别规制在婚姻关系中违反忠实义务和扶养义务情节严重的行为。

⑤ 吴高盛.《中华人民共和国婚姻法》释义及实用指南[M].北京：中国民主法制出版社，2014：53-54.

前提必须是当事人间具有扶养义务。就此来说,倘若溯及既往地消灭婚姻效力,那么这意味着该罪成立的前提将自始不存在。其所产生的后果只能是:要么撤销原本的罪名,实行相应的国家赔偿;要么保持原有的制裁。在这两种后果中,前者将使伤及配偶扶养利益的犯罪分子逃脱法律的制裁,使利益受损的配偶原本所获得的正义尽丧。而后者将导致法律体系内部陷入难以解决的逻辑矛盾,即作为前提的身份义务业已消失,那保护身份义务的法律制裁又从何谈起?法律之所以具有权威,其中的原因不仅在于法律具有一定的可预见性和稳定性,能最大限度地实现正义[①],而且在于法律条文之间能组成一个逻辑连贯的系统。[②] 在溯及既往消灭婚姻效力的语境下,无论出现何种后果,法律权威都将受到严重的损害。

正是基于溯及既往消灭婚姻效力的弊端,在不少国家(地区)的立法中,针对意思表示瑕疵婚姻的效力,均已作出了效力消除后不溯及既往的规定。[③] 即便在一些国家(地区)的立法中仍有溯及既往消灭婚姻效力的规定,在司法实践中,其已经修正了溯及既往消灭婚姻效力的做法,这使可撤销婚姻的后果逐渐与离婚后果接近。[④]

综上可见,溯及既往消灭婚姻效力的做法存在诸多问题。就此来看,意思表示瑕疵婚姻丧失效力不溯及既往的做法具有正当性。这意味着,在我国,意思表示瑕疵婚姻效力存续期间所发生的事实,立法理应将其视为有效的婚姻事实。在夫妻身份关系上,这些有效的婚姻事实主要体现在夫妻姓名权、夫妻人

---

① 张涛.论法律权威之确立[J].重庆理工大学学报(社会科学),2015,29(3):71.

② 曾赟.理性论与法治观:从柏拉图到哈贝马斯[J].中南大学学报(社会科学版),2006,12(3):289.

③ 参见《瑞士民法典》第 132 条、《韩国民法典》第 824 条、《日本民法典》第 748 条。

④ 陈苇.外国婚姻家庭法比较研究[M].北京:群众出版社,2006:168.

身自由权、夫妻婚姻住所共同决定权、夫妻日常家务互为代理权、夫妻财产互相继承权、夫妻忠实义务、夫妻扶养义务、夫妻同居义务等方面。

二、父母子女身份效力

除了夫妻身份关系以外，不溯及既往消灭效力还意味着父母子女的身份关系亦为有效的身份事实。从我国现行法来看，意思表示瑕疵婚姻在失去效力以后，立法并没有对此溯及既往，这无疑体现了儿童最大利益原则。在该原则的影响下，我国父母子女的身份效力不仅及于意思表示瑕疵婚姻效力丧失之前，而且在婚姻效力丧失以后，父母子女身份效力依然存在，此举最大程度地保护了未成年子女的利益。对此做法，有观点认为，父母子女关系是以相互之间的血缘联系为依据的，即便婚姻失去效力，子女与父母的关系也不会受此影响。[①]同时，意思表示瑕疵婚姻之所以会失去效力，其主要原因在于父母过错，与子女无关，父母子女关系不应受父母婚姻效力的影响。[②] 可见，父母子女身份效力与意思表示瑕疵婚姻效力实质上是两个不同维度的问题。换言之，即便婚姻不存在，也不影响业已确定的父母子女身份关系。

在我国，虽然从纵向来看，父母子女身份关系并不受影响，但是从横向而言，溯及既往消灭效力做法的存在仍会在间接上对父母子女关系产生不利影响。具言之，在我国，父母子女身份关系包含了婚生父母子女关系与非婚生父母子女关系。在立法存在溯及既往消灭效力做法的情境下，有观点认为，立法

---

① 杨大文.亲属法[M].第5版.北京:法律出版社,2012:98.
② 薛宁兰.婚姻无效制度论:从英美法到中国法[J].环球法律评论,2001,(2):218.

所规定的父母子女关系应为非婚生的父母子女关系，因为溯及既往地消灭婚姻效力，意味着婚姻关系自始不存在，在不存在的婚姻中出生的子女自然应被视为非婚生子女。① 虽然婚生子女与非婚生子女在我国法律中具有同等的待遇，然从现实来看，立法的要求不过是理想期待而已。在现实中，非婚生子女受到的歧视无处不在，例如在户口、上学、工作上都存在难以解决的问题。② 对此困境，有学者总结道，虽然非婚生子女享有与婚生子女同等的权利，然非婚生子女身份的存在，既可能会造成非婚生子女在社会上被歧视，也可能会造成对非婚生子女生母的歧视。③ 就此意义而言，在意思表示瑕疵婚姻的效力适用中，摒弃溯及既往消灭效力的做法实为明智之举。在此之下，父母子女的身份关系应为婚生父母子女关系。

在此有一点尚需明确的是，在我国现行立法中，意思表示瑕疵婚姻丧失效力以后，父母子女身份效力仅及于自然血亲关系，而对于拟制血亲关系来说，法律并未明确规定。④ 具言之，依我国《民法典》第 1054 条的规定，意思表示瑕疵婚姻在丧失效力以后，夫妻在婚姻存续期间所生的子女参照父母子女关系来认定。该条文可以理解为，意思表示瑕疵婚姻的效力丧失，并不影响当事人在同

---

① 马忆南.婚姻家庭法新论[M].北京：北京大学出版社，2002：128.

② 石东洋，刘新秀，聂敏.我国无效婚姻制度的缺陷及完善[J].山西省政法管理干部学院学报，2016，29(1)：74.

③ 陈苇，冉启玉.公共政策中的社会性别：《婚姻法》的社会性别分析及其立法完善[J].甘肃政法学院学报，2005，(1)：46.

④ 诚然，在父母子女关系上，具有血缘关系的自然血亲是其主要表现形式，但这并不能否认拟制血亲的存在。依我国现行《民法典》的相关规定，在父母子女关系中，存在因收养关系而产生养父母子女关系的拟制血亲和因新婚姻关系及形成事实上扶养关系的继父母子女关系的拟制血亲。对这两种拟制血亲，我国立法尚认为其等同于生父母子女关系来对待，此举殊值赞同。但等同对待要求正常婚姻关系的存在，在撤销婚姻具有身份回溯的语境下，立法对拟制血亲规定的空白无疑表明，因拟制而形成的父母子女关系将被解除，即该父母子女关系将被视为自始不存在。

居期间所生子女，不能因为他们的父母没有合法的夫妻关系，而剥夺他们作为子女所应当享有的权利和义务。[①] 可见，立法在此所强调的父母子女关系仅限于父母与所生子女的关系，即自然血亲关系，然而对于拟制血亲关系而言，其身份关系可能并不适用该条款。换言之，在拟制血亲的身份关系上，其可能会因婚姻效力溯及消灭而被视为自始不存在。虽然此种理解严重背离了儿童最大利益原则，然而在立法空白的情境下，此种理解无疑是在逻辑框架下对条文精神的应然解读。

这对于拟制血亲的子女而言，无疑是巨大的伤害。例如，我国《民法典》第1111条规定："……在收养关系成立以后，养子女与生父母及其他近亲属间的权利义务关系因此而消除。"这意味着养父母将成为其唯一的法定父母。倘若婚姻效力溯及既往消灭，那么在婚姻关系期间形成的养父母子女关系将因此而被溯及解除。具体来说，《民法典》第1101条规定，有配偶者收养子女，应当夫妻共同收养。在婚姻被撤销以前，收养势必要征得夫妻双方的同意，此为收养关系成立生效的前提条件。若是婚姻效力被溯及既往地消灭，那么因该段婚姻所形成的收养关系便失去了成立生效的前提条件，其在法律上被解除是自始无效的应有之义。

诚然，《民法典》第1117条规定，在收养关系解除后，未成年养子女与生父母及其他近亲属间的权利义务关系自行恢复。但在此需注意的是，上述情形的发生须以养子女仍存在生父母及其他近亲属为前提。在养子女为孤儿的情形下，身份关系失效的回溯无疑会导致其陷入更加"孤立无援"的状态，其不仅在

① 《新婚姻法适用要点与实例：根据婚姻法司法解释三最新编写》编写组．新婚姻法适用要点与实例：根据婚姻法司法解释三最新编写［M］．北京：法律出版社，2012：33．

生活上会失去应有的保障，而且在情感上亦会产生不安全感。在家庭对未成年子女健康成长具有重要意义的语境下，此举无助于养子女的成长。在可撤销的意思表示瑕疵婚姻中，撤销期间仅为一年，结合我国《民法典》第1093条的规定可知，婚姻在失效时养子女大多仍处于未成年状态。在此情境下，身份关系失效的回溯无疑违背了儿童最大利益原则。从某种程度上说，这甚至是在为社会制造不稳定的因素。① 就此意义而言，溯及既往消灭婚姻效力的做法并不可取。

从表面来看，上述问题源于溯及既往消灭婚姻效力的做法。然而，从实质而言，其源于我国立法用语的不准确。事实上，从我国的立法精神来看，儿童利益一直是婚姻立法关注的重点之一。我国《民法典》延续了2001年《婚姻法》关于保护儿童合法权益的规定。保护儿童合法权益，意味着儿童利益必须得到最大化实现，当儿童利益和他人利益相冲突时，儿童利益需要得到优先保护。②《民法典》对于儿童利益的保护十分重视，在婚姻家庭部分不仅规定了保护未成年人的合法权益，而且在收养、离婚等制度中明确规定了不得作出不利于未成年人的行为。就此意义而言，立法没有理由作出对儿童利益不利的规定。虽然如此，但立法用语的不精准以及溯及既往消灭婚姻效力做法的存在，仍易使人对父母子女身份效力的理解产生歧义。解决此种问题最为有效的方法在于，修正原有的立法用语。对此，在我国一些民法典的学者建议稿中，已经为此提供了一种范式。例如，王利明教授主持的《中国民法典学者建议稿》第413条规定："父母子女的权利和义务，不受父母的婚姻无效或撤销的影响，无效婚姻、被

---

① 据不完全统计，因离异、家庭暴力、家庭关爱缺失等家庭问题而走上犯罪道路的青少年占到全部青少年犯罪的65%。可见，溯及既往消灭效力的做法在为社会稳定制造隐患。参见栾驭，王飞.优秀传统文化融入预防未成年人犯罪的几点思考[J].犯罪研究，2017，(4)：52-56.

② 夏吟兰.中华人民共和国婚姻法评注：总则[M].厦门：厦门大学出版社，2016：286.

撤销婚姻的当事人与其子女,适用本法有关父母子女关系的规定。”[①]由此可以发现,该法条将现有立法中的“所生子女”替换为“与其子女”,消除了现有法条中父母子女关系仅适用于自然血亲关系的理解。“当事人与其子女”表明,在父母子女关系中,不仅仅是父母与其所生子女的关系,而且还包含了父母与非其所生子女的关系。就此意义而言,拟制血亲关系无疑可以包含其中。就此来看,此建议可以为我国未来的立法所采纳。

第三节　意思表示瑕疵婚姻的财产效力

意思表示瑕疵婚姻的法律效力不仅体现在身份关系上,而且体现在依附于身份关系的财产关系中。在我国,此种财产关系包含了夫妻共同财产关系、夫妻个人财产关系以及夫妻约定财产关系。[②] 这意味着,意思表示瑕疵婚姻的财产效力主要及于上述财产关系。通过前文的结论可以得知,在意思表示瑕疵婚姻未丧失效力之前,此种财产关系自然依有效婚姻的规定处理。而在意思表示瑕疵婚姻丧失效力以后,此种财产关系即不具有婚姻效力。就此意义而言,在意思表示瑕疵婚姻的效力丧失之时,必然要对其效力存续期间的财产关系进行处理,这实质上是意思表示瑕疵婚姻效力存续期间的财产认定问题。在夫妻财产关系中,夫妻个人财产关系和夫妻约定财产关系较为明晰,无论是在婚姻撤

① 王利明.中国民法典学者建议稿及立法理由:人格权编、婚姻家庭编、继承编[M].北京:法律出版社,2005:238.

② 姚秋英.婚姻效力研究[M].北京:中国政法大学出版社,2013:181.

销以前,抑或是在婚姻撤销以后,夫妻之间个人的财产终归个人所有。婚姻撤销与否对这两类财产关系影响不大。而较难解决的是夫妻共同财产关系,婚姻撤销以后,这些共同财产将面临分割,如何对撤销的效力范围进行认定,将事关婚姻当事人利益与婚姻关系中弱势家庭成员利益的维护。在夫妻共同财产关系中,较难解决的是夫妻共同财产及第三人债权的认定问题。

一、夫妻共同财产效力

在前述结论之下,在意思表示瑕疵婚姻效力存续期间,夫妻共同财产应适用有效婚姻的财产规定自无疑义。在我国,这主要包括以夫妻身份关系为前提的共同财产,即夫妻共同生活、共同经营而产生的共同财产。[①] 然而,在意思表示瑕疵婚姻效力丧失之时,这些财产的效力也必将丧失。就此意义而言,婚姻存续期间所取得的财产将面临分割问题。在我国现行法中,虽然存在溯及既往消灭婚姻效力的做法,但基于公平考虑,在意思表示瑕疵婚姻丧失效力之时,双方当事人在有效婚姻期间所取得的共同财产仍可按共同共有财产来处理。[②]

然而,在现行立法中毕竟存在溯及既往消灭婚姻效力的做法。在共有财产包含共同共有财产和按份共有财产的语境下,学理上有观点认为,婚姻效力被溯及既往消灭以后,原夫妻共同取得的财产不应被视为共同共有财产,而应被

① 姚秋英.婚姻效力研究[M].北京:中国政法大学出版社,2013:216.

② 吴高盛.《中华人民共和国婚姻法》释义及实用指南[M].北京:中国民主法制出版社,2014:54.具体条文参见《最高人民法院关于适用〈中华人民共和国民法典〉婚姻家庭编的解释(一)》第22条:"被确认无效或者被撤销的婚姻,当事人同居期间所得的财产,除有证据证明为当事人一方所有的以外,按共同共有处理。"

认定为按份共有财产。[1] 在司法实践中,亦有判例认为原夫妻共同取得的财产应被视为按份共有财产。此前,相关法院的审理意见认为,最高人民法院司法解释对共同共有财产的规定,是以"夫妻"双方之前有一段看似合法的婚姻关系为前提条件,若没有此前提条件,那么共有财产在此就应被视为按份共有。[2]

从逻辑上说,共同共有财产存在的前提是共同关系的存在,此种共同关系一般包括婚姻关系、家庭关系、合伙关系以及继承关系。[3] 这是共同共有财产与按份共有财产的不同之处,即两者虽均谓为共有财产,然则共同共有所强调的是特定身份关系的存在,在此之下,基于信赖关系而不计量出资、劳务等付出,身份关系在其中掩盖了财产关系的份额。而按份共有则是纯粹的财产关系,不以身份关系为前提,各共有人可按自己的份额处置财产。[4] 在婚姻效力溯及既往消灭的语境下,双方当事人的婚姻身份关系将被视为自始不存在,既然身份关系不存在,那以此为基础的共同共有财产关系何以有存在空间?就此意义而言,原夫妻身份关系存续期间所获得的共有财产不应被视为共同共有财产。[5] 正是基于此,有学者对立法规定提出异议,认为(在婚姻关系溯及消灭以后)选择共同共有财产关系体现不了与夫妻共同财产的区别,成为与夫妻共同财产关

---

① 参见王俊凯.夫妻财产分割模式[M].北京:北京大学出版社,2016:11;张影.非婚同居期间所得财产的性质与归属[J].哈尔滨工业大学学报(社会科学版),2002,(2):75.

② 肖峰,田源.婚姻家庭纠纷裁判思路与裁判规则[M].北京:法律出版社,2017:370-371,375.

③ 李锡鹤.究竟何谓"共同关系":再论按份共有与共同共有之区别[J].东方法学,2016,(4):11.

④ 同上书:19.

⑤ 此观点在我国之前的《物权法》第103条(现为《民法典》第308条)规定中得到印证。依该条规定,在共有财产的性质认定方面,当且仅当当事人存在家庭关系时才可认定为共同共有财产。虽然立法并未对家庭关系作出界定,但依理论通说,婚姻是家庭产生的前提,家庭是婚姻成立的结果,婚姻当事人双方组成最初的家庭,然后才有父母子女、兄弟姐妹等家庭关系。可以说,家庭关系包含了婚姻关系在内,婚姻关系是家庭关系的基础。就此意义而言,婚姻关系亦是共同共有财产关系存在的前提。参见陈苇.婚姻家庭继承法学[M].北京:群众出版社,2005:5.

系完全一样的财产关系,这不利于保障婚姻关系的合法性和稳定性,也不能体现行政机关婚姻登记的权威性,是有问题的。[①]

从本质上说,此种疑问存在的根源在于婚姻效力的溯及消灭。解决此种问题的关键在于否认婚姻效力的溯及消灭,以此不仅可以维护婚姻关系中弱势家庭成员的利益,而且还能实现法律体系内的逻辑统一。就此来看,在意思表示瑕疵婚姻效力存续期间,夫妻共同取得的财产将产生相应的婚姻效力,对其分割必然应参照有效婚姻的财产分割方式进行。

在我国,夫妻共同财产效力主要及于有形的物质利益。[②] 这对于婚姻关系中的弱势家庭成员而言,无疑有失公正。具言之,从社会实际情况来看,家庭分工的布局依然客观存在。虽然经济的发展以及观念的进步促使传统家庭分工模式有所淡化,但是家庭分工并没有因此而消亡,反而仍处在不断发展变化之中。在家庭分工中,男女两性扮演着不同的角色,即通常所称的主外与主内分工。据一份关于家庭分工的调查表明,在我国,23.1%的受访者认为应根据实际情况而决定家庭分工,22.4%的受访者赞同男主外、女主内的家庭分工模式,8.6%的受访者更赞同女主外、男主内的家庭分工模式。[③] 可见,在现代家庭中,即便传统分工意识有所淡化,但是其依旧客观存在于社会中。[④]

在现实生活中,这些分工往往体现为"男主外、女主内"的模式,即夫妻双方

① 杨立新.共有权研究[M].北京:高等教育出版社,2003:229.

② 即工资、奖金,生产、经营的收益,知识产权的收益,继承或赠与所得的财产等"看得见"的有形物质利益。

③ 周易.家庭分工模式:夫妻共同承担内外事务最普遍[N].中国青年报,2016-09-13(7).

④ 另据一份关于海南省的家庭分工调查数据表明,家庭分工模式在现代依然存在。从该份调查可知,海南省目前的家庭分工模式以"男女平等"为主,以"男主外、女主内"为辅。其中男主外、女主内的占41%,女主外、男主内的占1%,男女平等的占55%,内外均为女主的占3%。参见吴琼.海南妇女家庭分工的现状调查[J].学理论,2011,(20):35.

作为生活的共同体。男方往往外出工作,获得劳动报酬以维持本人及其家庭的生活;女方则照顾丈夫生活、抚育子女、照顾家庭,解除丈夫的后顾之忧。[①] 就家庭分工中主内的一方而言,其往往将主要精力消耗在家庭劳动之中,虽然不能否认家庭劳动也能创造具体价值,但是其价值却主要消耗在家庭内部,而这本身也是家务劳动无法从市场上获得回报的原因。[②] 在此之下,主内的一方容易在经济上形成对主外一方的依赖,这使主内的一方在事实上成为婚姻关系中的弱势方。在主内一方主要为女性的情境下,夫妻共同财产效力不及于无形利益的做法将对女性利益产生极大伤害。对于女性而言,花在家务上的时间占用了其自我提升的时间,这将影响女性自身的发展。[③] 当女性解除婚姻关系以后,其将因年龄问题或职业技能的缺乏而难以再寻求一份合适的工作。[④] 对此,有学者坦言,在婚姻关系解除时,主外的一方并不会因此而产生很大影响,他们只不过失去了配偶所提供的家庭服务。而对于主内的一方而言,其技能主要体现在家务劳动中,一旦离开婚姻这个载体,那么该技能将会失去价值,这将使他们的状况恶化。[⑤]

在夫妻共同财产制的语境下,虽然主内的一方可以通过共同财产的分割获得某种补偿,但补偿的力度有限,无法为婚姻解除后的生活提供保障。换言之,离婚时平均分割夫妻共同财产以现有的夫妻共同财产为限,可能不足以合理评

---

① 张荣芳.新型夫妻共同财产:婚姻期间的养老金权益[J].法学评论,2018,36(2):66.

② 王玮玲.基于性别的家庭内部分工研究[J].重庆大学学报(社会科学版),2016,22(5):136.

③ 司丹.我国法定离婚理由的社会性别分析[J].学术交流,2011,(9):86.

④ 张融.我国法定离婚理由之价值评析及立法建议[J].西南政法大学学报,2018,20(3):77.

⑤ [英]安东尼·W·丹尼斯,[英]罗伯特·罗森.结婚与离婚的法经济学分析[M].王世贤,译.北京:法律出版社,2005:69.

价从事家务较多一方的贡献和价值。[①] 为了充分保护主内一方的合法权益,《民法典》婚姻家庭编在第 1088 条规定了家务劳动补偿条款,即夫妻一方因抚育子女、照料老年人、协助另一方工作等负担较多义务的,离婚时有权向另一方请求补偿,另一方应当给予补偿。这在一定程度上保护了主内一方的合法权益。家务劳动补偿条款的设置,实质上是为了弥补夫妻财产制的不足,旨在客观评价当事人对婚姻家庭的贡献,其核心理念在于,婚姻应被视为夫妻共享的事业,婚姻原本应该是男女基于爱情期待而共同生活的一个命运共同体,保障家务贡献者的利益与维护婚姻家庭共同体的利益具有一致性,有利于家庭的整体利益。[②]

应该说,家务劳动补偿条款的设置,有效地保护了主内一方的合法权益。但是,此项条款所解决的是夫妻离婚的经济补偿问题,其主要适用于离婚的情形。经济补偿的确定以夫妻共同财产分割的确定为基础,补偿金应当从承担支付义务一方的个人财产或其分到的共同财产中支取。[③] 我国《民法典》中有关家务劳动补偿的条款,在婚姻撤销中并不适用。此种做法也与《民法典》撤销婚姻效力溯及既往的内涵相一致。具言之,家务劳动补偿条款所补偿的是为婚姻家庭共同体的付出,在效力溯及既往的语境下,曾经的婚姻家庭共同体被视为不曾存在,既然如此,主内一方所付出的就非家务劳动,由此便不存在适用家务劳动补偿条款的基础。不仅如此,适用夫妻共同财产制分割的基础亦不存在。

在此语境下,如果主内的一方是欺诈方或胁迫方,那么将会导致婚姻撤销

① 冉克平.夫妻团体法:法理与规范[M].北京:北京大学出版社,2022:344-345.

② 同上书:345.

③ 最高人民法院民法典贯彻实施工作领导小组.中华人民共和国民法典婚姻家庭编继承编理解与适用[M].北京:人民法院出版社,2020:317.

的结果过于维护个人利益，而忽视了婚姻家庭关系中弱势群体利益的保障，这显然与个人兼及社会本位的理念不相符。如果主内的一方是意思表示瑕疵方，那么在现有的立法规定下，意思表示瑕疵方可能更愿意选择离婚而非婚姻撤销来解除双方的关系，毕竟通过离婚，其获得的利益会更多。如此就容易使可撤销婚姻制度形同虚设，立法者欲通过可撤销婚姻制度保护个人真实意愿的意图落空，就此来看，个人的真实意愿并未真正得到保护，这也与个人兼及社会本位的理念不相符。因此，在未来的立法修订中，立法者应摒弃撤销婚姻溯及既往的做法，唯有如此，才能使个人兼及社会本位理念得到贯彻落实。

二、第三人债权效力

除了夫妻共同财产认定问题以外，在实施共同财产制的夫妻中，一方当事人与第三人债权关系的认定问题亦是较难解决的问题。从前述结论来看，在意思表示瑕疵婚姻效力存续期间，夫妻与第三人的债权债务问题均可以依照有效婚姻的规定解决。然而，在我国现行法中，由于溯及既往消灭婚姻效力做法的存在，一些学者认为，在意思表示瑕疵婚姻效力溯及丧失以后，采用共同财产制的夫妻与第三人的债权债务问题可参照最高人民法院《关于人民法院审理未办结婚登记而以夫妻名义同居生活案件的若干意见》第 11 条的规定处理，即在婚姻效力存续期间，为共同生产、生活而形成的债权、债务，可按照共同债权、债务处理。① 从某种程度而言，此举可以在一定程度上解决实践中的难题，但是其亦存在适用上的局限性，特别是在一方以个人名义向第三人举债的情形中，此种

① 余延满.亲属法原论[M].北京：法律出版社，2007：216.

局限性更为凸显。事实上,最高人民法院《关于人民法院审理未办结婚登记而以夫妻名义同居生活案件的若干意见》第11条对此并未给出明确的答案。① 当然,在2021年1月1日施行的《最高人民法院关于废止部分司法解释及相关规范性文件的决定》中,该司法解释业已被废止,这就使得该问题更难以解决。对此问题的解决,似乎只能通过逻辑推理的方式进行。

《民法典》第1064条对夫妻一方以个人名义举债作出明确规定,即夫妻一方在婚姻关系存续期间以个人名义超出家庭日常生活需要所负的债务,不属于夫妻共同债务;但是,债权人能够证明该债务用于夫妻共同生活、共同生产经营或者基于夫妻双方共同意思表示的除外。该条的核心理念为夫妻团体主义,即在夫妻共同生活中,夫或妻以其个人名义实施的行为,属于夫妻团体行为,该行为所产生的债务属于夫妻共同债务。② 就此来看,夫妻共同债务承担的前提是夫妻团体的存在,若无该团体,那么所负债务定不为夫妻共同债务。换言之,一方名义的举债一定是为了团体,如此才能要求该团体承担责任,若非如此,只能由举债方自己承担责任。在溯及既往消灭婚姻效力的语境下,夫妻身份关系将被溯及消灭,夫妻团体被视为根本不存在,在此以团体关系为前提的夫妻共同债务自无存在空间。就此意义而言,原夫妻一方以个人名义的举债理应被视为

① 该解释第11条规定:"解除非法同居关系时,同居期间为共同生产、生活而形成的债权、债务,可按共同债权、债务处理。"该解释虽然明确了婚姻效力溯及消灭后的债权债务关系的认定。但是,单就意思表示瑕疵婚姻而言,其并不适用。具言之,从该条规定来看,共同债务必须因共同生活而产生,且在此共同生活中,双方当事人是真心实意的。然而,在意思表示瑕疵婚姻中,意思表示瑕疵方实质上并不愿与对方共同生活。例如,在胁迫婚姻中,受胁迫的一方并不愿与另一方共同生活,就此意义而言,受胁迫方以个人名义所进行的举债不应被视为共同债务,因为其在内心上并无与对方共同生活之愿。事实上,该条规定并未对"共同生活"作出明确界定,倘若就此认为此种举债也是为共同生活不免有些牵强。可见,该条规定对于意思表示瑕疵婚姻的债务问题而言,并未给出一个明确的解决方案。

② 冉克平.夫妻团体法:法理与规范[M].北京:北京大学出版社,2022:129.

个人债务。

从某种程度而言,将此种债务视为个人债务的做法不仅会使第三人难以实现债权,而且也将置婚姻关系中弱势家庭成员的利益于不利境地。具言之,首先,将此种债务认定为个人债务,意味着第三人实现债权的责任财产将减少,而责任财产的减少,将使第三人债权难以获得清偿。[①] 其次,倘若举债方为婚姻关系中的弱势家庭成员,那么这意味着,即便非举债方在所借的债务中受益,其也不用返还,这将使举债方在婚姻效力丧失以后背负更沉重的负担。在举债方为受欺诈或受胁迫的一方时,该后果的存在必然会使其怯于行使婚姻撤销权,这无疑在间接上使可撤销婚姻制度形同虚设。

可见,在溯及既往消灭婚姻效力的做法下,不仅第三人(债权人)的利益将会受损,而且婚姻关系中弱势家庭成员的利益亦难以保障。正是基于此,才有学者提出,立法理应废除溯及既往消灭婚姻效力的做法,因为婚姻有其特殊性,倘若强行对婚姻事实恢复原状,那么这将不利于婚姻关系中有关当事人合法利益的保护。[②] 就此意义而言,意思表示瑕疵婚姻失效不溯及既往的做法具有正当性,这将使前述两项问题得以解决。在此之下,夫妻一方以个人名义的举债可以适用有效婚姻的规定。在我国,此种问题的解决可能出现两种结果:一种结果为将其认定为共同债务,适用于共同生活、共同生产经营、基于夫妻双方共同意思表示等情形;另一种结果则为将其认定为个人债务,适用于超出家庭日常生活需要所负的债务等情形。就此意义而言,在第一种结果中,第三人债权效力将及于原夫妻双方,而在第二种结果中,第三人债权效力仅及于举债的

① 王泽鉴.债法原理[M].北京:北京大学出版社,2009:24.

② 梁慧星.中国民法典草案建议稿附理由:亲属编[M].北京:法律出版社,2013:76.

一方。

应该说,此种做法更能协调各方利益。前述虽然有观点认为,对该问题可以参照原司法解释的规定,但其实际上并不符合法律适用的原理。具言之,其一,该司法解释已经废止,不再是立法文件,若司法机关径直适用该司法解释,那么将会出现不依"法"裁判的局面。其二,即便该司法解释现行有效,其也不宜适用于意思表示瑕疵的婚姻中。虽然该司法解释亦有基于共同生活而认定共同债务的规定。但此项规定与夫妻共同债务存在本质上的不同。具体来说,在该司法解释中,共同债务是在同居的语境下认定的。一般而言,同居主要是指没有婚姻关系的双方共同生活、互相依赖,形成包括感情、经济和性等方面的生活共同体。[①] 在同居关系中,双方不仅需要以共同生活为目的,而且还需存在共同自愿,即双方都愿意与彼此同居。[②] 然而,这对于一些类型的意思表示瑕疵婚姻而言,此种自愿根本不可能存在。例如,在胁迫婚姻中,受胁迫方根本不想与相对方生活在一起。就此意义而言,胁迫婚姻根本不符合同居的要义,就此而将规制同居的条文适用于意思表示瑕疵婚姻中,不免显得有些牵强。在我国,同居和婚姻还在后果上存在本质的不同。例如,在同居期间,非自愿的性行为将会构成强奸罪,而在婚姻期间却通常不被视为强奸罪。可见,规制同居的条文不可能适用于婚姻关系中,否则将会引致更大的问题。

综上可见,在撤销婚姻失效溯及既往的语境下,《民法典》有关夫妻权利义务的规定无法适用,这不仅无助于保护原夫妻中相对弱势一方的合法权益,而且容易使第三人的债权处于不能清偿的风险。从某种程度上来说,现有失效溯

① 王薇.非婚同居法律制度比较研究[M].北京:人民出版社,2009:20.
② 景春兰.婚姻家庭法理论与案例研究[M].北京:中国政法大学出版社,2017:14-15.

及既往的做法“百害而无一利”，正是基于此，本书认为，在未来对《民法典》进行修订时，理应改变撤销婚姻失效溯及既往的做法，如此才能从根本上实现个人兼及社会本位的理念。

第四节　意思表示瑕疵婚姻的体系效力

一、效力判定条款适用

意思表示瑕疵婚姻效力的产生及丧失，仅仅是意思表示瑕疵婚姻效力制度框架下的“内部问题”。换言之，在有关意思表示瑕疵婚姻效力的条款中，只要出现条款中规定的情形，那么意思表示瑕疵婚姻即会依条款而被判定为有效或者可撤销。然而，意思表示瑕疵婚姻效力条款不可能独立存在，其最终仍将置于整个婚姻法律体系中。在婚姻法律体系中，存在目的不同的法律条款，这就不可避免地会产生条款适用冲突。就意思表示瑕疵婚姻效力条款而言，其主要维护的是个人利益，当其与主要维护公共利益的条款相遇时，将有可能产生适用冲突。在此之下，意思表示瑕疵婚姻效力条款能否优先适用？这实质上涉及意思表示瑕疵婚姻在整个婚姻法律体系中的效力问题，即当意思表示瑕疵婚姻效力条款与其他条款产生适用冲突时，意思表示瑕疵婚姻效力条款是否还能在婚姻法律体系中产生适用效力？

依法律适用的一般原理，有上位法优于下位法、特别法优于一般法、新法优于旧法的适用方法，然而此种方法适用的前提在于必须存在两个内容不同的部门法。就此意义而言,意思表示瑕疵婚姻效力条款的冲突问题在此并不适用。因为意思表示瑕疵婚姻的效力条款冲突,主要体现在同一部门法内的不同条款中,对此,该一般原理并无适用空间。

由于在婚姻法律体系中,婚姻效力主要包含有效、无效以及可撤销,故意思表示瑕疵婚姻的效力条款冲突仅会在有效条款、无效条款以及可撤销条款中发生。就此意义而言,此种冲突包含可撤销的意思表示瑕疵婚姻效力条款与无效婚姻条款的冲突、有效的意思表示瑕疵婚姻效力条款与无效婚姻条款或可撤销婚姻条款的冲突等。这实质上涉及有效、无效以及可撤销的适用位阶问题。

一般而言,婚姻有效意味着,婚姻关系因符合法律规定的要件而为国家和社会所承认,取得相应的拘束力①;而婚姻无效意味着,婚姻关系并不被法律认可和保护;可撤销婚姻则意味着婚姻关系虽已成立但存在违法因素,故在某种情形下可能会丧失效力②。由此可见,有效意味着国家对婚姻关系的承认,而无效或可撤销意味着国家对婚姻关系的全部否认或部分否认。在私法领域,存在“法不禁止即可为”的理念,其是基于个人主义原则,为防止公权力的扩张而存在的。在该理念下,法律主体只要在法律没有明确禁止的情况下即可以依自己的意志行事或追求自己的利益。③ 换言之,在法不禁止的语境下,行为人的行为可产生预期效力,然而在有法律条文禁止的情境下,因行为的不可为而使其行为不能产生预期效力。就此意义而言,在有效条款与无效或可撤销条款产生冲突时,有效条款应让位于无效或可撤销条款,盖因后两者实乃法律对不符合规

---

① 姚秋英.婚姻效力研究[M].北京:中国政法大学出版社,2013:50.

② 同上书:2.

③ 王雅琴.论“法不禁止即可为”[J].理论视野,2014,(4):40.

定行为的禁止。从逻辑上说,"法不禁止即可为"无疑可以反向理解为"法若禁止即无自由"。[①] 禁止性条款的存在,表明国家对该行为的否认,在此情形下,禁止性条款无疑具有优先适用的地位。应该说,在这三种效力条款产生适用冲突时,有效条款让位于无效或可撤销条款是毋庸置疑的,在此所引起的争议亦较小。[②] 然而,对于无效条款与可撤销条款的适用而言,其会产生一定的分歧。

无效条款与可撤销条款产生冲突主要表现为,同一事由既属于无效婚姻,又属于可撤销婚姻。例如,我国《民法典》规定了未到法定婚龄为无效婚姻,如果胁迫婚姻中存在未达法定婚龄的情形,司法机关应当如何适用法律?又如,如果将所有类型的欺诈婚姻纳入可撤销婚姻的范畴,那么势必会出现无效婚姻与可撤销婚姻相重叠的局面,如隐瞒重婚的情形,那么司法机关应当将其视为无效婚姻,还是可撤销婚姻?从本质上说,此种冲突实际上是调整某个法律关系的法律规范出现了管辖交叉点。[③]

一般而言,对此交叉点适用规范的选择,往往与国家的利益取舍有关。换言之,国家基于管理的需要而在不同利益中确定利益的位阶,在此之下,体现高位阶利益的规范将被优先适用。就无效婚姻与可撤销婚姻而言,无效婚姻系违

---

① 汪习根,武小川.权力与权利的界分方式新探:对"法不禁止即自由"的反思[J].法制与社会发展,2013,19(4):43.

② 值得一提的是,在《民法典》总则编中,第8条着重强调了民事行为不得违背公序良俗。公序良俗条款的存在,其目的是避免立法在禁止性规定上的疏漏。具言之,由于民事活动复杂多样,法律不可能预见所有损害社会公共利益、违背公共道德秩序的行为而作出详尽的禁止性规定。因此,有必要辅之以公序良俗原则,并明确规定违背公序良俗的民事法律行为无效。由此可见,公序良俗条款实质上是无效条款。在该条款下,前述所言的有效意思表示瑕疵婚姻将会因违背公共道德、公共秩序而被宣告无效。换言之,在有效的意思表示瑕疵婚姻条款与无效的公序良俗条款对于同一问题产生适用冲突时,公序良俗条款无疑具有优先适用的地位。事实上,在司法实践中,已经出现了类似的适用判例。参见石宏.中华人民共和国民法总则条文说明、立法理由及相关规定[M].北京:北京大学出版社,2017:20;蔡唱.公序良俗在我国的司法适用研究[J].中国法学,2016,(6):237.

③ 沈志先.法律方法论[M].北京:法律出版社,2012:132.

反一夫一妻、当事人之间无法律禁止结婚的近亲关系等公益性要件的婚姻,其无论何时均无效,可称为绝对无效;可撤销婚姻系违反当事人双方意愿真实表达等私益要件,应视情况而定其效力,为相对无效。① 换言之,无效婚姻涉及的是公益性的问题,可撤销婚姻涉及的是私益性的问题。

在此需明确的是,无效婚姻中的"公益"并不能理解为个人兼及社会本位中的社会利益,而是应将其理解为公共秩序。例如,在无效婚姻中,重婚设立的目的在于维护一夫一妻的秩序。具言之,在资源相对均衡的情形下,一夫一妻的安排将使婚姻秩序处于稳定状态。倘使对此安排进行否认,那么不仅婚姻秩序将不复存在,社会也将陷入动荡不安的状态中。据研究表明,在自然规律正常的情况下,男女数量是趋于均等的,在一夫一妻制之下,绝大部分的男人和女人都能找到适合自己的伴侣,然而在多配偶制之下,那些占据多配偶的当事人将使部分人难以获得配偶,无法生育后代,这种人为导致的婚配资源不均衡会引发另一个严重后果,那就是为争夺有限的配偶资源而发生的战争以及针对妇女发生的拐卖、抢夺、强奸等犯罪行为,严重危害社会的稳定。② 可见,无效婚姻中的"公益"主要指公共秩序,其与前文所言的社会利益不同,盖因秩序并无利益之义,以社会利益定义公共秩序并不妥当。③ 对此,有学者总结道:"重婚等因欠缺结婚公益要件的男女两性结合,社会危害性往往较大,其将影响婚姻家庭关系的稳定和社会秩序的安定,故应以无效婚姻制度规制,在后果上重在否认其效力;而欠缺男女双方完全自愿的违背私益要件的婚姻,其所侵犯的是当事人

① 郭丽红.冲突与平衡:婚姻法实践性问题研究[M].北京:人民法院出版社,2005:6.

② 夏吟兰.中华人民共和国婚姻法评注:总则[M].厦门:厦门大学出版社,2016:211.

③ 朱庆育.民法总论[M].第2版.北京:北京大学出版社,2016:302.

的婚姻自由权,故应以可撤销婚姻制度规制,在后果上应更兼顾保护妇女和儿童等弱者的利益。”①

正是基于此,在我国意思表示瑕疵婚姻效力的判定中,才不宜设置无效婚姻制度,因为意思表示瑕疵婚姻效力判定更多的是关注个人的真实意愿,即个人在结婚中出现意思表示瑕疵时,其究竟会对婚姻效力产生怎样的影响。而无效婚姻则不同,其所关注的是公共秩序,这就意味着个人的真实意愿在无效婚姻制度中无足轻重,其非无效婚姻所关注的对象,此时无论当事人是否存在意思表示瑕疵,婚姻均会因符合立法规定的无效事由而被宣告为无效。因此,在我国意思表示瑕疵婚姻效力的形态设置中,才不宜引入无效婚姻制度。此时即便出现了适用上的重叠,也不能认为我国在意思表示瑕疵婚姻效力形态上所采纳的是多元模式。从本质上来说,无效婚姻制度与可撤销婚姻制度之间的适用冲突,是公共秩序与私人利益(即个人的真实意愿得到维护)的冲突。②

对此,在学理上存在两种解决方法,分别为公益优先模式与私益优先模式。前者认为,公共秩序代表着全体公民利益的诉求,是不能服从个人利益的,如果没有公共秩序,没有了社会的安定,个人利益也就没有得以保证的基础,这样的个人利益即使能够取得,也是暂时的,并且最终也会丧失,因此,公共秩序应高于个人利益,在两者相冲突时,公益条款优先适用。③ 后者则认为,公共的判断并不能代表个人的判断,公共的利益也不能堂而皇之地取代个人的利益,更何况许多所谓的公共秩序的建立,实际上并未经过一定的民主程序,而是以专断

① 陈苇.论我国婚姻无效与撤销制度的完善[J].甘肃政法学院学报,2003,(4):14.

② 此处的“私人利益”与“个人利益”为同一概念。

③ 赵丽欣,李冰.公共利益是判断利益是否具有合理性的标准:论爱尔维修利益观中的个人利益与公共利益[J].学术界,2013,(11):191.

的方式加以确定的,就此而言,公益并不必然拥有优先于私益的正当性,因此,在两者产生冲突时,应以私益为优先考虑。[①] 在婚姻法领域,两种不同的理论具体可以表现为:在公益优先模式下,无效婚姻条款应优先适用,在此意思表示瑕疵婚姻即便属于可撤销婚姻,其最终也会被视为无效婚姻;在私益优先模式下,可撤销婚姻条款具有优先适用性,在此意思表示瑕疵婚姻即便符合无效婚姻的事由,其最终仍会被视为可撤销婚姻。

综观而言,两种模式各有千秋,其所达到的效果各有不同。公益优先模式更有助于社会秩序的实现,而私益优先模式则更有助于个人利益的实现。虽然私益优先模式充分体现了个人本位的理念,但是,从长远来看,其却容易造成婚姻秩序的紊乱,这将使婚姻个人利益失去外部秩序的应有保障,最终深受其害的仍是个人利益。同时,在可撤销婚姻的时间限制下,无效的违法婚姻将可能合法化,这将造成同一婚姻的不同效力认定。例如,在重婚中,倘若存在欺诈情形,那么这意味着重婚将可能因为时间的推移而合法化,在此无疑是极其荒谬的,无效婚姻制度所希冀维护的公共秩序将会被架空。从某种程度而言,这会使无效婚姻制度形同虚设。因此,本书认为,当无效婚姻条款与可撤销婚姻条款产生冲突时,应以公益优先为考量,优先适用无效婚姻条款。

一般而言,无效婚姻背后代表着某种公共秩序维护的需要,因此,从危害严重程度来说,无效婚姻事由往往比可撤销婚姻事由要高。对此,有学者认为,因违背社会公共利益的婚姻所产生的无效,与因行为能力欠缺或结婚意思瑕疵所产生的可撤销,两者的社会危害性不同,前者损害了法律所欲保护的社会公共

---

① 胡玉鸿.和谐社会与利益平衡:法律上公共利益与个人利益关系之论证[J].学习与探索,2007,(6):90-92.

秩序，后者主要侵害了法律所保护的当事人在结婚问题上的个人权益，较之而言，前者更严重，故在法律适用上应有所区分。[①] 事实上，从公共秩序与个人利益的价值来看，前者显然是后者实现不可或缺的条件，没有了前者，后者的实现将无从谈起。换言之，社会是由个人构成的，个人为了实现自己的目的而合作和交往，于是形成社会，个人若想实现自己的目的，必须在有序的社会中进行。在有序的社会中，每个人都会各司其职，在此基础上，个人将会各得其所。[②] 然而，如果放弃秩序而强调个人利益的实现，那么这将会严重危及他人的正当权利，个人将在自私自利、唯我独尊的极端权利思想支配下制造无序社会，最终反噬性殃及的将是每一个公民原本拥有的正当权利。[③] 可见，在公益条款与私益条款产生适用冲突时，私益优先模式不过是短期之见，其无助于个人利益的长远实现。换言之，个人利益的实现需以社会秩序的存在为前提，没有稳定的社会，个人利益将无从谈起。就此意义而言，公益优先模式有其科学合理性。在此之下，当无效婚姻条款与可撤销婚姻条款产生冲突时，应优先适用无效婚姻条款。

值得一提的是，“公序良俗条款”在我国《民法典》的确立，亦在间接上表明公共秩序有优先维护的必要。公序良俗是公共秩序和善良风俗的简称，其是为了弥补禁止性规定不足的概括条款，目的在于通过宣告法律行为无效来否定权利。[④] 公序良俗实质上在法律体系中扮演着底线的角色，以社会公共利益之名，

---

① 陈苇.结婚与婚姻无效纠纷的处置[M].北京：法律出版社，2001：19.

② 刘进田.人本价值与公共秩序[M].北京：中国社会科学出版社，2010：305-307.

③ 庄绪龙.“法无明文规定”的基本类型与裁判规则[J].法制与社会发展，2018，24(2)：73.

④ 中国审判理论研究会民商事专业委员会.《民法总则》条文理解与司法适用[M].北京：法律出版社，2017：28.

伫立于私法自治之侧,甚至高于私法自治,给予私法自治必要的指导与矫正,避免社会处于无序中。[①] 在婚姻法领域,法律除了将婚姻无效事由明列于法条外,还可以适用公序良俗条款,以弥补或解释立法疏漏,婚姻因违背公序良俗者,无效。[②] 可见,在我国法律体系中,公共秩序维护具有优先地位,其他条款与公共秩序条款产生适用冲突时,应让位于公共秩序条款。就此意义而言,我国意思表示瑕疵婚姻效力条款在婚姻法律体系中的效力范围应为:有效婚姻条款≤意思表示瑕疵婚姻效力条款(可撤销婚姻条款)<无效婚姻条款。

二、损害赔偿责任条款适用

除效力判定条款外,在可撤销婚姻制度中,损害赔偿责任条款亦需要关注。具体来说,《民法典》新增设了可撤销婚姻损害赔偿责任制度,即在第 1054 条第 2 款明确规定,婚姻无效或者被撤销的,无过错方有权请求损害赔偿。该制度设定的原因在于,无效婚姻和可撤销婚姻会给无过错的当事人带来极大的损害,仅规定根据照顾无过错方的原则分配财产是远远不够的,而赋予无过错方请求损害赔偿的权利,有利于保护无过错方的合法权益。[③] 对于该制度的建立,学界表示欢迎。如有学者认为,该制度通过追究过错方的法律责任,保护无过错一方的合法权益,可以达到明辨是非、伸张正义、惩罚过错方、救济无过错方的目的,实现法律的实质正义。[④] 有学者则认为,赋予无过错方损害赔偿的请求权,

---

① 谢潇.公序良俗与私法自治:原则冲突与位阶的妥当性安置[J].法制与社会发展,2015,21(6):101.

② 张作华.亲属身份行为基本理论研究[M].北京:法律出版社,2011:150.

③ 黄薇.中华人民共和国民法典释义(下)[M].北京:法律出版社,2020:1975.

④ 夏吟兰.婚姻家庭编的创新和发展[J].中国法学,2020(4):75.

是在遵循“有损害必有赔偿”的侵权理论前提下，引导民众诚信行事，保护无过错方的信赖利益，填补其因婚姻无效或被撤销所遭受的物质损害或精神损害的必然要求。①

可以说，对于该制度的建立，学界已无争议。但是，在理解与适用该制度时，学界依然存在较大的分歧。例如，在无过错方的认定上，学界存在不同的观点。有学者认为，此制度中的无过错方，应该包括受害人具有轻微过失的情形。② 有学者则认为，无过错方不应有任何过失。③ 又如，在损害赔偿范围的界定上，有学者认为，无过错方因为信赖婚姻关系有效成立，而放弃工作、回归家庭，导致其未能通过工作获得的财产利益不应得到赔偿。④ 有学者则认为，对婚姻圆满的信赖而实施任何行为的利益损失，均应得到赔偿。⑤

值得注意的是，在司法实践中，婚姻被撤销以后，当事人一方行使损害赔偿请求权的案例并不多，如部分案件的当事人要求撤销婚姻时，并未提出损害赔偿的请求。⑥ 在一些案件中，虽然当事人提出了损害赔偿的请求，但法院并未阐明适用《民法典》第 1054 条损害赔偿规则的理由，而仅以“理法有据，本院予以支持”⑦“精神损失费等的主张无法律依据”⑧“原告有权请求损害赔偿，本院酌

---

① 陈苇，贺海燕.论中国民法典婚姻家庭编的立法理念与制度新规[J].河北法学，2021，39(1)：26.

② 刘征峰.结婚中的缔约过失责任[J]. 政法论坛，2021，39(3)：56.

③ 薛宁兰，谢鸿飞.民法典评注：婚姻家庭编[M]. 北京：中国法制出版社，2020：101.

④ 李昊，王文娜.《民法典》婚姻无效和婚姻可撤销规则的解释与适用[J].云南社会科学，2021(2)：20.

⑤ 任江，邵杨琦.隐瞒重大疾病婚姻撤销权解释论[J]. 温州大学学报(社会科学版)，2022，35(4)：8.

⑥ 参见河南省郏县人民法院(2024)豫 0425 民初 3583 号民事判决书；湖南省道县人民法院(2024)湘 1124 民初 2223 号民事判决书；广西壮族自治区金秀瑶族自治县人民法院(2023)桂 1324 民初 747 号民事判决书。

⑦ 参见湖北省武汉市江汉区人民法院(2024)鄂 0103 民初 11902 号民事判决书。

⑧ 参见云南省会泽县人民法院(2023)云 0326 民初 2870 号民事判决书。

情确定由被告赔偿原告 XX 元，被告要求原告支付精神损失费用，本院不予支持”[①]等模糊表述说理，一些法院甚至出现将损害赔偿等同于财产返还的情形[②]……这些现象出现主要是因为可撤销婚姻损害赔偿责任的抽象性。此种抽象不仅会导致学界产生理解上的分歧，而且会造成实践中的适用困境。在一些地方，由于错误的理解，甚至出现法条误用的情况。因此，正确理解可撤销婚姻损害赔偿责任显得意义重大。

目前，《民法典》第 1054 条可撤销婚姻损害赔偿责任的理解难题主要集中在以下两点：一是作为权利主体的“无过错方”应当如何理解，二是赔偿范围应如何界定。这两个难题是规则适用的阻碍，唯有破解，方能正确适用可撤销婚姻损害赔偿责任制度。

对于“无过错方”的理解，本书认为，可以从体系解释的视角，与离婚损害赔偿责任的“无过错方”作相同理解。其中的理由在于，《民法典》在婚姻家庭编部分规定了两处损害赔偿责任，一处为第 1054 条第 2 款婚姻无效或被撤销的损害赔偿，另一处为第 1091 条离婚损害赔偿。两项规则存在着相似之处，均是因婚姻关系的解除，原婚姻关系中的无过错方享有损害赔偿的请求权。同时，两者的立法目的具有一致性，即一方面，为了弥补无过错方的利益损失；另一方面，为了惩戒过错方。在可撤销婚姻损害赔偿责任未有详尽规定的情境下，参照离婚损害赔偿责任的理解，是民法典体系统一的应有之义。对此，有学者指出，法典化就是体系化，《民法典》所具有的体系化特点，为以体系解释婚姻家庭

① 参见内蒙古自治区包头市昆都仑区人民法院(2023)内 0203 民初 1143 号民事判决书。
② 参见湖南省益阳市资阳区人民法院(2022)湘 0902 民初 234 号民事判决书。

编提供了充分的条件和基础，在具体适用婚姻家庭编的相关规则时，需要运用体系思考的方法，这有助于消除法律适用中的矛盾和冲突。[①] 婚姻法回归民法体系后，在考虑其身份法特性的同时，更需要关注其与《民法典》其他各编的体系化解释，实现内在逻辑统一。[②] 在民法典时代，无论是《民法典》各编之间，抑或是婚姻家庭编内部各条文之间，作统一理解是体系化的必然要求。

相比而言，离婚损害赔偿责任的规定较为详细。最高人民法院《关于适用〈中华人民共和国民法典〉婚姻家庭编的解释（一）》第 90 条对《民法典》第 1091 条的“无过错方”作了解释，规定有重婚、与他人同居等离婚过错情形的，不得视为离婚损害赔偿中的无过错方。在此可以看出，离婚损害赔偿中的无过错方并不包括客观上具有过错行为的情形，基于体系解释，可撤销婚姻损害赔偿责任中的无过错方亦不应包含在客观上具有过错行为的情形，即当事人不应存在胁迫、隐瞒重大疾病等过错行为。

若客观上没有过错行为，但主观上明知或应知对方具有过错行为的情形下，明知或应知方是否仍属于无过错方？[③] 对此，学界产生了较大的理解分歧。有学者认为，明知方或重大过失型的应知方不应属于无过错方，因此，一方发现婚姻存在效力瑕疵事由后，而继续举办婚礼所导致的损害扩大，不应再纳入损害赔偿的范围。但是，具有一般轻微过失应知状态的存在，应知方依旧可以被

---

① 王利明.体系化视野下《民法典》婚姻家庭编的适用：兼论婚姻家庭编与其他各编的适用关系［J］.当代法学，2023(1)：14.

② 陈宜芳，王丹：民法典婚姻家庭编法律适用中的价值理念和思维方法：以《民法典婚姻家庭编解释（二）》为视角［J］.法律适用，2025(1)：39.

③ 如果不能适用可撤销婚姻制度，那么可撤销婚姻损害赔偿责任的适用便无从谈起。因此，此部分在无过错方的论证中，不包含不能适用可撤销婚姻规则的情形，如一方在作出结婚决定前，明知对方存在隐瞒重大疾病的情形。

视为无过错方。[①] 有学者则认为，一般而言，明知或应知方不应属于无过错方。例外的是，因受胁迫而缔结的婚姻，此时受胁迫方即便明知或应知对方有过错情形，其依旧可以被视为无过错方。[②] 但也有学者认为，无过错方的认定应仅限于客观上是否有过错行为，而不应将主观状态纳入其中。换言之，即便是一方明知或应知对方有此类过错行为，只要明知方或应知方在客观上无过错行为，那么其便可以被视为无过错方。[③]

上述所列的分歧观点，哪种更为合理？对此，可在体系视角下，通过离婚损害赔偿责任的一般原理去解决。不同观点背后，实质上代表着对可撤销婚姻损害赔偿责任性质的不同认识，目前主要存在缔约过失责任说、侵权责任说等不同观点。与之所不同的是，对离婚损害赔偿责任性质的争论相对较小，且目前已基本形成共识。一般认为，离婚损害赔偿责任是一种侵权责任，是侵权者应当承担的一种民事责任，以保护无过错方的合法权益。[④] 从体系解释的角度考虑，可撤销婚姻损害赔偿责任亦应被视为一种侵权责任。事实上，从立法者出版的资料亦可以推知可撤销婚姻损害赔偿责任属于侵权责任。具言之，可撤销婚姻损害赔偿责任设置的原因在于，可撤销婚姻给无过错的当事人带来极大伤害，受到伤害就应该有权请求赔偿，伤害他人就得承担赔偿责任。[⑤] 从表述可以看出，“伤害”是权利设置的重要原因，此也对应了侵权责任中“无损害即无救

---

① 刘征峰. 结婚中的缔约过失责任[J]. 政法论坛,2021,39(3):57.

② 龙卫球. 中华人民共和国民法典婚姻家庭编与继承编释义[M]. 北京:中国法制出版社,2020:52.

③ 蔡颖雯,秦英. 民法典婚姻家庭编释论[M]. 北京:中国法制出版社, 2020:74.

④ 黄薇.中华人民共和国民法典释义(下)[M].北京:法律出版社,2020:2017.

⑤ 同上书:1975.

济”的基本原理。在离婚损害赔偿责任的解释中，立法者亦采用了类似的表述，提到该责任是为了填补无过错方的损害。[①] 只不过在离婚损害赔偿责任中，立法者明确提到该责任为侵权责任，而在可撤销婚姻损害赔偿责任中则没有明确提及。

在侵权责任的框架下，对损害的理解不应与受害人明知或应知等主观状态相联系。具体来说，首先，从语义来看，损害一般是指某种利益的损失，此种损失与是否明知或应知无关，此时当事人即便明知行为将给自己带来损失的后果，因该行为而出现的损失后果仍可被称为损害。[②] 其次，从侵权责任损害赔偿原理来看，其所强调的损害与主观状态并无必然的联系，法律意义上的损害，实质上就是两个客观条件之间比较的否定结果，即“侵权行为存在，他/她的合法利益水平”-“侵权行为不存在，他/她的合法利益水平”=？如果答案是负值，那么就可以认定他/她有受损害，损害在此实际上是非法行为的受害人遭受的不利或损失。[③] 最后，从立法者出版的资料来看，对损害的界定亦没有强调主观状态。即《民法典》所提的损害，是指行为人的行为对受害人的民事权益造成的不利后果，通常表现为财产减少、身体残疾、名誉受损、精神痛苦等。[④]

不过需要注意的是，损害对于受害人而言是不利后果，这意味着受害人对此后果是反对的，否则难以称为不利。若是受害人积极地去追求此种后果，那么在法律上显然难以将其评价为需要承担责任的损害，因为此种后果的发生是

---

① 黄薇.中华人民共和国民法典释义(下)[M].北京:法律出版社,2020:2017.

② 中国社会科学院语言研究所词典编辑室.现代汉语词典[M].北京:商务印书馆,2018:1248.

③ Santo Davide Ferrara, Rafael Boscolo-Berto, Guido Viel. Personal Injury and Damage Ascertainment under Civil Law:State of the Art International Guidelines [M]. Switzerland:Springer International Publishing, 2016:136.

④ 同①:2236.

其积极追求的,既然是其追求的,那对其而言就不应当被视为不利。故此,《民法典》第1174条明确规定,若损害是因受害人故意造成的,那么行为人不承担责任。在此之下,对损害的理解不与受害人明知或应知等主观状态相联系,并不意味着任何情形中的主观状态均不具有评价意义,损害结果对于当事人而言,必须是其反对的,此时即便其明知或应知,仍可被视为受害的无过错方,如在胁迫婚姻中,被胁迫方虽然知道对方在胁迫,但对该婚姻的结果其是表示反对的,在此其仍可被视为无过错方,若结果是其积极追求的,那么对其而言难称为不利,此种情形不应当再将其视为无过错方。

对于"赔偿范围"的理解,本书认为,依侵权责任的一般原理,可知可撤销婚姻损害赔偿范围包含了物质损害赔偿和精神损害赔偿。存在疑问的是,物质损害赔偿和精神损害赔偿的范围究竟如何界定?换言之,是不是所有的物质损害和精神损害都需要进行赔偿?对此,相关立法并无明确的规定。因此导致学界产生理解上的分歧。

物质损害赔偿的分歧主要集中在"婚姻导致的不利益"是否属于物质损害的赔偿范围。对此,有学者认为,物质损害不应包含"婚姻导致的不利益",即无过错方因为信赖婚姻关系有效成立,而作出某种行为所导致的物质利益损失,比如放弃工作、回归家庭,使其不能通过工作获得财产。[①] 但有学者对此则持反对意见,认为物质损害亦应包含此种"婚姻导致的不利益"。[②] 理解分歧的存在,显然不利于司法适用的统一。那么,应如何界定物质损害赔偿的范围?是

---

① 李昊,王文娜.《民法典》婚姻无效和婚姻可撤销规则的解释与适用[J].云南社会科学,2021(2):20.

② 任江,邵杨琦.隐瞒重大疾病婚姻撤销权解释论[J].温州大学学报(社会科学版),2022(4):8.

否存在范围界定方法？对此，可通过侵权责任的一般原理去探求答案。

“婚姻导致的不利益”能否被归入物质损害赔偿的范围？从侵权责任的填平功能来看，“婚姻导致的不利益”似乎能够通过物质损害赔偿予以弥补。因为侵权责任填平功能的目的在于，将受害者恢复到没有受到任何伤害时的情形，即通过施害者的损害赔偿，受害者的状态将如同未受到侵害一般。① 就此意义而言，因婚姻过错行为所引起的“不利益”的损失，当然可以通过损害赔偿予以弥补。

虽然如此，但需要注意的是，侵权责任除了具有填平功能以外，其亦被要求禁止得利，即受害者不能通过损害赔偿而获得超过其损害的利益。② 这也意味着，在适用损害赔偿时所弥补的受害人损害，应是其不能通过其他方式获得弥补的损害。由此观之，“婚姻导致的不利益”能够通过物质损害赔偿予以弥补的观点值得商榷。

“婚姻导致的不利益”能否被归入物质损害赔偿范围的关键在于，其是否能够通过其他方式得到弥补。若是，那么“婚姻导致的不利益”便不能再通过损害赔偿予以弥补；若否，那么“婚姻导致的不利益”便能通过损害赔偿予以弥补。对此，本书认为，由于“婚姻导致的不利益”可通过我国法定财产制获得弥补，故其不得再通过损害赔偿二度弥补。具体来说，我国实行的是婚后所得共同财产制，这意味着夫妻双方的工资、收益等均归共同所有，无过错一方因信赖婚姻所放弃的工作机会，进而所导致的收入减少，完全可以通过履行扶养义务、行使日

① Peter Van Wijck, Jan Kees Winters. The Principle of Full Compensation in Tort Law [J]. European Journal of Law and Economics, 2001, 11(3): 319.

② 程啸.侵权责任法[M].第2版.北京：法律出版社，2015：31.

常家事代理权等方式使用另一方的收入来获得弥补。之所以能够如此，主要是因为婚姻被撤销以前，其仍是具有完全效力的，婚姻家庭关系中所具有的权利和义务，双方均可行使或均应履行。通过相关权利的行使或相关义务的履行，夫妻实质上可以共同分享各自的财产。① 即便是婚姻被撤销以后，当事人在婚姻效力存续期间所得的财产，实质上与婚后所得共同财产制无异，即除非有证据证明为当事人一方所有，否则按共同共有处理。按共同共有处理意味着，无过错一方作出某种行为所导致的物质利益损失，实质上可以通过对方的收入获得弥补。同理，在实行分别财产制的场合，无过错一方亦可通过相互扶养义务的履行弥补"婚姻导致的不利益"②。

与此同时，《民法典》第 1054 条第 1 款明确规定，同居期间所得的财产，由当事人协议处理；协议不成的，由人民法院根据照顾无过错方的原则判决。这意味着在无效婚姻和可撤销婚姻中，无过错方不仅可以通过共同共有财产的方式获得弥补，而且在财产分割时亦会得到特别照顾，这实质上为其损失上了"双保障"，就此意义而言，可撤销婚姻损害赔偿责任自无再适用的空间。

除物质损害赔偿外，精神损害赔偿的范围也存在较大分歧，主要集中在"婚姻机会利益的损失"能否获得精神损害赔偿的问题上。对此，有学者认为，可撤销婚姻损害赔偿责任中的精神损害不应包含婚姻机会利益损失所带来的精神

---

① 冉克平.夫妻团体法：法理与规范[M].北京：北京大学出版社，2022：61.

② 诚然，在分别财产制中，无过错配偶一方所获得的弥补较之婚后所得共同财产制所获得的弥补更少，某些情形下甚至难以填平损失。但这并不构成将"婚姻导致的不利益"纳入物质损害赔偿范围的充分理由。因为在分别财产制中，夫妻约定该财产制系基于真实的意思表示而作出的，在此如果有一方的利益遭致损害，那么此损害可以被视为自愿放弃的利益，此时如果仍适用损害赔偿责任予以弥补，显然有失公平。当然，如果分别财产制的约定是基于瑕疵意思表示而作出的，那么可通过一般民事法律行为原理，撤销分别财产制的约定，而适用婚后所得共同财产制。此时无过错一方非自愿的利益损失，可以通过前文所述的婚后所得共同财产制的适用获得弥补。

痛苦。因为在婚姻领域,与他人结婚的机会往往难以确定,即使存在与他人结婚的可能,由此带来的利益也往往难以衡量,即便当事人因年龄增长而在“婚姻市场”的择偶竞争力降低,在法律上也并不具有评价意义。[①] 但有学者则持反对观点,认为精神损害应包含婚姻机会利益损失,因为当事人一方如未与过错配偶结婚,那么其就有机会与其他适当之人结婚,但因为过错配偶的过错行为,导致无过错配偶作出了与之结婚的不适当决定,使其失去与他人缔结婚姻的机会,由此而导致的精神痛苦,理应得到赔偿。[②]

对于“婚姻机会利益损失”能否被归入精神损害赔偿范围的问题,本书认为,应当从精神损害赔偿的原理去理解。具言之,从《民法典》第1183条的规定来看,精神损害赔偿的适用,应限于侵害人身权益或者具有人身意义的特定物等特定情形。之所以限于特定情形,主要是因为侵权责任的目的在于协调个人自由与社会秩序的关系,因此并非所有的利益损失均可适用侵权责任,否则个人的自由将受到极大的限制,此与民法的精神相违背。基于此,立法通过权益的设置,明确了侵权责任的适用范围。[③] 就此意义而言,解决“婚姻机会利益损失”赔偿问题的关键在于,婚姻机会利益是否属于精神损害赔偿规定中的“人身权益或具有人身意义的特定物”?

精神损害赔偿规定中的“人身权益或具有人身意义的特定物”,应是《民法典》所明确规定的权益。《民法典》并未明确规定“婚姻机会利益”,但从学界的

---

① 刘征峰.结婚中的缔约过失责任[J].政法论坛,2021,39(3):57.

② 蒋月.准配偶重疾告知义务与无过错方撤销婚姻和赔偿请求权:以《民法典》第1053条和第1054条为中心[J].法治研究,2020(4):78.

③ Peter Van Wijck, Jan Kees Winters. The Principle of Full Compensation in Tort Law [J]. European Journal of Law and Economics,2001,11(3):319.

讨论来看,其与《民法典》第110条所规定的婚姻自主权具有相似之处。就此意义而言,婚姻自主权是否包含“婚姻机会利益”是问题解决的突破口。从立法者出版的资料来看,婚姻自主权主要是指自然人享有的结婚、离婚自由不受他人干涉的权利。[①] 其中的结婚自由,是指婚姻当事人享有自主地决定自己婚姻的权利,有权基于本人的意志,自主自愿地决定自己的结婚问题,不受其他方的强迫或者干涉。[②] 就此来看,“婚姻机会利益”是可以被婚姻自主权所包含的。

具体来说,就可撤销婚姻而言,可撤销婚姻制度的设置体现了立法对个人结婚真实意愿的尊重。在此之中,意思表示瑕疵的无过错方享有撤销权,盖因与之结婚的对象并非其自主自愿作出的决定。而无过错方之所以如此行为,乃是因为其受到了外界的不当干涉。此种干涉或表现为胁迫,或表现为对方隐瞒重大疾病。正是由于这些干涉的存在,导致无过错方选择与“意中人”结婚的自由受到不同程度的损害。无过错方结婚自由受到损害的直接后果,便是在客观上直接减少与“意中人”结婚的机会。此处的自由,即婚姻自主权中的结婚自由,此处的机会,即婚姻机会利益。由此可见,当婚姻自主权受到侵犯时,势必会在客观上导致婚姻机会利益的损失,就此意义而言,婚姻机会利益是可以被婚姻自主权所包含的。换言之,婚姻机会利益是婚姻自主权的权利内容。

诚然,随着社会的不断变化,实践中损害赔偿范围的争议远不止于上述两种利益,限于篇幅,本书无意逐一展开讨论。但是通过对上述两种利益的分析,可以以小见大,总结出界定可撤销婚姻损害赔偿责任赔偿范围的方法。由于可撤销婚姻损害赔偿责任是一种侵权责任,故损害赔偿范围的界定理应基于侵权

---

① 黄薇.中华人民共和国民法典释义(上)[M].北京:法律出版社,2020:215.

② 黄薇.中华人民共和国民法典释义(下)[M].北京:法律出版社,2020:1941.

法的原理。在此之下,可撤销婚姻损害赔偿责任赔偿范围界定方法包括:第一,损害赔偿应严格贯彻禁止得利的要求,对于无过错方可以通过其他方式获得弥补的损失,不宜再归入损害赔偿的范围;第二,基于平衡个人自由与社会秩序的关系,损害赔偿所弥补的利益损失,必须是法律明确规定保护利益的损失,而非任何利益的损失;第三,损害赔偿的适用,以有损害为前提,若无损害,则无赔偿。

结　语

在婚姻自由原则下，意思表示自愿真实是婚姻生效的重要条件。诚然，“你情我愿式”的意思表示真实婚姻固属婚姻缔结的理想状态，然而受各种因素的影响，婚姻双方当事人的意思表示可能陷入瑕疵状态，由此导致意思表示瑕疵婚姻的出现。在婚姻生效需当事人意思表示真实的语境下，意思表示瑕疵的存在将会影响婚姻的效力。虽然结婚行为是民事法律行为的一种类型，但是由于婚姻具有主体特定性、内容限定性、后果连带性的特点，故意思表示瑕疵对婚姻效力的影响，不可能与意思表示瑕疵对民事法律行为效力的影响相一致。在意思表示瑕疵婚姻的效力判定上，不宜一概承认或否认其效力，而仍应从婚姻的具体情形出发。

一、意思表示瑕疵婚姻效力判定的影响要素

由于意思表示属于人的内心世界活动，外界难以知悉其真实所想，若严格依照意思表示自愿真实的条件，以当事人所主张的意思表示不真实为依据，那

么婚姻关系将陷入极度不稳定的状态之中。故对意思表示瑕疵婚姻的效力判定,实质上是法律适用者基于对实际情况的考虑而作出有效或无效的判断。从立法层面来说,意思表示瑕疵婚姻的效力判定,实际上是一项法律制度的确立。立法者在确立该制度时,亦不可能完全以婚姻当事人的主张为唯一依据,还要考虑其他因素,这也是缘何《民法典》未将所有类型的意思表示瑕疵婚姻视为可撤销婚姻的重要原因。那么,立法者在设立本国的意思表示瑕疵婚姻效力制度时,会受到哪些因素的影响?

对此,不同的法学理论存在不同的观点:逻辑效力理论认为,由于法律效力最终来源于最高规范,因此,法律效力判定的作出理应以最高规范为依据,若最高规范对此明确规定为无效,那么其下的法律也应当将其规定为无效;自然效力理论认为,法律效力源于与自然法观念相符,故在效力判定时,要考察该行为是否符合自然法观念,若是符合,那么应当认定为有效;社会事实理论认为,法律效力来源于客观存在的社会事实,故在效力判定时,应考察该行为是否符合当地的社会习惯,若符合,则为有效,反之则无效;国家意志理论认为,法律效力最终来源于国家意志,故判定行为是否有效,取决于立法者的意愿,但立法者意愿的形成,受到了当时社会经济因素的影响,其是客观而非主观的。通过比较发现,逻辑效力理论、自然效力理论和社会事实理论均具有天然的缺陷性,无法对法律制度的设置作出合理的解释,而国家意志理论中的统治阶级意志论更契合我国的实际情况,其更能科学合理地解释法律制度的设置,故在意思表示瑕疵婚姻效力制度的设置中,应以其作为指导理论。

统治阶级意志论亦是马克思主义法学理论的重要组成部分,该理论认为,效力判定从根本上反映了统治阶级的意志。在现代语境中,统治阶级意志亦可以称为国家整体意志。在立法层面,国家整体意志主要通过立法者所制定的法律来体现。需要注意的是,国家整体意志并非统治阶级的主观意志,而是受客观因素影响下的客观意志。因为其深受政治、经济和社会因素的影响,不同的政治、经济和社会因素,将决定统治阶级具有不同的认识。在这三大因素中,经济因素起决定性的作用,但政治因素中的政治形势和政治体制,社会因素中的道德、习惯、文化及宗教等亦不可忽视。从某种程度上说,意思表示瑕疵婚姻效力制度的设立,表面上是立法者意志的体现,实质上是政治、经济和社会因素综合影响的结果。

二、意思表示瑕疵婚姻效力判定的模式方案选择

由于各国(地区)政治、经济和社会因素不同,故不同国家(地区)存在不同的意思表示瑕疵婚姻效力制度。从宏观来看,存在一元的有效、无效或可撤销形态,二元的有效、无效并存或有效、可撤销并存形态,多元的有效、无效及可撤销并存形态等效力模式。就我国的实际情况而言,意思表示瑕疵婚姻效力制度更宜采取有效和可撤销并存的效力模式。从微观来看,在不同效力模式下,不同类型的意思表示瑕疵婚姻展现出不同的效力组合。当前,意思表示瑕疵婚姻主要包括错误婚姻、虚假婚姻、欺诈婚姻以及胁迫婚姻等不同类型。在有效和可撤销并存效力模式下,各类型的意思表示瑕疵婚姻应当如何进行效力组合?

这与我国的婚姻立法理念密切相关。从法律的发展历史来看,婚姻立法理念历经了家族本位、个人本位以及个人兼及社会本位的发展阶段。在不同理念下,立法主要维护的利益有所不同。家族本位理念以家族利益的维护为首要考

量,在此之下,随意解除婚姻效力的制度自然不被认可,现代意义上的可撤销婚姻制度或无效婚姻制度并无存在的空间,意思表示瑕疵婚姻从整体上被视为有效婚姻。个人本位理念所强调的是个人自由的最大化发挥,在此之下,个人意愿得到前所未有的重视,意思表示瑕疵婚姻均应被视为可撤销婚姻。个人兼及社会本位理念强调在尊重个人意愿的同时,理应关注婚姻家庭关系中弱势群体的利益,这意味着意思表示瑕疵婚姻不完全是有效或可撤销。可见,个人兼及社会本位理念更符合我国的实际情况。

在个人兼及社会本位理念之下,我国在意思表示瑕疵婚姻效力判定方面,宜采用以意思主义为主、表示主义为辅的折中主义标准。该标准实质上是被限制的意思主义标准,其中的限制因素一般为婚姻关系中的弱势家庭成员利益。在该标准下,意思表示瑕疵婚姻将依据不同情形而分别被判定为可撤销婚姻或者有效婚姻。

三、意思表示瑕疵婚姻效力判定的具体方案

对于错误婚姻而言,其不宜被视为可撤销婚姻。其中的原因在于:首先,对于“人的身份认识错误”情形来说,其虽然背离了当事人的个人真实意愿,但该情形在实践中出现的概率微乎其微,因而无须在立法中予以明确规定;其次,对于“人的性质认识错误”情形来说,由于每个人对理想配偶条件的设定不同,因而试图统一确定错误认识的个人情况显然是不现实的。在此之下,倘若以抽象的个人情况认识错误为由而赋予错误认识方撤销权,那么这无疑使婚姻处于极其不稳定的状态中,将会给家庭及社会带来一系列的负面影响。

对于虚假婚姻而言,其不宜被视为可撤销婚姻。其中的原因在于:首先,将虚假婚姻视为可撤销婚姻不具有可操作性,盖因人内心的真实意愿具有抽象性,在双方当事人均是自由表达的情境下,事实上是难以认定一方当事人的表示行为是否与其内心的真实意愿相符的;其次,承认虚假婚姻的效力反而有助于减少此类婚姻的发生,婚姻无法解除的不利后果可以让虚假婚姻的当事人在缔结虚假婚姻时有所忌惮,不敢轻易与对方缔结虚假婚姻,这在间接上亦有助于树立婚姻当事人正确的价值观;最后,在资源有限性的情境下,若是将虚假婚姻视为可撤销婚姻,那么这将会使虚假婚姻当事人可以不断地利用婚姻来占去有限的社会资源,进而造成新的社会分配不公,引致社会资源的紧张,导致社会的不稳定。

对于欺诈婚姻而言,其应被视为可撤销婚姻。其中的原因在于:首先,在个人兼及社会本位的理念下,当个人利益遭到严重侵害时,立法应要优先保护个人利益。在欺诈婚姻中,受欺诈方的表意自由受到了严重侵犯,赋予受欺诈方撤销婚姻的权利,是保护个人利益的应有之义。其次,将欺诈婚姻视为可撤销婚姻,有助于在婚姻当事人之间树立正确的婚姻诚信观,减少欺诈婚姻的发生,因为对于实施欺诈的一方来说,婚姻并不会像其所希望的那般完全发生效力,一旦撤销权人行使撤销权,那么其所期盼通过欺诈婚姻获得的利益将完全消失,这对其来说是十分不利的。

对于胁迫婚姻而言,其应被视为可撤销婚姻。其中的原因在于:首先,从不同类型的意思表示瑕疵婚姻来看,胁迫婚姻对个人婚姻自由的侵犯最为严重,伤及的个人利益亦最深,故在此情境下应优先保护被胁迫方的利益;其次,强力维持胁迫婚姻的效力,将会导致婚姻家庭的不和谐与不稳定,不利于弱势家庭成员利益的维护，特别是对于儿童来说，此种胁迫婚姻的存在，并不能为其提供一个良好的成长环境。将胁迫婚姻视为可撤销婚姻，并没有造成婚姻当事人与婚姻关系中弱势家庭成员的利益天平失衡。

由于婚姻有其特殊性，故意思表示瑕疵婚姻效力在判定以后，其效力影响范围将可能与法律行为的效力影响范围不同。具体而言，对于完全有效的意思表示瑕疵婚姻而言，其效力产生于婚姻登记之时，丧失于婚姻登记机关准予离婚或人民法院离婚判决生效之时。而对于可撤销的意思表示瑕疵婚姻而言，其效力虽然亦产生于婚姻登记之时，但此效力并非稳定的法律效力。当意思表示瑕疵方行使撤销权利时，该效力将会丧失，基于对婚姻关系中弱势家庭成员利益的保护，婚姻在撤销后不应具有溯及力，其丧失时间应当为撤销婚姻宣告之时，在此之前，业已存在的婚姻关系应被视为有效婚姻。换言之，即便婚姻被撤销，撤销以前存在的婚姻关系事实仍然会存在。在此期间，双方当事人依然会产生婚姻身份上的效力以及婚姻财产上的效力。

为避免可撤销的意思表示瑕疵婚姻长期处于不稳定状态，撤销权的行使必须有一年的时间限制，过此时间，撤销权将不复存在，可撤销的意思表示瑕疵婚姻将具有完全效力。当然，撤销权利人亦可通过权利的放弃，使效力有瑕疵的婚姻转变为具有完全效力的婚姻。此外，为了实现社会本位理念，应在欺诈婚姻中设置效力准正制度，即当欺诈事由消失时，效力瑕疵婚姻可转变为具有完全效力的婚姻。在民法典体系视角下，当涉及意思表示瑕疵婚姻效力的条款与其他效力条款产生适用冲突时，应依照无效婚姻条款优于可撤销的意思表示瑕疵婚姻效力条款、可撤销的意思表示瑕疵婚姻效力条款优于有效的意思表示瑕疵婚姻效力条款的顺序适用，这样才能从根本上实现利益的平衡，确保社会的稳定。而对于可撤销婚姻损害赔偿责任条款,则可参照离婚损害赔偿责任条款,将客观上不存在胁迫、隐瞒重大疾病等过错行为的一方视为无过错方。其中的损害赔偿包含了物质损害赔偿和精神损害赔偿,其适用理应遵循填补损失、禁止得利等原则,不属于法律规定的损害或通过其他方式可以获得弥补的损害,不应归入损害赔偿的范围。

四、未来展望

当前,我国《民法典》颁布实施尚不久。由于《民法典》事关社会生活的方方面面,而社会是不断前进发展的,所以现有的法条不可能穷尽式地规定社会生活问题的解决方案。有鉴于此,我们必须完善《民法典》的配套解释。目前,民法各领域的司法解释正在紧锣密鼓地制定中,一些领域的司法解释已经出台并实施,取得了良好的效果。就婚姻家庭领域而言,有关意思表示瑕疵婚姻效力的立法规定及司法解释基本上是延续了 2001 年《婚姻法》的规定及相关司法解释,部分制度仍存在完善的空间。如何在新形势下对法条作出合理的解释,同时提出立法修订的完善方案,是未来长期一段时间需要持续研究的课题。本书所得出的结论,希冀能为学术界进行身份行为相关研究时提供资料上的参考,能为司法实践解决意思表示瑕疵效力认定问题提供思路上的参考,能为《民法典》相关司法解释的制定乃至未来《民法典》的修订提供方案上的参考。

参考文献

一、专著类

(一)中文专著

[1]《新婚姻法适用要点与实例:根据婚姻法司法解释三最新编写》编写组.新婚姻法适用要点与实例:根据婚姻法司法解释三最新编写[M].北京:法律出版社,2012.

[2]曹贤信.亲属法的伦理性及其限度研究[M].北京:群众出版社,2012.

[3]陈苇.外国婚姻家庭法比较研究[M].北京:群众出版社,2006.

[4]陈苇.中国婚姻家庭法立法研究[M].北京:群众出版社,2010.

[5]陈信勇.民法典视角下的身份法律行为[M].浙江:浙江大学出版社,2023.

[6]陈玉玲.台湾婚姻家庭制度理论与实务[M].北京:九州出版社,2015.

[7]崔吉子.韩国最新民法典[M].北京:北京大学出版社,2010.

[8]董安生.民事法律行为[M].北京:中国人民大学出版社,2002.

[9]付子堂.法理学高阶[M].北京:高等教育出版社,2008.

[10]郭明瑞.家事法通义[M].北京:商务印书馆,2022.

[11]何勤华.法律名词的起源[M].北京:北京大学出版社,2009.

[12]黄薇.中华人民共和国民法典释义[M].北京:法律出版社,2020.

[13]江平,米健.罗马法基础[M].北京:中国政法大学出版社,2004.

[14]姜海顺.中韩家族法的比较研究[M].北京:法律出版社,2009.

[15]蒋月.20世纪婚姻家庭法:从传统到现代化[M].北京:中国社会科学出版社,2015.

[16]李步云,高全喜.马克思主义法学原理[M].北京:社会科学文献出版社,2014.

[17]李永军.民法总论[M].北京:法律出版社,2006.

[18]梁慧星.民法总论[M].北京:法律出版社,2011.

[19]梁慧星.中国民法典草案建议稿附理由:亲属编[M].北京:法律出版社,2013.

[20]罗结珍.法国民法典[M].北京:法律出版社,2005.

[21]马忆南.婚姻家庭法新论[M].北京:北京大学出版社,2002.

[22]瞿同祖.中国法律与中国社会[M].北京:商务印书馆,2010.

[23]冉克平.夫妻团体法:法理与规范[M].北京:北京大学出版社,2022.

[24]冉克平.意思表示瑕疵:学说与规范[M].北京:法律出版社,2018.

[25]石宏.中华人民共和国民法总则条文说明、立法理由及相关规定[M].北京:北京大学出版社,2017.

[26]史凤仪.中国古代的家族与身分[M].北京:社会科学文献出版社,1999.

[27]史尚宽.亲属法论[M].北京:中国政法大学出版社,2000.

[28]谭和平.意思表示瑕疵理论与立法比较研究[M].北京:中国政法大学

出版社,2013.

[29]田韶华. 民法典背景下身份行为的体系化研究[M].北京:社会科学文献出版社,2023.

[30]佟柔.中国民法学:民法总则[M].北京:中国人民公安大学出版社,1990.

[31]王德山.合同效力研究[M].北京:中国政法大学出版社,2015.

[32]王礼仁.婚姻诉讼前沿理论与审判实务[M].北京:人民法院出版社,2009.

[33]王丽萍.亲子法研究[M].北京:法律出版社,2004.

[34]王利明.民法总则研究[M].北京:中国人民大学出版社,2012.

[35]王利明.中国民法典学者建议稿及立法理由:人格权编、婚姻家庭编、继承编[M].北京:法律出版社,2005.

[36]王胜明,孙礼海.《中华人民共和国婚姻法》修改立法资料选[M].北京:法律出版社,2001.

[37]王薇.非婚同居法律制度比较研究[M].北京:人民出版社,2009.

[38]王泽鉴.王泽鉴法学全集(第 11 卷):民法总则[M].北京:中国政法大学出版社,2003.

[39]吴庆宝.婚姻家庭纠纷裁判标准规范[M].北京:人民法院出版社,2009.

[40]夏吟兰,蒋月,薛宁兰.21 世纪婚姻家庭关系新规制:新婚姻法解说与研究[M].北京:中国检察出版社,2001.

[41]夏吟兰,龙翼飞,曹思婕,等.中国民法典释评:婚姻家庭编[M].北京:

中国人民大学出版社,2020.

[42]夏吟兰,薛宁兰.民法典之婚姻家庭编立法研究[M].北京:北京大学出版社,2016.

[43]肖峰,田源.婚姻家庭纠纷裁判思路与裁判规则[M].北京:法律出版社,2017.

[44]熊英.亲属法理论与实务[M].北京:法律出版社,2008.

[45]徐国栋.绿色民法典草案[M].北京:社会科学文献出版社,2004.

[46]薛宁兰,谢鸿飞.民法典评注:婚姻家庭编[M].北京:中国法制出版社,2020.

[47]杨大文.亲属法[M].第5版.北京:法律出版社,2012.

[48]杨代雄.法律行为论[M].北京:北京大学出版社,2021.

[49]姚建宗.法理学[M].北京:科学出版社,2010.

[50]姚秋英.婚姻效力研究[M].北京:中国政法大学出版社,2013.

[51]余延满.亲属法原论[M].北京:法律出版社,2007.

[52]张根大.法律效力论[M].北京:法律出版社,1999.

[53]张民安.法国民法[M].北京:清华大学出版社,2015.

[54]张作华.亲属身份行为基本理论研究[M].北京:法律出版社,2011.

[55]朱庆育.民法总论[M].第2版.北京:北京大学出版社,2016.

[56]最高人民法院民法典贯彻实施工作领导小组.中华人民共和国民法典婚姻家庭编继承编理解与适用[M].北京:人民法院出版社,2020.

[57]最高人民法院民事审判第一庭.婚姻法司法解释的理解与适用[M].北京:中国法制出版社,2002.

[58]最高人民法院民事审判第一庭.最高人民法院婚姻法司法解释(三)理解与适用[M].北京:人民法院出版社,2011.

[59]最高人民法院民事审判第一庭.最高人民法院民法典婚姻家庭编司法解释(一)理解与适用[M].北京:人民法院出版社,2021.

(二)中文译著

[1][奥]凯尔森.纯粹法理论[M].张书友,译.北京:中国法制出版社,2008.

[2][奥]尤根·埃利希.法律社会学基本原理[M].叶名怡,袁震,译.北京:中国社会科学出版社,2009.

[3][德]布洛克斯,[德]瓦尔克.德国民法总论[M].张艳,译.北京:中国人民大学出版社,2012.

[4][德]迪特尔·梅迪库斯.德国民法总论[M].邵建东,译.北京:法律出版社,2001.

[5][德]迪特尔·施瓦布.德国家庭法[M].王葆莳,译.北京:法律出版社,2010.

[6][德]迪特尔·施瓦布.民法导论[M].郑冲,译.北京:法律出版社,2006.

[7][德]弗里德里希·卡尔·冯·萨维尼.论立法与法学的当代使命[M].许章润,译.北京:中国法制出版社,2001.

[8][德]黑格尔.法哲学原理[M].范扬,张企泰,译.北京:商务印书馆,2010.

[9][德]卡尔·拉伦茨.德国民法通论[M].谢怀栻,译.北京:法律出版社,2003.

[10][德]卡尔·马克思,[德]弗里德里希·冯·恩格斯.马克思恩格斯选

集第 2 卷[M].中共中央马克思恩格斯列宁斯大林著作编译局,编译.北京:人民出版社,1995.

[11][德]维尔纳·弗卢梅.法律行为论[M].迟颖,译.北京:法律出版社,2013.

[12][法]让-克洛德·布洛涅.西方婚姻史[M].赵克非,译.北京:中国人民大学出版社,2008.

[13][芬兰]E.A.韦斯特马克.人类婚姻史(第 1 卷)[M].李彬,李毅夫,欧阳觉亚,译.北京:商务印书馆,2009.

[14][美]E·博登海默.法理学:法律哲学与法律方法[M].邓正来,译.北京:中国政法大学出版社,2004.

[15][美]富勒.法律的道德性[M].郑戈,译.北京:商务印书馆,2005.

[16][美]哈里.D.格劳斯,[美]大卫.D.梅耶.美国家庭法精要[M].陈苇,译.北京:中国政法大学出版社,2005.

[17][美]罗斯科·庞德.法律史解释[M].曹玉堂,杨知,译.北京:华夏出版社,1989.

[18][美]乔安娜·L.格罗斯曼,[美]劳伦斯·M.弗里德曼.围城之内:20世纪美国的家庭与法律[M].朱元庆,译.北京:北京大学出版社,2018.

[19][美]维特.从圣礼到契约:西方传统中的婚姻、宗教与法律[M].钟瑞华,译.北京:中国法制出版社,2015.

[20][日]栗生武夫.婚姻法之近代化[M].胡长清,译.北京:中国政法大学出版社,2003.

[21][日]山本敬三.民法讲义:总则[M].解亘,译.北京:北京大学出版

社,2012.

[22][日]我妻荣,[日]有泉亨.日本民法、亲属法[M].夏玉芝,译.北京:工商出版社,1996.

[23][日]星野英一.民法劝学[M].张立艳,译.北京:北京大学出版社,2006.

[24][英]安东尼·W·丹尼斯,[英]罗伯特·罗森.结婚与离婚的法经济学分析[M].王世贤,译.北京:法律出版社,2005.

[25][英]凯特·斯丹德利.家庭法[M].屈广清,译.北京:中国政法大学出版社,2004.

[26][英]罗素.性爱与婚姻[M].文良文化,译.北京:中央编译出版社,2005.

[27][英]梅因.古代法[M].沈景一,译.北京:商务印书馆,2009.

(三)外文专著

[1]Anna Mansson McGinty. Family Law in Islam: Divorce, Marriage and Women in the Muslim World[M].London and New York:I.B. Tauris,2015.

[2]Brook H. Making Marriage: Validity and Nullity[M].New York: Conjugal Rites Palgrave Macmillan,2007.

[3]JennyDi Placidi, Karl Leydecker. After Marriage in the Long Eighteenth Century: Literature, Law and Society[M].Cham:Palgrave Macmillan,2018.

[4]Joanna Miles. Marriage Rites and Rights [M]. London:Hart Publishing,2015.

[5]Laurence D.Houlgate. Philosophy,Law and the Family[M].Amintphil:The

Philosophical Foundations of Law and Justice,2020.

[6]Megan Jean Parker. Understanding Green Card Marriage Fraud by Malgorzata Zuber[M].New York:Springer Science Business Media,2022.

[7] Natasha McKeever. Minimizing Marriage: Marriage, Morality and the Law [M].Oxford:Oxford University,2013.

[8]Shoshana Grossbard. The Marriage Motive:A Price Theory of Marriage[M]. New York:Springer Science Business Media,2016.

[9]Silvana Seidel Menchi,Emlyn Eisenach. Marriage in Europe(1400—1800) [M].Toronto:University of Toronto Press,2016.

[10]Standley K. Family Law[M].London:Palgrave Macmillan,1993.

[11]Suzanne Desan. The Politics of Intimacy:Marriage and Citizenship in the French Revolution[M].London:Palgrave Macmillan,2005.

二、期刊类

(一)中文期刊论文

[1]蔡唱.公序良俗在我国的司法适用研究[J].中国法学,2016,(6):236-257.

[2]陈宜芳,王丹.民法典婚姻家庭编法律适用中的价值理念和思维方法:以《民法典婚姻家庭编解释(二)》为视角[J].法律适用,2025(1):27-44.

[3]郭慧.假结婚的法律效力[J].河北联合大学学报(社会科学版),2016,16(1):19-26.

[4]贺丹青.无效婚姻法律规范的冲突与协调:新《婚姻法》《婚姻登记条例》以及最高法院相关解释的理解与适用[J].河北法学,2008,(7):139-144.

[5]贺剑.意思自治在假结婚、假离婚中能走多远?:一个公私法交叉研究

[J].华东政法大学学报,2022,25(5):20-35.

[6]胡文华.论我国无效及可撤销婚姻制度[J].法治论丛,2004,19(4):68-71.

[7]金眉.论通谋虚伪结婚的法律效力[J].政法论坛,2015,33(3):183-191.

[8]李昊,王文娜.婚姻缔结行为的效力瑕疵:兼评民法典婚姻家庭编草案的相关规定[J].法学研究,2019,41(4):102-118.

[9]刘引玲.论婚姻权利的法律限度[J].现代法学,2006,(4):89-94.

[10]刘征峰.结婚中的缔约过失责任[J].政法论坛,2021,39(3):49-58.

[11]龙俊.《民法典》中婚姻效力瑕疵的封闭性[J].社会科学辑刊,2022,(4):68-78.

[12]马忆南.民法典视野下婚姻的无效和撤销:兼论结婚要件[J].妇女研究论丛,2018,(3):26-32.

[13]秦伟,刘宝玉.论意思表示效力规则[J].河北法学,2000,(2):128-130.

[14]冉克平.论婚姻缔结中的意思表示瑕疵及其效力[J].武汉大学学报(哲学社会科学版),2016,69(5):118-128.

[15]冉克平.论意思自治在亲属身份行为中的表达及其维度[J].比较法研究,2020,(6):120-132.

[16]申晨.论婚姻无效的制度构建[J].中外法学,2019,31(2):455-476.

[17]田韶华.民法典编纂中身份行为的体系化建构[J].法学,2018,(5):85-95.

[18]田韶华.身份行为能力论[J].法学,2021,(10):124-139.

[19]汪习根,武小川.权力与权利的界分方式新探:对"法不禁止即自由"的反思[J].法制与社会发展,2013,19(4):38-46.

[20]王利明.民法的人文关怀[J].中国社会科学,2011,(4):149-165,223.

[21]王雅琴.论“法不禁止即可为”[J].理论视野,2014,(4):40-42.

[22]习近平.充分认识颁布实施民法典重大意义 依法更好保障人民合法权益[J].求是,2020,(12):4-9.

[23]夏吟兰.婚姻家庭编的创新和发展[J].中国法学,2020,(4):66-87.

[24]谢潇.公序良俗与私法自治:原则冲突与位阶的妥当性安置[J].法制与社会发展,2015,21(6):93-108.

[25]许莉.家族本位还是个人本位:民国亲属法立法本位之争[J].华东政法学院学报,2006,(6):73-81.

[26]薛宁兰.婚姻无效制度论:从英美法到中国法[J].环球法律评论,2001,(2):209-219.

[27]杨立新,李东骏.婚姻缔结之际的损害赔偿责任[J].法学论坛,2022,37(5):5-15.

[28]杨立新.对修订民法典婚姻家庭编30个问题的立法建议[J].财经法学,2017,(6):5-24.

[29]杨遂全.试论马克思的婚姻法学思想[J].中国法学,1986,(4):51-60.

[30]于德香.建立婚姻无效制度刍议[J].政治与法律,1989,(4):44-46.

[31]余延满.论婚姻的成立[J].法学评论,2004,(5):40-49.

[32]张力.与被收买妇女结婚在民法上的定性与处置[J].浙江工商大学学报,2022,(4):37-49.

[33]庄绪龙.“法无明文规定”的基本类型与裁判规则[J].法制与社会发展,2018,24(2):61-78.

(二)外文期刊论文

[1] Agnieszka Zielinski. High School Teens Voice Their Opinions on Forced Marriage[J]. Children's Legal Rights Journal,2012,32(2):82-83.

[2] Brian Thomas. Prosecuting Sham Marriage under18 U.S.C. Sec. 1546: Is Validity of Marriage Material[J]. US Law Reviews and Journals,2006,11(1):201-220.

[3] Bridgette A. Toy-Cronin. What Is Forced Marriage-Towards a Definition of Forced Marriage as a Crime against Humanity[J]. Columbia Journal of Gender and Law,2010,19(2):539-590.

[4] Christie Hartley, Lori Watson. Political Liberalism, Marriage and the Family [J]. Law and Philosophy,2012,(31):185-212.

[5] Daniela Digruber, Irene Messinger. Marriage of Residence in Austria[J]. European Journal of Migration and Law,2006,8(3):281-302.

[6] David De Lacroix, Fabio Mariani. From Polygyny to Serial Monogamy: A Unified Theory of Marriage Institutions[J]. Review of Economic Studies, 2015, 82 (2):565-607.

[7] Enrique Herrera Ceballos. The Concept of Family in Spanish Law[J]. International Journal of the Jurisprudence of the Family,2014,(5):145-167.

[8] I. Nicolae. The Judicial Regime of Annulment of Marriage and the Effects of Marriage Annulment[J]. Agora International Journal of Juridical Sciences, 2014, 8 (4):133-138.

[9] Julia Watts Belser. Brides and Blemishes: Queering Women's Disability in Rabbinic Marriage Law[J]. Journal of the American Academy of Religion, 2016, 84

(2):401-429.

[10]Kerry Abrams.The End of Annulment[J]. Journal of Gender, Race and Justice,2013,(16):681-703.

[11]Maaike Voorhoeve.Law and Social Change in Tunisia:The Case of Unregistered Marriage[J]. Oxford Journal of Law and Religion,2020,7(3):479-497.

[12] Mary Welstead. Forced Marriage: Bifurcated Values in the UK [J]. Denning Law Journal,2009,(21):49-65.

[13]Michael Virga. Marrying up:The Unsettled Law of Immigration Marriage Fraud and the Need for Uniform Statutory Guidelines[J]. St.John´s Law Review, 2014,88(4):1137-1162.

[14]Patrick S. Nash. Sharia in England:The Marriage Law Solution[J]. O Law and Religion,2017,6(3):523-543.

[15]Rosemary Auchmuty. Law and the Power of Feminism:How Marriage Lost its Power to Oppress Women[J]. Feminist Legal Studies,2012,20(2):71-87.

[16]Sonia M. Frías.Family and Partner Violence Against Women:Forced Marriage in Mexican Indigenous Communities[J]. International Journal of Law, Policy and The Family,2017,31(1):60-78.

后记

本书是在本人博士学位论文的基础上完善而成，在撰写期间，得到教育部长江学者特聘教授、第五届全国十大杰出青年法学家、湖南师范大学蒋新苗教授的指导。无论是选题、拟定提纲，还是成形后的修改，蒋老师都倾注了不少精力。首先是选题与拟定提纲，与老师探讨持续时间就达八九个月之久，其次在文章初稿完成后，老师从头到尾把我文章看了一遍，并在其中一页一页地用手写标注修改意见，修改意见不仅包括结构的调整、内容的论证，而且包含了语法、标点、错别字等细节问题。之后又得到中南大学许中缘教授，湖南大学黎四奇教授，湖南师范大学王善平教授、李先波教授、欧福永教授、郑远民教授、张德峰教授等的耐心指导。正是在各位专家的指导下，该书获得了湖南师范大学优秀博士论文。可以说，本书能够成形，与蒋老师的悉心指导密不可分。老师们提出的宝贵意见，让本书得以更加完善，在此深表感谢！

博士毕业以后，有幸加盟广西师范大学法学院。学校与学院所提供的良好科研环境，让我能够进一步安心打磨书稿。在此期间，形成若干篇的小论文，在《医学与社会》《西安电子科技大学学报（社会科学版）》《南京中医药大学学报（社会科学版）》等期刊上发表。之后，本书有幸入选广西师范大学学术著作资助出版计划，被推荐至广西师范大学出版社出版。在出版期间，得到广西师范大学社科处、广西师范大学出版社的指导与帮助，同时得到了研究生宋楚瑶、黄思乐、杨杰锐、欧万生、杨向慧、喻倩等同学的帮忙，使书稿得以进一步的完善，在此深表感谢！

从时间来看，本书从撰写到出版，历经了八年之久。其间，《民法典》从编纂到正式实施，同时发生了多起典型案例，这对本书内容的完善提出了新的要求。从某种程度上说，本书一直处于不断修改完善之中。在完善书稿期间，我拥有了自己独立的小家庭，女儿如是的到来，为生活增添了几分乐趣。本书的付梓出版，亦离不开家人的鼓励、帮助与支持，在此深表感谢！

希望本书的出版能够为学术界开展身份行为的相关研究，以及立法、司法等部门解决意思表示瑕疵婚姻效力判定问题提供参考。书中不尽完善之处，恳请读者不吝指正。

2025 年 1 月